国家社科基金项目（项目号：16BTY113）

苏州大学人文社会科学学术专著出版资助项目资助出版

王国志 著

中国武术国际化传播的问题分析与策略研究

上海人民出版社

目　录

导　论

本书根据新时代文化"走出去"的时代诉求,针对中国武术国际化传播的现状以及存在的问题进行学术梳理和分析,归纳出本研究的论题。运用文化学、传播学、社会学、心理学等学科的理论和方法剖析武术国际化传播的文化内涵和时代价值;运用传播学的"拉斯韦尔(Harold Lasswell)5W 模式"理论对影响武术国际化传播的关键因素进行分析、深入解读和剖析。以五大洲的中国武术传播现状与问题为研究对象,并选取五大洲的典型国家作为个案进行研究,以孔子学院、海外中国文化年、驻华使馆武术嘉年华作为传播载体进行分析;针对中国武术在五大洲发展存在的问题,建构发展路径和模式,提出中国武术国际化传播的可行性发展对策。

亚洲有 48 个国家,中国武术在亚洲的发展取得了一定成绩,尤其是中国武术进入亚洲运动会、东亚运动会、东南亚运动会,给中国武术在亚洲各国的发展提供了一个较好的平台。在一些国际性的武术大赛中,都能看到亚洲国家的身影。经过多年的发展,中国武术在亚洲的传播虽然取得一些成绩,但还存在许多不尽如人意的地方。无论从表面还是实质上看,作为武术人的个体以及国家、社会各阶层都进行了不懈的努力与付出,以期使武术得到发展和推广上的突破,但就目前武术在亚洲的发展现状看,结果并不理想。从国家层面看,国家对武术有所投入,但在人力、物力资源方面的投入有限;从社会层面讲,武术的实践群体现今以老年人为主,但如今的老年人也有转向其他运动项目的趋向。更重要的一点是,社会对武术人才资源的需求缺乏,武术人无"用武之地";从个人角度考虑,部分人将武术作为商业行为的手段与噱头,造成部分受众对武术认知上的缺失,以及对武术道义的扭曲。

武术在亚洲当前的发展虽然看似低迷,却也存在一定发展潜力。越来越多国家受众认可武术的文化、健身与教育价值,这些也是武术经历若干年锤炼而形成的闪光点。武术在亚洲的发展壮大需要各种策略手段的支撑。

从文化方面讲,要让各国人民从正确、积极的角度来看待武术,了解什么是武术文化、武术精神;从艺术角度讲,武术具有艺术美感,观众依靠视觉、听觉等感官,欣赏、体验武术的艺术美,但要注意避免对武术的过分夸大,减少受众不必要的错误认知及观念;从教育角度讲,教育模式和手段是当前武术教育的短板,如何提高传授武术的科学性、趣味性是我们要着手研究思考的重要课题;在制度方面,要采取针对亚洲运动会、东南亚运动会进行技术改革,成立专门技术研究与推广部门,首选经济发达的地区进行传播,重视武术在学校的传播,将武术列为学校必修课程,举办多种形式的国际比赛不断推动武术的国际化进程,不断修正并改进武术段位制制度,注重武术表演传播等策略;在政策上,要依靠亚洲其他国家的支持,加强与亚洲各国的沟通与联系。

欧洲有 44 个国家和地区,武术在欧洲的传播,主要是要解决好三个环节的问题:传入地、传出地和中间渠道。如果能做好这三个环节的各项工作,武术的在欧传播将会取得巨大成功。中国与欧洲各国有不同的历史文化背景、社会环境,这是武术在欧传播面临的主要障碍。研究发现,欧洲人民了解中国武术的主要途径是:武打电影、网络书籍、教师传授。传统的传播模式已不能满足当前武术传播的需要,我们需要努力开拓新的传播途径。在当今时代背景下,借助科技的力量传播武术能够达到事半功倍的效果。

中国经济的快速发展以及国际地位的显著提高,是中国武术能够走出去的重要原因,"一带一路"倡议为中欧文化的交流搭建了平台,孔子学院的建设为中国文化走向欧洲提供了重要窗口,中国的和平外交为中国树立了良好国际形象。中国武术要把握住这些契机,抓住这些机遇,使自己更好更快地走向欧洲。

中国武术的内容庞杂,门派众多,在欧洲的传播模式一定不同于国内传播,在传播过程中进行创新至关重要,要把握中国武术传播过程中有益的传播内容。同时,传统的学习内容已不太适合现代人们的生活节奏,要创编出短小精悍、易于学习和传播的武术新套路。此外,要把握当下武术中优秀拳种在欧洲的传播力度,发挥太极拳的养生功能、散打运动的热血对抗、健身气功的健身价值;充分利用影视作品中优秀拳种的影响力,如咏春拳、少林拳、大成拳等,这些拳种发展基础较好,在欧洲拥有广阔的发展前景,受群众喜爱的程度较高。武术不能盲目传播,要有一定的针对性,要根据不同的环境、不同的受众作出适当的改变。欧洲国家众多,具有不同的文化背景,这就需要传播者尊重不同国家的文化,尽量减少文化差异带来的障碍。同一个国家的不同人群对武术的理解和需求不尽相同,应根据他们的现实需求,进行分层施策。武术的传播面要广,传播地点要多样化,在学校传播、俱乐部传播、社区传播、医疗卫生机构传播等方面实现全面发展。

针对传播过程中出现的一些问题,本书提出如下发展策略:(1)加强对传统武术文化的保护和传承工作,使武术在国内能够得到更好发展,只有发展好自己才能服务好他人;(2)充分了解欧洲各国文化和受众需求,尊重文化差异性,知己知彼才能得到发展;(3)竞技武术与传统武术共同发展,发挥竞技武术和传统武术各自的传播优势;(4)发挥武术在欧洲外交活动中的优势,增进中欧关系,助推武术在欧传播;(5)推动欧洲武术俱乐部的发展,实现武术在欧洲的社会化;(6)开发新的武术传播渠道,让武术传播畅通无阻;(7)重视留学生在武术传播中的作用,使其成为中欧武术文化交流使者;(8)加强武德教育,提高国民素质,为武术在欧传播输送高质量人才;(9)传承武术信仰,弘扬民族精神,与欧洲各国共同传承人类优秀文化。

非洲有 59 个国家和地区,中国武术在非洲的传播主要通过四种方式:第一种是通过非洲孔子学院武术课堂传播;第二种是通过民间武术组织进行传播;第三种是通过社会各界武术爱好者传播;第四种是通过电影、电视剧等影视媒介传播。目前在非洲已经建立了多所孔子学院,有些孔子学院开设了武术课堂,武术成为最受非洲学生欢迎的课程之一。但在武术课开展过程中面临着专业武术教师短缺、场地和器材不足以及武术教材匮乏等问题。民间武术组织在武术传播中贡献巨大,这也是武术在非洲最主要的传播方式之一,但在管理以及授课内容方面还不够规范,传播规模较小;社会武术爱好者需要一定的威信才能达到传播武术的目的。武术在非洲的认可度逐渐提高,值得庆幸的是一些非洲人也开始致力于武术的传播。影视媒介是影响最广的一种传播方式,绝大多数的非洲人认识武术是从中国功夫电影以及李小龙、成龙、李连杰等功夫明星开始的。

以上四种传播方式为中国武术在非洲的传播作出了巨大贡献,但在中国武术跨文化快速传播的同时,也出现了各种各样的问题:(1)非洲的社会环境一定程度上制约了中国武术的传播,包括武术传播制度的不健全、投入资金的不充足、非洲武术联合会不受重视等因素;(2)中国武术在非洲传播内容庞杂、缺乏专业武术人才;(3)传播过程中管理不善,传播水平良莠不齐;(4)功夫电影的传播是把双刃剑,让非洲各国受众认识武术的同时也造成他们对武术的误读;(5)非洲各国武术赛事的参与度存在理想的"丰满"与现实的"骨感"之间的落差,让中国武术的传播充满"失落感";(6)中非自身的文化差异限制了武术的传播,包容内敛的中国文化和个性张扬的非洲武技产生了碰撞与摩擦;(7)非洲受众的接受程度影响了武术的传播。

针对这些问题,本书提出了以下解决策略:(1)强化武术传播的意识,站在国家层面思考文化"走出去"的问题,从"形转"到"心转",达到质的飞跃;(2)加强武术传播的制度建设,建立有效传播模式,利用"拉斯韦尔5W模式"理论进行武术传播;(3)根据非洲的地域特点和人文特征优化武术的传播内容;(4)做到因地制宜、因材施教,追求"和而不同"的武术传播策略;(5)"武以载道",文化的传播才是武术传播的根本目的,所以应该做到武术文化传播与武术技术传播并重;(6)武术传播者是武术国际传播的载体,应该大力培养武术传播人才,向非洲各国输送;(7)拓宽武术在非洲传播的渠道,让非洲人民通过更多的途径认识与了解中国武术文化;(8)借鉴优秀传播案例,规范武术段位考核制度,打造武术传播国际品牌;(9)以非洲各国各级学校为主阵地,创办中国武术特色教育,为中国武术的传播培养后备人才。

美洲位于西半球,自然地理分为北美洲、中美洲和南美洲,有49个国家和地区。中国武术在美洲的传播发展存在如下问题:(1)异域文化差异是制约中国武术在美洲传播的重要因素。在传播过程中不同的文化背景对体育价值观的影响不同,中国武术的价值观能否得到受众认同对中国武术传播至关重要。传播者和接受者处在不同的文化背景下,造成中国武术在美洲传播的文化障碍;(2)中国武术众多的流派、复杂的拳种是武术在美洲传播过程中受众面临的又一大障碍。庞大的技术体系、丰富的教学内容,在一定程度上对美洲人民正确理解中国武术造成了困难,有的甚至对武术产生误读;(3)顶层设计的缺失造成了中国武术在美洲传播缺少主导。首先,官方与民间武术组织机构各行其道,合作不够紧密,没有形成合力。其次,中国武术在美洲缺乏统一标准、规范的段位制度,造成管理和相关认证的混乱。

针对中国武术在美洲传播与发展中存在的问题,本书提出以下方案:(1)大力加强中国武术在美洲传播与发展的顶层设计,提炼武术与美洲各国实际相结合的核心理念。首先,进行武术精神再提炼。其次,中国武术在美洲进行武术传播时,应配合适当的武术宣传口号吸引广大的美洲武术受众。最后,明确中国武术国际化传播的宗旨;(2)应尊重市场发展规律,改变落后的市场营销思路,积极开发具有竞争力的武术产品。重点扶持有特色,有国际竞争力的优秀武术企业与产业,建立中国武术国际化传播的"王牌军"。应尽快加强美洲的武术文化市场体系建设,促进中国武术在美洲地区的健康有序发展；（3）作为一种特殊文化商品的中国武术，要在美洲乃至全世界具有强大的市场竞争力和生命力，着力培育和打造中国武术的品牌是不可或缺的。中国武术在美洲以及世界范围的国际化传播应从已具有一定世界知名度和美誉度的"知名品牌"着手，逐步拓宽武术品牌营销之路，把品牌战略作为中国武术国际传播的重要方略；（4）培养优秀的双语师资人才。首先要正确认识到武术双语教学在武术国际化传播中的重要意义和巨大作用。其次，在培养方式和途径上，一方面可以积极培养以中国官方名义公派出国深造进修的武术专业学生，一方面可以积极鼓励民间武术人员在国内相关外语培训机构学习外语技能。再次，国家体育总局武术运动管理中心应成立专门的国际武术师资培训基地，有计划、有步骤地培养武术双语教师。最后，中国武术缺乏国际化传播的双语教材问题亟待解决。创编符合美洲武术爱好者实际情况和需求的武术双语教材，是在美洲进行武术国际化传播的重要因素，也是正常开展国际武术教学和提高武术教学水平的重要保障；（5）应在国家层面成立中国武术美洲国际化传播的专门信息反馈机构，为武术传播信息效果的及时顺畅反馈提供组织保障。建立武术学员和武术教师的教与学信息效果反馈机制。应集思广益，以创新的精神整合一切可以有助于中国武术国际化传播的途径，建立健全全方位、多元化的信息反馈平台。

大洋洲有 24 个国家和地区，各国经济发展水平差异显著。澳大利亚和新西兰是发达国家，其他岛国多为农业国，经济相对落后。在武术传播的过程中，首先要明确大洋洲武术国际教育的文化阐释、武术国际教育传播者和受教育者、武术国际教育的传播内容、传播媒介和传播效果这六大要素之间的内在联系，充分利用双向传播模式中的受体反馈要素的优势，特别注意影响大洋洲武术国际教育环境的因素。只有这样，武术在大洋洲国际教育传播才能够进展顺利。新西兰坎伯特伯雷大学孔子学院武术传播还处于初步发展阶段，在教育传播的六个要素中，每个要素都不太完善，主要表现在以下几点：第一，在武术教学课程内容设置的时候没有把学生的年龄、兴趣等特点纳入考虑范围，缺乏针对性。第二，在进行武术国际传播的过程中，应该首先提高武术传播者自身的素质，包括对武术文化知识的了解程度、能否准确地对武术的文化内涵进行阐释、对外语知识的熟练程度以及与学生之间的沟通交流的能力等。中国武术国际教育传播模式是在系统分析当前国际传播模式及其武术国际教育传播模式后，在理论总结的基础上构建出来的。而新建的武术国际教育传播模式的合理性与科学性再次得到证实是在对新西兰跆拳道与新西兰孔子学院武术教育比较研究之后得出的。在武术国际教育传播中,不但要注意每个要素的内在联系,而且要时刻关注受教育者给出的反馈,及时调整,找到最合适的传播方式、教授内容和阐释方法。在武术国际教学中,要根据学生的年龄、兴趣等适时地调整所教授的具体内容,运用与之相对应的教学方法和教学策略。国家体育总局武术运动管理中心应加大对大洋洲武术国际教师的培养力度。从多个方面培养专业的武术国际教师,在注重教师武术国际教学能力、武术技能水平、学习能力培养的同时,也要加强大洋洲国际武术教师对中国武术文化的阐释能力。

第一章 绪 论

第一节 问题的提出

一个国家的文化对世界产生影响,在很大程度上取决于该国的综合国力。中华文化的国际传播之路,在历史上从来没有停止过。无论是汉唐、宋元,还是明清,都出现了社会文化的大发展、大繁荣,也彰显出那个时期的强盛国力。当今时代,中国经济快速发展,国际影响力不断提升,在这样的时代背景下,必然带来中国文化的高质量发展。中华文化的国际传播应该成为提升民族文化自信、展示大国形象的重要战略目标。

新时代文化"走出去"已经成为一个国家、民族迫切的时代需求。习近平总书记提出,提高国家文化软实力,要努力提高国际话语权。要加强国际传播能力建设,精心构建对外话语体系,发挥好新兴媒体作用,增强对外话语的创造力、感召力、公信力,讲好中国故事,传播好中国声音,阐释好中国特色。通过调查表明,国际民众认为最能代表中国文化的载体是中国武术。因此,中国武术必须承担"讲好中国故事,传播好中国声音,阐释好中国特色"的责任,中国武术的国际化传播必然成为中华文化走向世界最具影响力的文化品牌与文化样式;成为增强中国文化软实力、展示中国文化形象、提升中国国际影响力的重要战略目标。

不同文化领域的专家学者,在文化"走出去"的社会背景下,用大量的时间和精力关注自己研究领域的种种文化"走出去"的问题,求解其文化国际传播的新立场、新原则、新路径和新策略等,这不仅是时代诉求,更是建构和提升国家文化软实力的迫切需要。基于此,对于中华文化海外传播路径及方式创新的研究承担着强烈的民族责任和时代使命。中华文化"走出去"不再是一种战略构想,而已成为我国文化"大发展""大繁荣""国家战略务实"所追求的主要目标。

在"百年未有之大变局"的全新世界格局下,人类社会进入一个新的历史时期。人类的文化在经济的强力推动下实现全球化,体育文化成为文化全球化的先头兵。体育文化关乎人类的健康,成为人类共同关注和青睐的文化,蕴含深厚健身、防身、养生、修身特质的中国武术应该是人类共同享受的文明成果,"人类文化遗产"——太极拳运动的普及充分说明了这种强烈的人类需求。可以说,进一步向海外推介中国武术,是时代对中国武术的客观需求。

第二节 研 究 综 述

一、关于武术国际化传播理论的相关研究

关于武术国际化传播理论的研究成果有:郭玉成的专著《武术传播引论》(2006)、李英杰等的《新时期武术国际化传播的理论思考》(2010)、蒋晓丽的《中华武术国际传播的哲学理论基础研究》(2011)、方国清等的《武术传播:讲述"中国故事"的"世界语言"——一项关于国家形象的理论建构》(2011)、孙鸿志的《中国武术国际化传播的理念构建研究》(2012)、虞定海等的《批判与重建:武术国际化传播反思》(2014)、李凤芝等的《中华武术国际传播的归化与异化》(2015)等。以上研究成果从理论层面对武术的国际化传播进行深入分析,研究认为,武术国际化传播是对武术信息传播活动及其规律的研究,武术国际化传播不同于新闻传播,尤其对武术的技术传播方式、路径和效应进行了深入解读和阐释。

二、关于武术国际化传播过程及模式的相关研究

关于武术国际化传播过程及模式方面研究成果有:王英霞的《武术特色孔子学院传播模式的探索研究》(2009)、朱佳斌等的《国学视野下武术跨文化传播的模式探讨》(2011)、田文林等的《中国武术对外传播模式研究》(2012)、黄震的《中华武术国际化传播模式研究》(2012)、王东的《中华武术的传播模式研究》(2013)、陈波等的《跨文化视阈下武术的国际化传播机制——从孔子学院模式谈起》(2014)、周玉芳的《孔子学院传播武术太极路径探索》(2015)等。上述研究基于传播模式视角,从武术国际化传播内容、传播组织、传播者、传播对象进行研究,认为文化差异和国家综合实力是导

致武术国际化传播差异的原因。另外,对于国外留学生的武术培养也影响着武术的国际化传播。

三、关于武术国际化传播传者的相关研究

关于武术国际化传播传者方面研究成果有:高会军等的《论"名人效应"与现代中国武术文化传播》(2006)、王宁的《武术的忠实传播者——新华山武术网站》(2007)、梅伟强的《五邑人与中国武术在海外的传播》(2008)、王林的《武术国际化传播的内容研究》(2008)、张正伟的《德艺双馨的"守门人"——沙式武术传播者研究》(2011)、张长念的《武术国际传播人才素质需求研究》(2015)等。以上学者提出,从群体传播和传播效果看,武术国际化传播应发挥名人效应,同时要有对民族文化的热爱和责任感。

四、关于武术国际化传播受众的相关研究

关于武术国际化传播受众方面的研究成果有:王林的《武术国际化传播的受众研究》(2008)、高锋的《挪威习武者对武术认知情况及习武动机研究》(2012)、曹宇的《受众人群分化对武术网络传播平台构建的影响》(2012)、姜一春等的《论武术跨文化传播中的文化心态》(2013)、文瑾等的《外国旅居者学习武术现象之质性研究》(2013)等。这些学者强调:广泛存在的武术爱好者才是武术受众的主体,这部分群体又因年龄、知识水平和社会阅历的不同,形成对武术国际化传播的不同选择。更重要的是,媒体对武术的国际化传播同样影响着受众。

五、关于武术国际化传播媒介的相关研究

关于武术国际化传播媒介的相关研究有:张正伟的《沙式武术传播媒介运用分析》(2012)、崔乃伦的《大众传媒下的武术文化传播研究》(2012)、史龙龙等的《新功夫剧:武术文化传播的新路径》(2013)、孟涛等的《功夫片对武术在美国传播的影响探析》(2014)、苏彦秀等的《数字化技术在武术传播中的应用》(2014)等。面对日益整合的新媒体和互联网的高速发展,给武术传播提出新的挑战,同时也给武术传统文化的现代化传播带来转型和契机,如何应对外来体育文化的冲击和融合,合理运用媒介来传播中华武术尤为重要。

六、关于武术国际化传播效果的研究

关于武术国际化传播效果的研究成果有:薛誉的《传播效应视角下的新

时代武术影视》(2011)、张占锋的《互联网在武术国际化传播中具体应用方式和效果》(2013)、张艳明的《互联网传播传统武术的优势分析》(2013)、苗志良等的《论武术偶像对武术传播的影响》(2014)、许之星等的《武术国际传播效果分析——以泰国孔子学院为例》(2015)等。以上研究从传播效果的视角强调应塑造武术国际化传播的时代形象,因为它是国家形象的一部分。武术国际化传播不只是身体技术的传播,更是传统身体文化的传播。

七、关于武术国际化传播的问题与对策的相关研究

关于武术国际化传播的问题与对策的相关研究成果有:袁春杰的《中华武术国际化传播的障碍及对策分析》(2006)、黄红田的《武术国际化传播的难点及对策》(2009)、郭玉成的《2008年北京奥运会期间的武术传播对策》(2006)、刘勇的《我国武术文化国际传播现状与发展策略研究》(2012)、刘红军的《影响我国传统武术传播的因素分析》(2013)、张燕中等的《文化焦虑与认同:中国武术异域传播中的文化错位》(2014)等。以上成果表明武术国际化传播应建立一套综合协调机制,充分调动民间社会力量,树立国家意识、文化意识、自信意识,通过政府和社会民间统筹协调来传播优秀武术文化。

八、其他相关研究

其他相关研究成果有:王岗的《奥林匹克运动传播对中国武术世界化的启示》(2012)、郭玉成的《文化强国视域下武术国际传播方略》(2012)、许仕杰的《中华武术在印尼孔子学院的传播研究》(2012)、童世敏的《中国武术的国际传播》(2012)、马东顺等的《武术基于孔子学院国际传播的路径探析》(2013)、周庆杰的《武术国际传播的外交途径——以驻华使馆武术嘉年华为例》(2014)等。这些学者绝大部分都有国外留学经历,对于国外武术传播深有体会和研究,提出武术国际化传播要认真考虑国外的文化与审美背景,要重新理顺传统武术和现代武术体系的区别和联系,建立一套武术国际化推广技术体系,从交流和外交等手段来进行突破。

另外,目前国外对于武术国际化传播的研究成果寥寥无几,没有形成国际化传播研究的真实现状。仅见一些学者从健康的角度,用现代运动人体科学的方法对太极拳进行研究,而很少涉及太极拳在国外的传播和推广。

综上所述,对于中国武术国际化传播的研究,虽然已经取得了丰硕的研究成果,而且这些研究成果能为本书奠定较为厚重的研究基础,但研究大多停留在理论层面,实证研究较少,不够全面和系统。本书在前人研究的基础

上,站在国家发展的战略高度对中国武术国际化传播问题进行全面分析与实证研究并提出相应的对策。

第三节 研 究 意 义

文化的传播不可能一蹴而就,文化的国际传播更是如此。对于中国武术的国际传播,我们必须树立分步实施的方法和策略,"胡子眉毛一把抓"的做法显然是行不通的。这就要求我们在对中国武术进行国际传播的过程中,有选择地对庞大的技术体系和文化意蕴,实施分层落实推进策略和分批传播,使中国武术在五大洲的传播达到事半功倍的效果。因此,随着中华文化海外传播的务实推进。北京冬奥会再次向世界展示了中国文化的魅力,得到了世界人民的青睐。我们更要以此为契机,趁热打铁,加快中国武术的深度国际传播。中国武术是具有鲜明中华文化符号意义、国际认知度高、文化内涵广、传播方式多、惠及民众健康及多元开发和利用价值的文化形态,这是武术自身的特色,也是中国文化的特征。

进一步讲,中国武术文化以其自身博大精深的历史厚重感和极具感染力的身体动作与美感承载了中华文化"中庸""和谐""内敛""德先"的文化价值,并负载着塑造生命、完善人性和规范社会行为的文化价值,与中医、戏曲、杂技、舞蹈、书法等民族文化紧密相连;又因其经验性的传承方式与神秘性的文化特质,能够充分激起异族的好奇和向往。可以说,中国武术不论是其文化内涵的"中华性",还是其国际化的"普及度",以及实施过程的"可操作性",都使其具有其他文化形态无可比拟的优势。"哪里有中华文化,哪里就一定有中国武术"早已不是一种美好愿望的描述,而成为中国武术海外存在的真实写照。

"武术源于中国,属于世界。"将中国武术文化推向海外一直是国家大力发展武术事业中的核心议题。从1910年的"精武体育会"到1990年成立的"国际武术联合会",从1936年柏林奥运会的武术表演到2008年北京奥运会武术作为表演项目,从1978年邓小平在日本代表团访华期间的题词"太极拳好"到1982年第一次全国武术工作会议中提出"把武术逐步推向世界,积极扩大中国武术的影响,立足国内,同时积极稳步地向国外推广"的方针,中华武术文化的对外传播开展点面结合,扎实有序,国际化的普及度、认可度及参与度不断提高。从中可以清晰地看到中国武术海外传播的历史轨迹:从单纯的区域性体育组织传播扩大到多元化的全球性体育传播;从国家的对外政治交往传播到新时期文化领域的跨文化传播。中国武术在国际文化传播中的参与度、识别度越来越高,符号价值愈发显著。作为中华文化品牌符号之一,中国武术在国际上培育了众多的中华文化消费者和认同群体。

第四节　研究方法及创新

一、实地调查和访谈相结合的方法:通过实地走访、访谈受众、专家等形式了解国外民众对中国武术的认知及需求,获得第一手资料并进行初步整理。

二、问卷调查法:以文化学、传播学、社会学、文化心理学等理论为依据,设计相关问卷对国外民众进行调查。问卷调查采用现场发放和网络在线调查两种形式。

三、个案研究法:选取五大洲典型国家作为个案,以孔子学院、海外中国文化年、驻华使馆武术嘉年华作为传播载体进行分析。

四、创新之处:将中国武术作为文化产品进行研究,以传播文化为核心,以价值观念作为传播的终极目的。运用多学科的研究方法,以求能实现"以关照受众的文化差异为前提,以受众的文化需求为指向"的总体指导思想。从"扩大符号认知"入手,以"引导技术参与"为重点,以实现"提高文化认同"为目的,求解中国武术国际化传播的新立场、新原则、新路径和新策略,从而提出:中国武术国际化传播的文化方略、教育方略、休闲和养生方略、竞技方略;明确武术国际传播的定位,制定武术国际推广规划,重视技术与文化传播并进,建设高水平武术国际化师资队伍,制定适应不同国度和语种的武术教学内容和教材;建立国家层面的"中华武术国际学院",搭建国外武术精英教育平台,开放国内外留学生武术教育的培训机构,提供适合外国受众的武术内容和形式。

第二章 中国武术在亚洲传播的
问题分析与策略研究

　　全球化是历史发展过程中不可逆转的潮流,每个国家都会在全球化的浪潮中承担不同的角色,发挥不同的作用。"一个强大的、富足的现代化国家想要长盛不衰,除了政治、经济、社会、制度等力量之外,还需要先进的、强有力的文化力量"①,这种观点被学界诸多学者所认同。不同民族和国家的习俗与文化不尽相同,导致世界文化呈现出多元化的发展格局。中华武术作为中华民族传统文化的典型代表,在全球化浪潮中与其他民族文化的冲突与融合现象,引起越来越多专家学者的关注,成为学术界的重要议题。上海体育学院邱丕相教授②最早提出武术传播学的概念,并为其他学者的研究奠定了重要基础,但是,距离建立武术传播学还有很长一段路程要走。从目前学者们关注的研究角度看,研究领域呈现多元化发展趋势,一些专家学者对武术的跨文化传播和国际传播的相关因素也给予了足够的重视,对武术的国际化传播现象和规律进行了总结。

　　体育是世界人民共同享有的身体文化财富,各个国家和民族的体育活动既有共性也有个性。既然体育有差异,就必然有体育交流和体育传播。③中国位处亚欧大陆东岸,与周围邻国有着密切的联系与交流。武术作为中国的国术,在自身的发展过程中对亚洲其他国家武技的衍生与发展产生了潜移默化的影响。例如,作为日本传统武术的空手道本义是"从中国引进的拳法",故空手道原本被称为"唐手"④;二战期间,由于日本殖民政府的侵略与统治,跆拳道的发展受到限制,许多朝鲜人被迫离开家园,到中国或日本

---

① [挪威]托马斯·许兰德·埃里克森:《全球化的关键概念》,周云水等译,译林出版社 2012 年版,第 1 页。

② 邱丕相:《中国武术文化散论》,上海人民出版社 2007 年版,第 35 页。

③ 朱宙炜:《体育传播学导论》,北京体育大学出版社 2007 年版,第 5 页。

④ 谷晨:《日本空手道的起源与发展演变》,《体育文化导刊》2003 年第 3 期。

谋生,把跆拳道带到了中国和日本。跆拳道在当地与中国武术及日本空手道相结合,形成了跆拳道的新技术体系[1];泰拳是一种既具有泰国传统文化特色,又结合了许多国外格斗运动特点的拳术。[2]据说它是在 2 000 多年前从中国的云南省引入的。[3]

这些我们耳熟能详的亚洲技击术,不论在它们的起源、发展轨迹,还是在内在的内容与实质方面,都不可避免地与中华武术有着千丝万缕的联系。不可否认这些武力手段过去在军事上的重要性,而在当今社会,它们虽然逐渐淡出军事舞台,但其深邃的文化价值和精神追求,经过岁月的洗礼和历史的锻造,已成为中华传统文化精神中不可或缺的重要组成部分。中国武术以技击为主要内容,产生各种表现形式,如套路、对抗、功法等,可谓内容丰富、含义广泛。如何将内容如此丰富的武术传播于世一直是武术界讨论的热点问题之一。亚洲板块地理形势丰富,拥有特色的人文精神,且在历史长河中占特殊位置,是武术传播的温床,本章对亚洲武术发展模式、发展现状以及未来发展情况进行研究,探索武术在亚洲的传播模式。

第一节　中国武术在亚洲传播的现状

一、中国武术国内发展现状分析

中国是武术的发源地,丰富的地域文化影响了中国武术的文化内涵与技术表达形式,武术在中国国内的传播在一定程度上影响了中国武术在亚洲区域的传播效果。传播学的创始人施拉姆(Wilbur Shramm)认为,传播至少有三个要素——信源、讯息和信宿。在武术传播语境中,我们可以将中国当作信源,将武术当作讯息,将亚洲其他国家当作信宿。基于此,信源的发展和增强有利于提升讯息价值,进而提高信宿的接纳程度;抑或讯息本身的价值十分明显,甚至不需要信源的保障,信宿也会主动想要获取讯息。

综上所述,在传播语境中,中国为信源,中国树立的体育强国与文化强国的形象有利于促进中国武术(讯息)的发展;武术作为讯息,本身具有的教

---

① 朴万龙:《浅谈跆拳道的起源及其概念》,《华章》2010 年第 30 期。

② 张四方:《从散打与泰拳的对比研究析论散打的发展》,武汉体育学院硕士学位论文,2014 年。

③ 马世坤:《泰国拳》,湖北科学技术出版社 2002 年版,第 30 页。

化、健身价值,在传播过程中有较好的信宿基础,有利于提升信源的国际形象。从信宿和信源角度出发,分析中国对武术传播的促进作用和武术传播发展对中国形象的提升作用,有利于中国武术在亚洲地区的广泛传播。那中国从国家层面是否为武术传播提供保障,武术自身是否具有向外推广的价值,以及亚洲其他国家对武术的态度,就是我们需要探讨的问题。

(一)国家层面对中国武术发展的推动作用

1. 国家政策对武术传播的统一调控

国家层面提出基于"四个自信"理论弘扬中华优秀传统文化,中国武术作为中华民族传统文化的典型代表,无疑应成为推动文化进一步发展的重要力量。党的二十大报告指出,"十九大以来的五年,是极不寻常、极不平凡的五年"。从国内来看,五年来的成绩是辉煌的,党、国家和军队变得更加强大;从当前全球经济发展形势来看,由于新冠肺炎疫情的影响,世界经济萎靡不振,世界格局发生变化,但是中国经济和政治则稳步发展。国民经济的稳步崛起是推动体育事业发展的基石,在此基础上,将国家意志体现到中华武术的传播与发展上来,是当下议题之一。

历史上,一个国家的实力取决于该国家的军事力量,对军事力量的管理和控制更是朝代更迭中不变的主题。因此,国家既培养军事武术人才,又强调"军人以服从命令为天职"。由此可见,古代武术与政治紧密相连,甚至互相依附,这就促使中国武术在历史长河中经久不衰,繁荣发展。随着时代的变迁,社会稳定繁荣发展,武术技击内涵也发生了一系列适应性的革新,使武术技击属性更加内倾化,表现形式更加趋向于理想化的技击,武术价值更加体现在教化、健身等价值方面。基于此,中国官方如何充分发挥武术传统文化价值、展现武术教化作用和健身作用是当下重要议题。王燕提出,"现代武术发展过程中,国家政策为武术确定了发展目标,直接干预武术的发展方向,影响着武术的内容、结构和风格的演变。这种影响力主要呈现为单向流程。政治因素在现代武术发展中起着引导作用,并决定着武术发展方向"[①]。雷鸣等也提出武术市场化是一项艰难而又复杂的任务,初期困难重重在所难免。单纯地靠民间运作,是不太现实的,而且效果也不明显。[②]因此,国家相关部门要从顶层设计层面出台相应的政策,加大经济投入。政府部门要鼓励各级武术协会和民间团体组织尝试市场改革,并设立武术发展

---

① 王燕:《政治因素对武术发展的影响研究》,武汉体育学院硕士学位论文,2005年。

② 雷鸣、余多庆:《武术与跆拳道运动发展的政治环境比较研究》,《首都体育学院学报》2009年第6期。

基金会,保障武术资金的充足。鼓励部分有管理经验抑或从事工商管理工作的相关人员投身到武术产业市场的开发中来,以达到开发武术产品、完善武术市场的效果,为武术发展提供物质保障和先进的管理经验,从而实现经济服务武术发展、武术发展促进经济建设的协同局面。显然,政策的制定与颁布能够直接或间接影响中国武术的本土化发展前景,同时也左右着中国武术在亚洲,甚至是世界范围内的传播。

改革开放以来,我国对体育发展愈发重视,提出由体育大国向体育强国转变。武术作为中华传统文化的典型代表,其繁荣发展能够彰显中国体育强国与文化强国形象。因此,中国武术协会等官方行政部门先后出台了《武术裁判员管理办法》《中华武术段位》等政策和规范性文件,规范了武术管理,促进了武术的传播和发展。基于此,宏观政策下的武术发展已经取得了一定成果。但是,相较于韩国跆拳道在国家的大力支持下,能够在世界范围内迅速传播推广,并于1988年在韩国汉城奥运会上亮相,中国政府对武术的重视程度还有待提高。

人类的需求大致可划分为三个层次。第一层次是物质需求,这是人类最基本的需求。第二层次是社会需求,是在物质需求的基础上形成的,主要包括社会安全、社会保障、社会公正等需求。第三层次是心理需求,是指由于心理需求而形成的精神文化需求,如价值观、伦理道德、民族精神、理想信仰、艺术审美等。改革开放40多年来,中国社会生产力显著提高,人民生活显著改善,十几亿人的温饱问题得到解决。随着中国特色社会主义进入新时代,人民的物质需求不断得到满足,教育水平不断提高,精神文化生活日益丰富,社会需求和心理需求不断增加。中国武术是中国传统文化的缩影,其中蕴涵了中医思想、阴阳学说、儒道法家理论等,具有丰富的文化内涵,富有系统的健身、娱乐、教化价值,因此,对于武术而言,良好的社会环境为武术发展提供了最好的机遇,但若不重视武术的推广与传播,在众多体育项目竞争压力下,武术发展也面临着巨大挑战。因此,中国武术的发展要依靠政府的引导与支持,并且这种引导与支持在整个武术发展的进程中起着主导作用。推动武术的本土化发展,深化武术的本土化改革,可以更好地满足人民日益增长的对武术的各种需求,更好地促进人的全面发展和社会进步,为实现健康中国、体育强国奠定坚实的基础。

2. 国家经济政策对武术传播的影响

走进新时代,我国人民的生活水平不断提高,综合国力不断提升,武术产业作为中国经济发展的一部分,也获得了很大发展。改革开放以来,随着贸易经济的繁荣,中国武术在产业化方面取得了一定的成果,但仍存在一些不足,如产业类型单一、产业发展不均衡等;从目前武术市场化的探索来看,武术市场化的发展多依赖于政策的颁布与实施,并不能从本身所具有的产业性和经济性开发武术市场。例如,武术馆校与武术场馆服务业的发展很大程度上得益于地方政府的政策支持。①虞定海在其论文中指出,"武术国际传播面临'小众传播'专业化向适应'大众需求'的大众化转变的问题,以及参加武术练习的人数少,武术经费多源于会费和政府"②。可以说,武术的发展在很大程度上依赖于国家经济政策的支持。中国武术发展资金主要来自政府补贴等官方形式,民间企业或组织群体对武术经费支持力度较少,而且如仅依靠武术群体或个人爱好者的经济力量,很难将武术活动举办得隆重精彩,这是由于武术内容丰富、赛事要求水平较高,且主观评分的判决方式,需要大量的裁判员加入,提高评分的客观性。加之武术内部宣传及管理机制等问题,武术赛事往往是"只赛"而"无观",使得武术赛事不能自给自足,需要其他经费来源来扶持办赛。然而这种行为造成的后果,给本来就很难吸引人的武术比赛再度增添了一个不来观看的理由。如此往复恶性循环,最后甚至会导致武术协会难以运行,抑或直接解散。资金来源及投入的单一性,更是使得政府经济支持的重要性显得格外明显。

武术的国际传播是促进武术普及,展示我国文化体育强国的重要手段之一。武术术语翻译是武术国际传播的重要手段,国家有关部门应设立相应资金扶持武术翻译研究。安汝杰等认为:"武术翻译活动是武术国际传播的媒介,它在沟通武术国际传播者、武术国际传播内容和武术国际传播对象的同时,又决定着武术国际传播的成效。"③从更为现实的意义来讲,武术的国际化传播必须以语言和书本教材为交流工具,这就需要一定的语言翻译工作,但是学术关注点仍局限在单纯翻译或空泛的"翻译原则"上,武术翻译研究的工作还只是停留在表面,对翻译实践未形成实际指导作用。④王美玲等认为:"关于武术的翻译工作我们已经开展多年,也取得了不错的成绩。但目前我们还没有形成一种合理科学的翻译传播机制,没有制定出科学的

---

① 王龙飞、姚远、金龙:《市场经济下我国武术经济发展研究》,《山东体育学院学报》2011年第4期。

② 虞定海、郭玉成、李守培:《武术国际传播研究综述》,《体育文化导刊》2011年第2期。

③ 安汝杰、刘晓燕:《武术翻译论析:一种传播学的视角》,《濮阳职业技术学院学报》2014年第5期。

④ 佘丹:《2000—2010年武术翻译研究综述及展望》,国家体育总局武术研究院,中国体育科学学会武术分会2010年版。

措施。因此针对该问题学术界应根据实际情况,从事实出发来研究武术跨文化译介问题,进入理论联系并指导实践的良性轨道。"①从事武术行业的人员,由于武术本身习练难度的特殊性,很难再对英语有极高的掌握及运用能力,更不用说能够将其翻译成能蕴含其原本含义的外文语言。再者,译者的薪资酬劳对武术团体本身来说也难以负担,更需要从国家层面出资出力,将武术文化转译成国际受众所能接纳的形式,从而更有效地传播出去。

3. 中国文化内涵对武术传播的诉求

任何一种理论的产生,都植根于一定的现实土壤,并在人们的思想观念中反映着社会现实,而当其演变为某个具有重大时代意义的命题时,往往意味着这一命题本身具有现实的紧迫性。就中国武术国际传播这一重大战略任务提出的现实紧迫性来看,提升民族文化软实力的国家诉求和意志,直接构成了民族文化软实力产生的历史背景。文化是国家软实力的重要标志,是国家战略不可或缺的组成部分。今天,文化的力量日益突出。文化"走出去"已经成为一个国家、一个民族的迫切时代要求。

中华武术,与中医、京剧和书法并称中国四大国粹,是中国文化对外的精神追求和文化标榜,是最先、也是最能向其他国家展现我国文化精髓的"门面担当"。姬瑞敏等认为:"中国武术不仅仅是一种技击术,它还体现出中国传统哲学和中国人的思维方式和民族精神。随着全球化的到来以及世界各国文化的不断交流与融合,时代特征表现为一种多元化趋势。中国武术走向世界是中国人民乐意看到的,也是中国文化走向世界的必由之路。"②崔秉珍提及,"在中国积极构建'人类命运共同体''和谐世界'的伟大倡议中,作为国家'软实力'重要组成部分的武术国际化发展研究具有重要意义"③。

国家文化战略无疑是武术文化传播的坚实后盾,同时,武术文化的广泛传播也构成了国家战略实施中尤为高效的一种途径。国家应当明智而积极地运用"武术文化"这一深厚基石,以此弘扬民族精神,彰显中华诚信的精髓。此外,中国武术作为一种非意识形态的文化形式,在全球化背景下,通过其生活化的文化特性,在海外传播中建立起了基于生活方式的广泛影响。这种传播方式避免了文化之间的抵触与冲突,更多地引发了文化的认同与

---

① 王美玲、程小坡、陈麦池等:《武术跨文化传播研究综述》,《体育研究与教育》2013 年第 2 期。

② 姬瑞敏、张建新:《从文化视角看中国传统武术在跨文化传播中面临的机遇与挑战》,《武术研究》2010 年第 7 期。

③ 崔秉珍:《论中国武术的国际化发展》,上海体育学院 2009 年博士学位论文。

融合。当这种融入日常生活的文化被异域的民众欣然接受,他们也必然会对中华文化所蕴含的价值理念产生深刻的认同与接纳。

（二）武术功能与价值影响中国武术的传播

美国学者莫顿（Robert King Merton）提出:"结构影响功能,功能影响结构。"武术本身拥有一套独立且完整的功能体系,这些功能不仅表现出其独特的效用,更展现出其无可替代的价值。其体系结构丰富多样,涵盖了师承体系、技术体系、兵器体系以及理论体系等多个层面。深入剖析武术的结构体系,我们不难发现其中蕴含了丰富的文化目标,以及由社会结构所限定的实现这些目标的合法途径。这些文化目标和实践方式,正是决定武术社会功能的关键因素。文化传承作为武术的内在功能,扮演着举足轻重的角色。中国传统体育文化正是通过身体符号这一特殊形式,代代相传,历久弥新,而这正是武术结构所决定的。因此,可以说武术的功能价值是由其独特的结构所决定的,而这些功能在一定程度上又推动了武术的广泛传播,使其在全球范围内产生深远影响。

1. 武术的文化价值奠定武术传播的基本基调

2014年3月27日,习近平主席在联合国教科文组织巴黎总部指出:"没有文明的传承和发展,没有文化的发扬和繁荣,就没有中国梦的实现。"武术传承是继承和发展中国传统文明、促进传统文化繁荣的重要体现。武术作为一个完整的文化体系,就其文化包容性而言,几乎涵容了中国传统文化的各种成分和要素,渗透着中国传统文化的精髓。[1]它诞生于人与兽、人与人的斗争之中,又在儒、道文化的洗礼之下涅槃重生,孕育出除技击以外的哲学文化,诞生出自己的道德操守及涵养规范。不仅如此,千年来东方古典美学的熏陶,也使得武术在厮杀搏斗、战场喧嚣的氛围下,依旧有着肢体上的美感和意境上的冲击。它不仅是一种技术、一种体育、一种工具,更是一种文化、一种艺术、一种追求。

武德有"仁、义、礼",是儒家理念;太极有"阴阳",体现了朴素的唯物主义思想;气功秉承"益气养身",是中医科学;"以柔克刚"更是道家哲学。这些都是武术自身蕴含的文化价值,而这些文化底蕴使武术无论在什么时代都能发挥其效益价值。白永正等指出,"武术文化作用于人,能使人的身心全面发展和完善,塑造人的全面人格,丰富人的生活兴趣,树立健康意识,培养公平竞争意识,从而影响和改变人的价值观、行为规范、思想方式和情感

---

① 　周之华、周绍军:《中国武术文化的内涵》,《体育文化导刊》2000年第2期。

方式,形成大众文化意识,营造和谐社会氛围,促进社会积极健康发展"①。邱丕相等也提出,"中国武术是民族文化的一大载体,吸收了许多中国传统文化的精华。文化是武术的灵魂"②。既然文化是武术的灵魂,武术的文化价值是不言而喻的。

从传播学视角来看,与文字、语言、艺术、音像、图书相比,中国武术具有语言传播特性、人体运动传播特性,更具有消除语言障碍、文化逆差等制约传播效果的优势。③也就是说,武术是发扬中华传统文化,弘扬民族精神的一种重要载体。我们在发掘武术文化价值的同时,也要利用好武术文化的正能量,在传播与发展武术文化的过程中,让民族文化"走出去"。在全球化的大背景下,各个国家和民族之间的文化交流与融合,有时也会发生摩擦与碰撞。所以我们要在不同文化之间,在个性、多样、多元的环境中促进武术文化的繁荣与发展。④

如果说文化是战场,那么武术就是中国传统文化的典型代表、是文化战场上的必争之地,促进武术传播,是贯彻文化"走出去",以及文化自信的重要举措。

2. 武术的健身价值是武术传播的根本路径

随着冷兵器时代的终结,武术为了自身发展的需求不断衍生出除技击性以外的特性,健身性则是其中之一。武术由于拳种繁多,门派繁杂,徒手和短兵、长兵等器械和非器械项目种类也层出不穷,竞技套路和传统武术也对应着不同的年龄层。可以说,任何人在任何年龄都可以选择不同的武术内容作为健身手段。例如,姜周存指出,"武术长拳套路练习包含着屈伸、回环、平衡、跳跃、翻腾、跌扑等各种动作,特别适合青少年儿童练习。在实践中,几乎涉及人体的每个部分。系统的武术锻炼可以极大地提高人的速度、柔韧、力量、敏捷、耐力等身体素质,也可以促进儿童的生长发育和心肺功能的正常发展"⑤。郭玉亭也在其论文中提到,"中国科学院对长期练习太极的科技人员进行心电测图检查。通过对各项参数的分析,表明太极拳训练30分钟后,心脏传导功能、心力、心率等功能指标均有不同程度的改善,特

---

① 白永正、王岗:《武术文化的当代社会效用》,《成都体育学院学报》2002 年第 5 期。
② 邱丕相、马文国:《武术文化研究和教育研究的当代意义》,《体育文化导刊》2005 年第 4 期。
③ 王国志、张宗豪:《文化"走出去"战略背景下中国武术对外发展研究》,《上海体育学院学报》2013 年第 6 期。
④ 孟涛、蔡仲林:《当代中国武术国际传播研究现状述评》,《首都体育学院学报》2013 年第 1 期。
⑤ 姜周存:《武术对开展全民健身的意义和影响》,《体育学刊》1996 年第 4 期。

别是在心率调节方面十分明显"①。

在快节奏时代,许多人很难有固定的时间、精力或金钱去支撑生理上的健身需求。而武术的健身价值,在其项目选择的多元化下,也显得格外便利。第一,除去竞技比赛的武术套路,传统武术中的功法练习对场地的要求低;第二,武术运动对器材的要求可以随项目选择的不同而显得十分便捷,有条件的情况下可以选择短兵或是长兵练习,没有条件的情况下也可以选择徒手练习;第三,时间需求少,以站桩为例,10 分钟的课间,30 分钟的午休,或者只是伏案久了腰酸背痛的时候,都可以进行站桩的练习,而时间长短完全由习练者本身掌控;第四,武术健身的趣味性。和球类竞技例如乒乓球、羽毛球、篮球、足球等这些受青少年追捧的项目一样,武术也包含对练的形式,而竞争性很容易吸引青少年参与,提高练习的积极性,从而提高身体素质;第五,武术健身不仅是增强生理心理健康的手段,更是增强社会适应性的宣泄口。所以说,武术本身的健身价值是值得肯定的,但习练武术需要专人指导,这也是当下武术在发展传播中所面临的困境。

3. 武术的教育价值是武术传播的基本内核

"教育是培养人的一种活动","教育即生活","生活即教育",教育的重要性不言而喻,而"尚武精神"是一个民族的"教育"。1917 年 4 月,毛泽东在《新青年》杂志上发表了一篇题为《体育之研究》的文章,指出国力苶弱,武风不振,民族之体质,日趋轻细,此甚可忧之现象也。民族精神是一个国家赖以生存的基础,也是一个国家展现国家形象的内在力量,更是一个国家的人们能否团结一致的核心因素。武术中所蕴涵的武魂,是"天行健,君子以自强不息"的真实写照。武术教育可以培养中国的脊梁——民族精神。习练武术,不仅能强健体魄,更能锤炼意志,培养坚韧不拔的精神品质。张春华等指出,武术的推广可以促进全民健康的实施。武术的练习过程虽常伴艰辛,但其深厚的文化内涵却在无形中洗礼着练习者的心灵。这种体育与文化属性的双重融合,使得武术的教育内涵尤为深刻。②武术的教育价值,远非仅仅掌握武术套路功法那么简单,它更在于道德礼仪的积淀和精神毅力的锻造。"学武先学德,学艺先学礼",这一准则在武术教育中被奉为圭臬。我们敬仰武者,不仅因其武艺高强,更因其人格魅力。中国武术所蕴含

---

① 郭玉亭:《武术健身价值和教育价值的运用与研究》,《武术研究》2005 年第 3 期。
② 张春华、李安民:《试论中老年人武术健身活动健康发展的影响因素》,《武汉体育学院学报》2002 年第 6 期。

的"中和"思想,以及它所展现的世界主义情怀和整体主义视野,都使得武术教育显得尤为高尚。

然而,当代武术教育在某些方面仍显不足,尤其是在精神道德操守的培育上。这使得人们对武术的憧憬有时转化为不满与困惑。因此,我们更应重视武德教育,将其与社会主义核心价值观紧密结合,推动社会主义精神文明建设,为实现中华民族的伟大复兴贡献力量。尚武必须崇德,这是我们传承和发扬武术文化的重要准则。

（三）"入奥"视域下武术现代化转型

武术界经过深入探索,对武术的发展问题得出一系列结论。总体看来,武术的发展方向应是传统与现代的和谐并存。既要注重传统套路的精确传承,确保武术文化的根脉得以延续;又要与时俱进,不断推进现代化转型,让武术在当代社会焕发新的活力。中国武术的现代化转型历程充满挑战与探索。在转型过程中,我们既要保留武术的传统精华,传承其深厚的文化底蕴;又要注重创新发展,让武术在现代化进程中不断适应时代需求,展现出新的魅力。这样的转型方向,既是对武术传统的尊重与传承,也是对武术未来发展的深思熟虑与积极探索。

1. 立足根本,传统文化是武术现代化转型之基

作为传统文化有机组成部分的中国武术,其发展并不是片面地促进武术的"现代化"和"规范化",而是一个严谨的文化命题。原因在于武术的自成体系充分体现中国文化的基本精神。而中国文化的精髓在于"中和",也就是对人间之爱和天人合一的追求,武术更是追求天人伦理的典型代表,包含天人合德、天人交胜、天人相类、天人互融、天人一体等内容。中国传统文化追求"不隔"的传统,奠定了中国武术"不变"的基本风格,也引领了武术"变"的发展方向。中国武术创造性地吸收了中华传统文化中天人合德的理论取向,《易传》谓"天地之大德曰生"但"生生大德、生生精神实为'仁之源'"。武术传承中更加强调"仁"的精神,注重"德"的弘扬,体现在武术门户中武德的约束。例如,"未曾习艺先习礼,未曾习武先习德"的准则,便体现了习艺的基准是武德为先;戳脚翻子门的《五不传诫言》中也有"不忠不孝者不传,不仁不义者不传"的规定。总之,正所谓"夫大人者,与天地合其德",武术以传统文化为器,承载了求"德"的仁爱之心,是武术在现代转型中不变的论调。

从古至今,武术有着几千年的历史,一直在经历着现代化改造。它的技术和文化由薄到厚,社会功能也不断得到丰富,但万变不离其宗,武术归根结底是一种用于保护生命的技能,技击始终是其最核心的价值。《夜行宗谱》中

写道,所谓技击,乃以武艺行实战搏杀之能。因此,技击是以兵法为指导的兵技之一,具有实用价值,更能显示实战的技术实力,要求人们发挥最大的思维能力和潜能,战胜敌人。从更为直接的意义来讲,技击的运用法则蕴藏着兵法的思维,以兵法思维指导武术技术的运用可以有效提高武术的实用价值。

综上所述,在历史潮流影响下,随着武术内容的丰富,新的拳种与门户相继而生,这中间尽管有着创拳开派的各种现实考虑,如注重审美等,但究其根本在于"技击保命",彰显对生命的重视和保护。基于此,武术现代化发展中,以文化为核心,立足武德之根本,以追求技击为根本诉求是中国武术现代化转型的"不变"真理。

2. 与时俱进,改革创新是武术现代化转型之魂

《周易》言:"穷则变,变则通,通则久",世间万物唯有进化与发展是唯一不变的。武术技击思维以中国传统哲学思想来指导自身的生存与发展,因此我们看到的形意拳、八卦掌、太极拳等,皆是在五行生克、阴阳消长的不变而变、变而不变的"通变思维"中体现着其拳种的技击理念。"天地之大德曰生","生"的精神体现武术现代化转型需在传统的基础上与时俱进。中国武术现代化转型之"变"是一个核心议题,为避免闭门造车,需要一定的经验参考。

日本武道与中国武术文化同源、地缘相近,基于此,笔者以现代化发展理论为支撑,运用文献资料、数理统计、实地访谈等研究方法,梳理《中日武术(道)信息指标量表》对武术在中国发展现状进行分析。指标包括武术普及、武术管理、武术竞技、武术信息 4 个一级指标,其中包含 7 个二级指标、20 个三级指标,以武术项目为代表,运用数理统计法对武术现代化发展现状进行横向分析,审视与反思武术发展的现状。(见表 2-1)

表 2-1　中日武术(道)信息指标量表

一级指标	二级指标	三级指标	武术
武术信息	传播资源	各类武术网站数量	172
		武术类报刊种类数量	5
		国际性武术竞赛国占会员国家数量的比例(以最近具有国际权威赛事为例)	67%
	传播效果	国际化程度	一般
		全球武术习练人数	1 亿以上
		固有国际会员组织数量	149
		武术影视竞赛的观众上座率	30%
		分布大洲数量	5

一级指标	二级指标	三级指标	武术
武术普及	保障条件	武术活动经费来源	单一
		在社会体育指导站武术(道)项目的覆盖率	60%以上
	武术普及化程度	社会群众性武术组织的数量	32
		国内武术练习人数	无统计学意义数据
武术竞技	武术竞赛	具有武术段位的数量	149 531
		武术进入奥运会	否
		国内武术权威赛事举办数量(以 2019 年为例)	11
		举办国际武术赛事场次(包含最权威赛事的当年)	5
武术管理	管理体制	武术行政与社会管理体系的完善程度	一般
		武术管理制度的完善程度	一般
	管理手段	管理手段的网络化程度	较差
		管理机构与组织拥有专门网站的数量	2

(资料来源:通过文献数据与实地调研访谈整理编制。)

不难看出,乘文化自信之东风,武术国际化取得了一定成果,但仍存在发展区域不均、项目开展繁杂、赛事延续性弱等问题。国际赛事的开办有利于武术从本土化项目向国际化项目转变。国际武术联合会在国际赛事发展方面起到决定性作用,重视国际武术联合会机构的运作发展、优化组织管理机构,是提升武术竞技能力、平衡国际竞技水平、促进武术竞技国际化发展的中坚力量。

作为中华武术的发源地,中国理应是武术发展最为便捷、理想的国家。但从实际情况来看,由于武术运动项目的繁杂性、传统性、门派性、实用性等多方面的因素,导致武术在本土的发展并没有想象中那么顺利。无论是从国家层面的政治需求、竞技体育的比赛需求、群众体育的娱乐健身需求,还是个人武术素养的境界需求来看,都并没有达到理想的目标值。这直接导致了中国在武术发展效益上的缺失以及国内地区武术发展的不均衡。随着第三届世界传统武术大会帷幕的落下,中国武术再次吸引了世界的目光。当人们惊叹于非凡的中国功夫时,也凸显出中国武术离人们越来越远,进入了一个问题时代。竞技武术中的中国特色和民族元素越来越少,体操化、舞蹈化痕迹越来越重,日渐偏离武术的本质,发展成为竞技体育中的另类,参与人数在不断地萎缩和孤零。[1]

---

① 王国志、邱丕相:《中国武术"越武越寂寞"的症结及发展策略》,《武汉体育学院学报》2010年第 4 期。

薛欣等也提出四点"武术与民族传统体育专业教育存在的问题",即"管理体制存在的问题;武术与民族传统体育专业缺乏理论指导,学科建设明显滞后于专业发展,民族传统体育专业教育手段已不能满足社会需求"①。温博也认为,中国武术教育模式的现状,是"家庭武术教育:一个从历史辉煌中走向衰弱的教育形式;社会武术教育:形式多、影响大,但缺少'育人'色彩;武术馆校:步履维艰的武术教育困境;学校武术教育:教育者、武术学习者和武术教育影响三者之间出现价值失衡"②。

不仅如此,武术自身也存在消极的一面。尽管许多专家学者高声呼吁中国武术的发展要坚持"文化自信"与"道路自信",挣脱西方体育文化的樊笼,不要把武术仅看成一项体育运动,而要从武术是中国人特有的身体文化活动的角度来阐释武术。但是,中国武术的发展仍在"创新"与"摸索"的道路中与我们传承优秀传统文化的初衷"貌合神离"。这些都是当前武术发展所面临的挑战,更是武术走向国际舞台亟待解决的问题。

二、亚洲主要国家武术发展现状

（一）亚洲地理环境对武术发展的制约与推动

亚洲是五大洲中面积最大、人口最多的大洲,其优越的地理环境保存了悠久的历史文化,经济文化水平曾长期处于世界领先地位,孕育出三大文明古国。武术作为传统文化的一部分,在这样的文化温床上萌芽发展起来。亚洲主要包括韩国、日本、以色列、新加坡四个发达国家,最大的发展中国家——中国是武术起源之国,基于以上,亚洲优异的地理环境、丰富的人文环境促使武术发展呈多方面繁荣发展。武术内容、门派、形式的多样化,也使武术发展较难统一,标准化程度较低,在一定层面制约了武术的普及。中国地貌丰富、特点不一,山环水绕、沃野千里与大漠孤烟相得益彰,直接导致了武术表演形式、内容的差异。例如,源于水之乡的船拳,特殊的地理环境促使船拳孕育而生。顾名思义,在船上打的拳谓之船拳。从古至今,"南拳北腿"是大众对武术最初的印象,南方南拳、北方弹腿是"南拳北腿"的生动写照。由此可见,中国地理对武术的形成具有一定的意义,推动了武术的发展进程。

（二）武术在其他国家的发展现状

1936 年中国武术首次亮相于柏林奥运会,让世界看到中国人自己的身

---

① 薛欣、朱瑞琪、薛扬:《武术与民族传统体育专业教育现状和发展思考》,《北京体育大学学报》2013 年第 1 期。

② 温博:《中国武术教育模式现状及其反思》,《北京体育大学学报》2011 年第 9 期。

体文化。1982 年第一次全国武术工作会议标志着中国武术国际化传播的战略走向成熟,形成发展共识,要逐步将武术推向世界,积极扩大中国武术的影响。实现国际化传播,必须做好中国武术的本土化发展,于是形成了立足国内,同时积极稳妥地向海外推进的国际传播策略。在国家有关部门政策和方针的指导下,中国武术逐步、有序地走向世界,形成了内容广泛、比赛形式多样的良好国际交流态势,使中国武术成为为世界各国所接受的中国文化标识性符号,形成了中国武术文化品牌的概念。此外,1982 年 12 月,第一次全国武术工作会议明确提出"积极稳妥地把武术推向世界"。中国武术文化有组织、有目的地开展国际传播,取得了显著的成效。国际武术联合会自 1990 年在北京成立以来,已有 144 个会员加入,其中欧洲 46 个,亚洲 38 个,非洲 33 个,美洲 22 个,大洋洲 5 个。武术国际竞赛已初具规模,形成了世界武术锦标赛(两年一届)、世界青少年武术锦标赛(两年一届)、世界传统武术锦标赛暨世界传统武术节(两年一届)、世界杯武术散打比赛(两年一届)、世界太极拳健康大会(两年一届)等。此外,还有亚运会、东亚运动会、东南亚运动会、南亚运动会、世界运动会、世界传统运动会、世界武术运动会 7 个国际综合运动会中设立了武术比赛。杨丽根据第 11 届亚运会武术比赛技术统计得出:"本届亚运会共有 37 个国家和地区参加,但是参加武术比赛的国家和地区只有 11 个。由此来看,武术在亚洲的发展不尽如人意,武术人口不够理想。我们进一步可以得出:亚洲其他国家对中国的文化了解还不够。从参加武术比赛的运动员来看,他们大部分来自中国周边,这说明参赛运动员有一定的局限性。"[①]也就是说,武术发展受限的问题,不仅仅是在国内,在亚洲其他国家地区也很明显。

从个别典型国家研究来看,王丽娜在对新加坡中小学武术发展的研究论文中指出:"新加坡受到中国文化的影响比较大,经济交流合作比较多。调查发现,在新加坡,中小学开展的武术活动丰富多彩,形式各种各样。经常组织一些武术比赛或者武术沙龙,在节假日还会有孩子们的武术表演等。新加坡中小学生受到武术电影的影响比较大,也是他们了解武术的主要途径。新加坡中小学生对中国武术的热爱超过了韩国跆拳道等运动,但对中国武术的了解有些模糊。分不清楚中国武术、空手道、跆拳道、柔道之间的区别与联系。造成这种结果的原因是武术教材未能全面落实,武术文化的

---

① 杨丽:《从第 11 届亚运会武术比赛技术的统计看亚洲武术运动状况》,《北京体育大学学报》1992 年第 1 期。

输出没有和武术技术的输出达成一致。"①

对于韩国而言,朴一哲等认为:"在韩国这个与武术发祥地中国同属东方文化圈的国度里,武术文化的传播和推广已经有了一定的基础,但目前武术文化在韩国的发展状况并不乐观。"②马志刚等的研究结果也表明:"中国武术在传播过程中过分偏向竞技性,使得普及化和大众化被忽视。到目前为止,中国武术在韩国的普及程度并不乐观。加之中国武术试图进入2008年北京奥运会未果,中国武术在韩国的进一步普及还面临一定的困难。"③而马来西亚武术的发展状况令人欣慰。随着中国国力日益强盛,国际武联的成立,中国武术推广逐步国际化,马来西亚政府开始对武术采取积极扶持的政策,保证了武术的发展和传播。④李秀指出国际武联成立以来,马来西亚武术在交流、研究、学习和观察中取得了长足的进步。⑤马来西亚武术队在一系列国际比赛中取得了优异的成绩,武术得到了马来西亚政府和国家体理会的认可和重视。1999年,武术被列入马来西亚国家运动会项目及国家十三项甲级项目之一。马来西亚是中国大陆以及港澳台地区以外武术推广进展最快的区域。

从以上亚洲各国和地区的武术发展现状来看,中国武术在亚洲的发展参差不齐,原因是多方面的,应引起我们足够的重视。

第二节　中国武术在亚洲传播的问题分析

梅尔文·德弗勒(Melvin Defleur)⑥等在《大众传播概论》一书中指出:"体育是通俗文化的一种形式,深植于社会;从学校、大学、专业运动的友谊赛,都显示出体育普及的程度,其吸引力几乎可以与总统大选媲美;例如在

---

①　王丽娜:《新加坡中小学武术发展现状调查研究》,北京体育大学硕士学位论文,2011年。

②　朴一哲、杜舒书:《基于孔子学院模式的武术文化国际传播研究——以韩国为例》,《沈阳体育学院学报》2010年第1期。

③　马志刚、韩丽云、崔秉珍:《武术在韩国开展的现状调查》,《武术研究》2009年第7期。

④　夏思永:《体育全球化与体育民族化的哲学思考》,《西南师范大学学报(自然科学版)》2008年第5期。

⑤　李秀:《武术在马来西亚的传播及国际化发展研究》,《西南师范大学学报(自然科学版)》2012年第7期。

⑥　M.L. Defleur, E.E. Dennis, *Understanding Mass Communication: A Liberal Arts Perspective*, Houghton Mifflin, 1988.

2000 年总统大选时,当时转播奥运赛事的时间与总统大选辩论时间产生冲突,但没有一个政党敢尝试跟媒体商量,以总统选举辩论替代赛事转播。数年前,一场重要的网球决赛,甚至让哥伦比亚广播公司夜间新闻延迟几分钟播出,由此可以看出体育对电视经济以及心理价值的影响之大。"因此,体育的价值不言而喻,理应得到传播及发展。武术作为传统体育项目的重要组成部分,在其发展过程中可谓是道路坎坷,王岗在其文章中直言:"中国武术还没有得到世界范围内更广泛民众的认同,还没有成为世界体育竞赛的主流项目,中国武术'表面繁荣、核心荒芜'的现状确实值得我们反思。"[1]武术的传播问题到底在哪里? 值得我们深思。

一、武术在亚洲传播问题剖析

(一)武术文化的复杂性影响武术传播的提炼

在学界,大家有一个普遍的共识,即中国武术是中国人独特的身体文化。它不但具有健身、养生、修身价值,还具有技击功能,同时又是中华优秀传统文化的重要组成部分,反映传统文化的基本特征。[2]

武术蕴含丰富的文化内涵,武德中的"仁、义、礼"源自先秦儒家哲学思想中的孔孟之道;武术所追求的天人合一、人与自然的和谐相处体现了庄子所推崇的"无为而有为"的生活信念;武术制度所恪守的教法章程表达出了对墨子法家思想的继承与秉持;武术拳种中的太极、形意、八卦也是对阴阳五行学说的现实解读与表达……这些文化表达都是武术在千百年的传承发展中,在各种传统文化思想的熏陶下孕育出来的一种自身文化,是一种借助肢体语言、精神素养而传承下来的特殊文化。基于此,中国武术文化源于传统文化,汲各家之所长,呈现内容丰富、形式多样的文化特点。在当今的快餐文化时代下,深厚的文化底蕴在一定程度上影响了文化的选取与提炼,中国武术文化如何选取适当的文化内容,符合大众的文化口味,是武术文化传播问题中的重要部分。

(二)文化差异所导致的国内外矛盾冲突

从当前的体育发展情况来看,除少部分像传统武术、瑜伽这样的体育项目,其他大部分体育项目,都有自己的竞赛类别,可以称之为竞技体育。虽然武术也有竞技武术,但由于其起步晚、赛事少,同时又无缘奥运会,因此在

---

① 王岗:《奥林匹克运动传播对中国武术世界化的启示》,《成都体育学院学报》2012 年第 4 期。
② 王国志:《社会学视野中的大众武术研究》,上海体育学院博士学位论文,2008 年。

国际化的道路上受阻。基于此,我们以传统武术为主体展开分析。传统武术中所涵盖的庞大的传统文化思想,是其价值的体现,却也是其推广发展中的一大枷锁。

作为西方文化催生下的产物,竞技体育是当下奥林匹克运动的主流。竞技体育的核心理念是竞争,以人体的身体素养为基本前提,某种程度上表现出达尔文主义,在对抗和竞争中适者生存。"更高、更快、更强"的格言彰显出竞技体育的终极目标和魅力所在。可以说竞技体育是一种以追求个体人格精神展现为目的活动。①因此,竞技体育精神和传统武术精神这两者所追求的目标是截然相反的。传统武术的精神道义讲究的是点到为止,是以"不战而屈人之兵"为最高境界的武德追求。武术中的"武"字,其本意就是"止戈为武",以天下安定太平为目标的,而对比传统武术,且不说田赛、径赛等计时、计数的项目,也不谈球类等得分类项目,就以相似的格斗类项目来讲,泰国的泰拳,印度的卡拉里帕亚特,韩国的跆拳道,日本的柔道、空手道等,都是对抗类项目。

从精神层面来讲,西方竞技精神和武术传统精神没有对错之分,更没有高下之别。中国人内心千百年来的思想传承,讲究的就是一种和谐的"中庸之道",是追求和平共处的民族血统,中华武术继承了这一思想传统。中国古代武家切磋,三招两手高下立判,胜者不骄,抱拳讲"承让",败者不馁,抱拳讲"受教"。传统武术归根结底是一种"平和内心"的体育项目。

综上所述,中外文化差异一直是文化学者的主要关注点之一,中国武术作为中华传统文化的典型代表,与西方文化自然存在巨大差异,但"万变不离其宗",在武术传播中应注重"求同存异",发挥武术"海纳百川"之所长,规避武术的复杂性、注重武术标准化传播是发展海外武术的法宝。

(三)武术与现代生活方式不兼容

按照"文化三层论",外层是物的部分,即马克思所说的"第二自然";中间层是心物结合的部分,体现为社会制度、风俗习惯、人文习俗、社会规范等;核心层是心的部分,即价值观念、意识形态、宗教信仰、民族精神等。②放到武术上来讲,武术文化的外层是它的技术器物,中层是武术制度规章,核心是武术武德、精神操守。

---

① 刘军:《刍议武术文化的国际传播》,《北京体育大学学报》2004 年第 1 期。
② 庞朴:《文化结构与近代中国》,《中国社会科学》1986 年第 5 期。

　　简单来讲,武术与现代生活的文化冲突,一是表层结构,二是价值取向。自西方体育进入中国以来,我国的体育市场很快就被竞技体育所占据,中国武术为了迎合社会需求也衍生出了竞技武术,并寄希望于竞技武术打开中国市场,进入奥运会,从而走向世界,成为中华民族的代表项目和精神象征。但就结果而言,武术"表层结构"的改革创新并没有取得理想的成就。显然,单一的竞技化和简单化无法让武术运动融入社会群体,而武术的内核在依靠其表象进行传播的过程中又容易失真或扭曲。究其原因,归根结底是武术思想与现代生活方式的不相统一,这也是文化冲突的焦点。

　　现代社会的"快节奏""追求经济效益""高效舒适""消费主义""倍速时代"等已经成为时代标签,人们为了适应高强度的生活方式和日新月异的生活压力,往往倾向于"高质量、高收益、周期短、舒适快捷"的生活态度,这些可以说与武术的思想观念背道而驰。武术讲究的是持之以恒、脚踏实地的勤学苦练,是"师傅领进门,修行靠个人"的体悟式实践,是对武德思想、坚定意志的精神恪守,是不计回报、自强不息的个人境界追求。在农耕时期,习武意味着一生的坚持,拜师代表着终身的敬仰。"一日为师,终身为父"是武术刻板的教条,却也是民族文化的道德操守。虽然时代在变迁,思想在改变,但这些武术文化中的精髓依旧是我们民族精神的标杆及榜样。从当前来看,当下舒适安逸的生活似乎并不需要我们再有武术意境中的精神追求。换言之,世界和平的背景下,很多人对武术的内在需求已成为过往,虽然其精神值得学习,但学习武术的时代必要性不再符合一些学习者的认知。习武是吃苦耐劳的象征,然而现在来看,习武的投入与回报似乎不成正比。

　　有研究者认为,传统武术文化是一种自在的文化,它集技击理念、经验与人的品格、道德、认知于一体,构成一种人的自在生活方式。而西方体育文化更多地表现为一种自觉的文化,它以自然科学为理论基础,展现出人体自觉的存在方式或活动图式。[①]从机制来看,武术文化更容易与现代体育产生矛盾冲突,而西方体育则更容易渗透现代生活,使得武术的发展空间越发狭隘。举几个简单的例子:就学生而言,学习跆拳道的人数比武术多,因为跆拳道的段位依靠颜色、段位划分,考核内容明确、简单,晋段门槛低,成就感明显,能提升练习者的积极性,而武术段位制晋段标准高,段位也无法依

---

　　① 李龙:《论中国传统武术文化的现代化出场》,《中国体育科技》2010 年第 46 期。

靠腰带等饰品简单分辨,难以获得成就感;就中青年而言,与学习武术相比,上班族更愿意投资于健身馆等,因为健身馆训练科学规律,对身体健康的监测清晰,成效快速明显,而且练习内容简单方便,而武术学习过程枯燥,虽然能起到强身健体的作用但无法对某一具体参数进行着重训练,且训练失误造成损伤的概率较高;就老年人而言,"广场舞"已然成为这个群体的潮流运动,更能促进老年团体间的相互交流,且动作简单,对师资培训的要求相对较低,更容易获得快乐体验。

综上所述,中国武术本身所具有的特征似乎已经不太能契合现代人的生活习惯和生活方式,在快节奏的现实生活中习练"慢工出细活"的中国武术是对现代人时间和精力的挑战,这也是中国武术不被选择、被边缘化的关键原因所在。

(四)武术健身群体的不平衡

我们经常可以看到一些青少年在运动场打篮球、踢足球,或是在一些固有场地进行滑板或酷跑等一些趣味性强的运动;中青年大多会在健身馆或健身会所进行健身行为,对自己的身体实施起效快、规范化、科学式的锻炼计划,目的性较强;而中老年大多会在公园或广场进行晨练或晚饭后的锻炼,且项目种类丰富,锻炼内容选择以喜好为主,而武术也是这类群体的选择项目之一。

对青少年而言,武术锻炼的趣味成分较少,吸引力比不过竞技运动或现代新兴体育;对中青年而言,武术锻炼的起效慢、周期长、经济实效性差,虽然健身馆的会员制度与私教收费较高,但相较于学习武术而言,健身房更能给他们带来可视、可预期的效果。而武术锻炼的不确定性因素太多,成本投入有风险,加之武术的学习也需要付出一份脑力、体力还有热情的付出,与健身教练说什么就做什么相比更加消耗精力;对中老年而言,他们有足够的时间和精力来进行武术锻炼,钻研武术动作中的神韵、招式中的含义,对老年人来讲是消磨时间、满足喜好的极好方式之一。

总体而言,武术健身相较于其他健身方式,需要投入更多的精力和时间,对耐性和心性等也有一定的考验,且起效时间较长,对身体起到的积极影响更多的也是来自身体内在的调理和精神层面的满足,对体格的改造和姿态的塑形不能快速达到立竿见影的效果。所以客观上讲,武术这种锻炼方式更加适合中老年这一年龄阶层。张春华等调查显示:"我国市民在锻炼项目的选择中,武术等传统项目高居首位;在年龄结构上,中老年人占绝大多数,在我国城镇居民经常参加体育锻炼的中老年人中,退休人员接近七成。"①从其结论来看,进行武术锻炼群体的不平衡性非常严重,锻炼主要人群的年龄分层都集中在中老年上,而其他年龄层次的比重则非常小。这个问题看似简单,实则非常严重,因为年轻群体更能为武术项目的发展提供更充足且有序的动力,但武术传播推广不可能强行改变其他年龄层的价值取向和运动需求方式,由此引发的矛盾值得我们思考。

（五）现代健身项目对武术的冲击

现代社会生活节奏快,人们生活不规律,尤其是年轻人,工作、生活压力大,他们需要简单快速的健身方式,如搏击操、舞蹈等。但是他们忽略了在快节奏的生活工作环境中,如何让自己的身体、精神慢下来更为重要,这种情况下以太极拳为代表的中国武术更适合他们。但我们很少看到年轻人习练"具有精深的哲学思想、系统的技击理论、完整的锻炼系统和神奇的健身与攻防效果"②的武术。在城市中,跆拳道热将武术抛弃在"犄角旮旯",多数孩子徘徊在跆拳道馆,而武术馆却是冷冷清清。武术本应该有魅力吸引更多的练习者,出现目前这种现象,应引起我们的反思,应该从自身找原因。③

武术毋庸置疑可以促进健康,但在以奥林匹克理念为主的西方体育影响下,参与武术运动的人不多。中国武术一直以技击为核心,但在竞技体育市场中,却频频被跆拳道、空手道、柔道超越。跆拳道市场的火爆只能说明其本身的营销手段比较适合在市场的规则下生存,并非其本身的技术优于中国武术。④而武术除去传统就是竞技,武术产业未能形成一定规模,并没有在现代健身项目中独树一帜。

武术以阴阳、五行、天人合一等中国古代哲学思想为理论基础,作用于人体,从而由内而外影响人体的内脏、骨骼、肌肉和血管等,它是一种潜移默化、循序渐进的过程。武术的健身功能所带来的影响和改变更多的是练习者本身的主观感受和客观上具体身体数值的变化,但从外表来看,除较为缥缈的"精、气、神"有所提升,并没有特别明显的改变。这导致许多想要通过武术来提高体能、素质和修为的习练者会错误地认为,有没有练习武术差异不大;再者,武术因为其内容繁杂、流派众多、缺乏创新,也影响了武术在大众中的传播推广。

① 张春华、李安民:《中老年武术健身群体的互动作用剖析》,全国体育科学大会,2004年。
② 旷文楠:《中国武术文化概论》,四川教育出版社1990年版,第131—132页。
③ 王国志:《社会学视野中的大众武术研究》,上海体育学院博士学位论文,2008年。
④ 赵敏:《武术发展的社会需要因素研究》,山东师范大学硕士学位论文,2006年。

（六）武术教育的异化

邱丕相先生提出："以武术来弘扬和培育民族精神,是一项系统工程,它要求我们以教学内容的改革为重点,以教学模式(形式具有示范性的几种武术教学模式)的探索为抓手,以三级课程体系的建立为目标。它不仅需要武术理论工作者自觉地将弘扬和培育民族精神作为自己的研究课题,提高自己研究的时代性和社会性;而且也需要民间武术文化传承者和武术教育实践者投身其中,并在弘扬和培育民族精神中发挥自己的创造性。"①

从武术教育的学科定位看,武术教育是武术文化与现代教育的结合。武术是具备文化、艺术、体育属性的文化体②;中国武术的价值表现在:中国武术在中华优秀传统文化的长期濡化下,逐步形成了注重整体合一、以武观德的技术理念和习练方法。长期以武术来修炼自身,不仅可以提高自己的健康水平,而且可以提升自己对中国文化的认知水平,了解中国文化的整体特点、伦理特征和辩证特色,还能将这些有利于人类进步与和平的知识内化为锻炼者的行为准则,凸显出中国武术的教化功能和规训作用。③中国武术的功能表现为:武术的武德教育以"立德树人"为核心,可以为构建社会主义和谐价值体系服务。武术之"德"深受孔子"仁"的影响,并以其为基础。武术的"点到为止""止戈为武"皆是以"仁"为基础的和谐理念体现。它不以"战胜"为目标,而是以"不战而屈人之兵"为追求,处处体现出"人我和谐""物我和谐""天人和谐""世界和谐"的境界。武术道德所追求的"泛和谐价值观"与中国社会主义核心价值观有着异曲同工之妙,都是以"和谐"理念为逻辑前提的。④

武术教育是教育类型中的一种,却又不同于一般教育,它不仅仅是知识技能的传授,更是教学过程中对人品格、意志、心性、价值观等的塑造和提炼过程。

由此可见,武术教育培养的是一种尚武精神,是崇尚正义、侠义之风,注重培养人"和谐一统""中正安舒"的气魄,武术教育注重的是人的品行教育,养成良好的品质和志向高洁的情趣,教育人们适应社会,提高人的独立性,培养健全的社会主义接班人。但当今社会往往忽视这些附加价值,而更倾向于技能的培养和现实中的实用性,导致武术教育的需求有限,这是武术教

---

① 邱丕相、戴国斌:《弘扬民族精神中的武术教育》,《哈尔滨体育学院学报》2005 年第 23 期。

② 郭玉成:《武术的属性:文化性、艺术性、体育性》,《武术研究》2007 年第 4 期。

③ 郭玉亭:《武术健身价值和教育价值的运用与研究》,《武术研究》2005 年第 2 期。

④ 郭玉成、郭玉亭:《当代武术教育的文化定位》,《武汉体育学院学报》2009 年第 43 期。

育在实施过程中的异化,同时也抑制了武术教育自身的发展及延伸。

(七)武术教育资源的缺失

研究发现,学校武术教学存在很多亟待解决的问题,主要表现在武术教材陈旧、师资匮乏、场地不足、教学方法枯燥、理论与实践脱节等,不能为学生提供思考和培养他们兴趣的空间……这也是为什么学生喜欢武术,却不愿意上武术课的症结所在。①《关于学校武术教育改革与发展研究》课题组研究显示:现有的武术教师无论从数量上还是教学质量上都难以满足中小学武术教育改革与发展的需要,难以承担起传承武术文化的责任。谁来教武术,是关系到中小学武术发展的根本问题。②

以苏州大学为例,"武术与民族传统体育系"每年招收 20 名学生,仅占体育学院每年招生人数的 12.5%,除去毕业后不参与武术教学工作的学生人数,每年进入教师行业从事武术教学的新鲜血液人数可能只有不到 10个,这意味着相较于一般体育教师,专业的武术老师数量较少。而且武术动作对身体素质的要求较为严苛,换言之就是武术教学中的动作示范,也只有年龄相对较小的武术教师能够完成,而年龄较大的武术教师,就算之前对动作有较强的把握并能规范地示范给学生,可随着年龄的增加,只会越发"心有余而力不足",最终也只得退出武术的一线教学。目前,武术的师资需求量大,更新速度周期短,但人才的培养速度却较为缓慢,国内正规的武术教师需求以当下的条件依旧难以满足,更不用说亚洲其他地区和国家了。同时,武术人才自身能力良莠不齐,有许多学校或地区,为了应付教学需要,常常会让跆拳道、空手道等专业的教师进行武术的教学。毫无疑问,在这种条件下培养出来的学生,其武术水平可想而知。

另外,武术专业的毕业生多数从事跆拳道教学。民间私营武术培训机构的生存状况也不容乐观,与跆拳道培训相比,学员数量少,规模小。教学基本以武术套路为主,缺乏技击性,培训机构多以盈利为目的,忽视教学质量等。国内目前的一些武术馆校同样存在着很多问题,只注重技术的教学,忽视武术文化的教育,容易使受众对中国武术的认知产生散化,不利于对中国武术内涵的识别。③从中国武术在美国传播现状中,也可以从侧面反映出

---

① 郑勤:《关于发展高校武术教育的思考》,《湖北体育科技》2006 年第 25 期。
② 《关于学校武术教育改革与发展研究》课题组:《我国中小学武术教育状况调查研究》,《体育科学》2009 年第 29 期。
③ 吴文峰、薛红卫、张晓丹等:《中国武术在美国传播现状解读》,《体育文化导刊》2017 年第 3 期。

武术在亚洲其他国家的发展状况。总体而言,教师数量不足,教学水平不高,教学内容缺乏规范。

一种文化的兴衰往往依赖于拥有这种文化的人数。武术教育资源的缺失带来的最直接影响便是武术的衰落甚至灭亡。而师资力量的不足,也是武术对外传播及发展活动中首当其冲的问题之一。

（八）武术教育中的不当

何为武术教育中的不当？通俗地说分为两种,第一种是武术教学中,教学者对受教者的误导,或者在信息传递时有误差或有错误。且这些问题不仅限于动作当中的规范性,还包含着武术思想、文化、精神、制度当中的误区。这些问题放到个体上来看可能影响较小,可是放到"武术在亚洲的传播"中,这个涉及大量群体及地区的实践活动中来看,则隐藏着巨大的隐患。第二种则是武术教学中的方式陈旧、手段老套、教学内容单一,对武术求学者或学生的吸引力不足,武术教学对他们提供的学习动机不够,导致传播受众对武术产生厌恶情绪或无力感。哪怕受众对武术本身有极大的兴趣,但由于教学方式的问题,他们仍会回避接纳武术、学习武术,更不用说发展武术、传播武术。

武术是真实存在的,它的思想传承及归类定义是数千年来国人总结发展的产物。但是,就武术自身发展而言,存在着"文化堕距"或"文化滞差"现象,只是注重技术的发展与创新,忽视了武术文化的挖掘与整理,无形中阻碍了传统武术的生存、发展和沿袭。[1]姚文俊就提出大众对武术认知中的八大误区,即"武打"并非"武术";"套路"并非"武术";"招式"并非"桩";"气功、桥功"并非"武术";太极拳并非"武术";"摔跤"并非"武术";擂台规则并非随意制定;武德并非"打不还手"。[2]彭碧波也发现:"有人说武术不实用,是花架子;有人说现代社会学习武术没用;有部分人谈武色变,一提起武术就是学了武术会打人。"[3]然而这些纯粹是想当然的评价,却是当今社会大众对武术的普遍认知。在武术对外传播的过程中,一旦这些谣言与误解散布出去,便会给受众建立先入为主的观念,对武术发展产生极其不好的影响。

可以说,武术教育从未能脱离体育的范畴,在体育的藩篱下进行着所谓的武术教学,武术课多以武术操的形式出现在课堂上,使得武术丧失了自己

---

① 闫静、罗卫民、吉灿忠:《论我国传统武术的传承误区》,《沈阳体育学院学报》2014 年第 33 期。

② 姚文俊:《破除武术的八大误区》,《华南理工大学学报(社会科学版)》2014 年第 16 期。

③ 彭碧波:《关于武术的认识误区》,《中华武术》2005 年第 2 期。

的特色和具备的学科优势,导致我国武术专业教育在很大程度上不能很好地按照武术本身的内在规律,形成中国人特有的身体文化学科,只能依附于体育学的存在,战战兢兢地存活在"体育学"下"苟且偷生"。①武术教学的问题,不单单是一种教学或武术自身的问题,更是一种制度层面和动机需求的问题。而要解决这一问题,也需要多方面的力量和手段支撑,可以说是任重道远。

第三节　个案研究:中国武术在日本的发展

日本是发达的资本主义国家,西隔东海、黄海、朝鲜海峡、日本海,与中国、朝鲜、韩国等国隔海相望。中国与日本从地理位置上来说是一衣带水,从文化渊源上看同根同源,中国传统文化中的儒家文化更是对日本文化的发展产生着重要的影响。

一、中国武术与日本的渊源

（一）中国武术在日本发展的背景

日本文化主要由西伯利亚通古斯人、古代中原人、东北游牧民族和少量的长江下游的吴越人、少量南阳群岛的马来人以及中南半岛的印支人和日本原住民融合而来。"日本文化谱系中的中国影子随处可见,日文、医药、茶道、饮食、弓道、服饰、礼仪以及对日本影响深远的'弥生文化'无一不是受中国的影响。"②古代日本的文化主要得益于对中国文化的吸收和融入。自古代开始,中日两国便有着密切的往来,其中日本"武道"的形成便深受中国传统文化的影响,这种文化的同源性为中国武术在日本的传播奠定了十分有利的基础。中国武术是在中国传统文化中孕育而成,自产生以来便与中国文化息息相关,其所具备的文化特点与日本文化理念相契合,文化上的共性为武术在日本的发展提供了良好的生存土壤。

（二）中国武术在日本传播的实践价值

1. 有利于促进两国交流

中国武术作为中国传统文化的代表,近些年一直扮演着文化使者的角

---

① 王岗、李世宏:《学校武术教育发展的现状、问题与思考》,《成都体育学院学报》2011 年第37 期。

② 房中甫、李二和:《海上七千年》,新华出版社 2005 年版,第 5 页。

色,在国际对外交流中有利于促进各国之间的民心相通,发挥其沟通桥梁的作用。随着中日交好,中国与日本的往来也更加密切,中国武术作为一种身体文化符号,在促进两国交流与关系上发挥着不可替代的作用。首先,中国武术在日本的传播有利于日本民众充分了解中国文化,从而对中国产生正确的认识,有助于中国国家形象的树立;其次,中国武术具有健体防身的功能,可以提高日本民众的身体素质;再次,日本民众通过练习武术可以参加与之相关的国际赛事,有助于中日两国人民的密切往来与友好相处;最后,通过派遣武术专业者到日本进行武术的讲习,有助于实现中日两国文化的交流与促进。

2. 有利于促进日本"终身运动"的理念

日本文化崇尚"终身体育"的理念,即让每一个人在一生中获得身心愉悦、健壮体质的体育活动。无论你处在何种年龄段,都可以与体育精神、体育活动保持亲和力并从中受益,日本长久以来秉持着这样的观念。这种"人人参与""持续不断"的运动不同于以往流行的"运动员的体育""青少年的体育"观,其所彰显的"终身体育"也体现了"以人为本"的现代理念。而中国武术具有庞大的技术体系,其中传统武术以及太极拳等项目对于促进"终身体育"的实现具有重要的现实作用。以中国武术中的太极拳为例,首先,太极拳属于全面性的运动,可以对身体的各个部位起到锻炼作用;其次,受众人群可以较好适应,因为太极拳的动作比较柔和而且相对简单,基本上所有的人都可以进行练习;再次,安全性较好,太极拳注重的用意不用力,可以有效避免身体受到伤害以及因用力不当造成的一些身体损伤;最后,在技巧上,太极拳的技巧是以静制动、以柔克刚,所以在动作打法的规范性上并无严格要求。这种不一味追求劲力与技巧的运动项目符合"终身体育"的理念。

(三) 中国武术在日本的开展现状

1. 太极拳在日本的历史发展脉络

中国武术在日本的发展状况中,最值得一提的便是太极拳运动,其凭借着自身的健身功能以及文化价值在日本受到热烈追捧。1987 年 4 月 26 日"日本武术太极拳联合会"成立,其作为日本武术太极拳活动的理事组织,在日本内阁办公室批准为公益性实体的情况下开展项目活动,其目的在于促进武术太极拳作为终身运动和竞技运动在日本民众中的普及。截至 2014 年 4 月,日本约有 150 万太极拳爱好者,其中女性占七成,男性占三成,参赛者总人数约为 7 万人。日本县联合会作为武术太极拳活动的理事组织成立,由各县联合会主办的武术太极拳比赛、县锦标赛、讲座等活动十分活跃。由各都道府县主办的各县办县民体育大会上,武术太极拳比赛也由县联合会主管作为正式比赛进行。各县联合会与日本联合会合作,努力推广武术太极拳,为促进日本国民健康作出贡献。

1997 年是日本太极拳联合会成立 10 周年,武术太极拳首次参加日本全国体育大会。在 1998 年 10 月举行的第 53 届日本全国体育大会(神奈川-玉梅国体和秋季运动会)上,1 200 名群众表演者作为公共竞技和体育艺术在总闭幕式上进行了大型集体表演,130 名青少年运动员表演了功夫体操团体表演。从 2003 年第 58 届静冈国体到 2013 年第 68 届东京国体,武术太极拳每年都作为示范活动举行。从 2019 年茨城国体开始,武术太极拳共举行了 8 次活动,并升级为"国体公开比赛"项目。目前日本正在开展有关活动,使武术太极拳在日本国家机构中正式成为比赛项目。日本体育联合会是日本奥林匹克委员会(JOC)和日本体育协会的正式成员。武术太极拳是继 1990 年北京亚运会、1994 年广岛亚运会、1998 年泰国曼谷亚运会、2002 年韩国釜山亚运会、2006 年卡塔尔多哈亚运会、2010 年中国广州亚运会之后,2014 年在韩国仁川举行的第 17 届亚运会之后,2018 年在印度尼西亚雅加达举行的第 18 届亚运会上正式举行。在东亚运动会上,日本武术太极拳在第 1 届(1993 年,中国上海)、第 2 届(1997 年,韩国釜山市)、第 3 届(2001 年,日本大阪)、第 4 届(2005 年,中国澳门)、第 5 届(2009 年,中国香港)和第 6 届(2013 年,中国天津)都作为正式比赛项目(见表 2-2)。

由"日本武术太极拳联合会"官网可以清晰看出太极拳在日本发展的历史脉络以及各历史时期太极拳所举办的活动与赛事。太极拳在日本的发展得益于日本相关组织的大力支持与推进,以及太极拳联合会进行的有序推广。登录"日本武术太极拳联合会"官网查看,可发现针对太极拳的相关信息一目了然,无论是教材、规则、开展活动、举办赛事、业务活动等都有着清晰的分类与介绍。

表 2-2　日本太极拳联合会的历史脉络

1987 年(昭和 62 年)	4 月 26 日	日本武术太极拳联合会成立
	9 月 25 日	加入亚洲武术联合会(WFA)
	9 月 26 日	首届亚洲武术锦标赛(9 月 26 日至 27 日)由日本武术联合会主办
1990 年(平成 2 年)	9 月 22 日	在第 11 届北京亚运会开幕式上,1 400 名中日太极拳爱好者进行了太极拳集体表演(日本代表团 740 人参加);武术太极拳正式开赛(9 月 29 日至 10 月 4 日)
	10 月 3 日	加入国际武术联合会
	10 月 3 日	正式成为日本奥委会会员

1991年(平成3年)	3月28日	加入日本体育协会
1992年(平成4年)	10月30日	第5届全国卫生福利节山梨县运动会中,太极拳比赛作为赞助项目
1994年(平成6年)	10月12日	武术太极拳作为第12届广岛亚运会的正式比赛项目
	11月13日	第7届全国体育娱乐节北九州运动会上,太极拳比赛作为赞助项目。此后,每年参加"全国斯波雷克节"(从2001年"斯波雷克三重"开始作为免费参与项目举行)
1995年(平成7年)	4月1日	引入太极技能测试系统,在全国进行测试
1997年(平成9年)	4月26日	日本武术太极拳联合会成立10周年
	7月18日	第14届全日本武术太极拳锦标赛作为日本武术联合会成立10周年
	12月22日	日本学生武术太极拳联合会(学生联合会)成立
2001年(平成13年)	5月	第3届东亚运动会(5月19日至27日)在大阪举行武术太极拳比赛(5月27日,大阪市中央体育馆)
2002年(平成14年)	8月25日	中日韩三国太极交流大会共3 300人参加,日本代表团600人参加,庆祝北京奥运会举办,庆祝中日邦交正常化30周年和中韩建交10周年
2003年(平成15年)	3月	北田市宣布成为"太极之城"
	7月9日	中日韩太极流大会在上海举行。来自日本的268人参加了会议,总共有3 000多人。这是中日邦交正常化40周年和中韩建交20周年
	8月	第一期教师培训研讨会举办
	11月16日	成立太极促进议员联盟
2012年(平成24年)	7月	总部培训中心(东京)扩建完成
2013年(平成25年)	4月	太极技能测试新设4级,并从当年开始实施
	7月	第30届全日本武术太极拳锦标赛举办,通过征集选拔全国569名高级人员进行纪念集体演武
	11月	太极技能测试系统第4阶段升级考试在东京和大阪举行
2016年(平成28年)	2月和3月	第一期全国裁判员培训班和认证考试在东京、佐贺和大阪举行
	8月	在大阪和东京举行第一次认证国家教练认证考试
2017年(平成29年)	8月26日	第29届大运会武术太极拳比赛举办
2019年(令和元年)	9月15日	武术太极拳首次作为"公开比赛"在"2019年日本国家体育大会"上举行(9月16日,茨城·取手)

(资料来源:日本武术太极拳联合会官网。)

2. 太极拳在日本的成员组织状况

自1987年"日本武术太极拳联合会"成立以来,在日本民间就兴起了一阵"太极拳热",太极拳运动一直有秩序地在民间开展,人们参加太极拳运动的积极性一直都十分高涨。据"日本武术太极拳联合会"统计,截至 2021 年 5 月 6 日"日本武术太极拳联合会"共有 49 个成员组织加入,几乎每个县都有太极拳联合会的成员组织,由此可以看出,日本在太极拳普及上已经取得了不错的传播效果(见表 2-3)。高娅在《当代日本太极拳竞赛体制的结构分析》一文中曾说道,通过调查分析当代日本武术太极拳竞赛体制发现,其体制是由全国、地方及民间等结构组合而成。由此可以看出,日本太极拳竞赛已形成了一个自上而下、各级各类竞赛相互联系的赛事体制,它与政府体育管理体制相连接,并纳入国际武术竞赛的运行体系之中,这为太极拳在日本的推广创造了良好条件。

在各级的武术竞赛当中,太极类项目均以重点比赛项目出现在大众视野,这种现象与日本社会人口老龄化及其政府提倡的"生涯体制"政策关系密切。在日本全国性的五大赛事中,"选手大会"最具代表性,且突出竞技与健身相结合的特点;与此同时,这种竞技与健身相结合的赛事还起到了以点带面的辐射作用。太极拳还常以"节庆"的形式出现,这种活跃于民间的太极拳节庆,其形式活泼多样、娱乐性强,它虽不同于纯粹的现代体育竞赛,但却为当今日本太极拳竞赛的发展打下了坚实基础。①当代日本的太极拳运动以强身健体为主要目的,其发展特点主要是由民间自下而上逐步发展起来;日本太极拳联盟虽属社团组织,但其政府对太极拳联盟给予了高度重视,使其组织和工作在该领域具有合法性、统一性及指导性,并形成太极拳在日本的"纵向"普及与发展。

表 2-3　日本武术太极拳联合会成员组织名称

日本武术太极拳联合会成员组织名称	
北海道 武术太极拳联合会	青森县 武术太极拳联合会
岩手县 武术太极拳联合会	宫城县 武术太极拳联合会
秋田武术 太极拳联合会	山形县 武术太极拳联合会
福岛县 武术太极拳联合会	茨城县 武术太极拳联合会
东芝武术 太极拳联合会	群马县 武术太极拳联合会

---

①　高娅:《当代日本武术太极拳竞赛体制的形成和演变——以太极拳竞赛为主的考察(1980—2002)》,《体育科学研究》2004 年第 1 期。

续表

日本武术太极拳联合会成员组织名称	
埼玉县 武术太极拳联合会	千叶县 武术太极拳联合会
东京都 武术太极拳联合会	神奈川县 武术太极拳联合会
山梨县 武术太极拳联合会	新潟县 武术太极拳联合会
长野县 武术太极拳联合会	富山武术 太极拳联合会
石川县 武术太极拳联合会	福井县 武术太极拳联合会
静冈县 武术太极拳联合会	爱知县 武术太极拳联合会
三重县 武术太极拳联合会	岐府县 武术太极拳联合会
滋贺县 武术太极拳联合会	京都府 武术太极拳联合会
大阪府 武术太极拳联合会	兵库县 武术太极拳联合会
奈良武术 太极拳联合会	和歌山县 武术太极拳联合会
托托里武术 太极拳联合会	岛根武术 太极拳联合会
冈山县 武术太极拳联合会	广岛县 武术太极拳联合会
山口县 武术太极拳联合会	香川武术 太极拳联合会
德岛武术 太极拳联合会	爱知县 武术太极拳联合会
高知武术 太极拳联合会	福冈县 武术太极拳联合会
佐贺武术 太极拳联合会	长崎县 武术太极拳联合会
熊本县 武术太极拳联合会	大分县 武术太极拳联合会
宫崎武术 太极拳联合会	鹿儿岛县 武术太极拳联合会
日本学生 武术太极拳联合会	东京 武术散手俱乐部
冲绳县 武术太极拳联合会	

（资料来源：日本武术太极拳联合会官网，截至 2021 年 5 月。）

3.太极拳在日本的宣传状况

日本在对于太极拳的宣传推广上可谓是做足了功课,不论是杂志、新闻或是报刊都有关于太极拳的相关报道,甚至制作有关宣传页进行太极动作的基本讲解。普通民众即使没有练习太极拳的经验也可根据此宣传页进行简单的动作模仿,这种潜移默化的影响使日本民众更愿接受太极拳的练习。从日本的太极拳杂志上可以很清楚地看到"终身运动"的字符,太极拳作为一项舒缓、轻柔的运动,不论青年人、老年人都可进行练习,是可以长久练习的运动项目,有利于日本"终身体育"的实现。太极拳中的养身、健体功能一直被日本人所认可,作为老龄化严重的国家,太极拳这项运动无疑是最符合日本人需求的运动。这种现实需要促使日本的相关组织进行大力的宣传与推广,积极举办太极拳赛事。日本太极拳的宣传不仅体现在杂志和新闻推广上,更体现在太极拳书籍、教材的出版上,可以说在日本生存的太极拳实现了较为理想的传播状态,在练习人群、组织机制、宣传推广、赛事参与等方面都有着较为稳定的发展模式。

二、中国武术在日本传播存在的问题

中国与日本文化同宗、地缘相近,在一定程度上影响了日本传统文化的发展方向。现如今,武术在日本的发展难能可贵的是,日本民族对武术的追求从未止步,从积极学习到推陈出新,日本武道是立足于中国武术的基础上,通过不断继承和发展而形成的。从目前日本的武术发展现状可以看出,武术在日本发展迅速,形成规模较大,参与人口众多。但在发展过程中仍存在不少问题,针对这些问题寻找解决问题的策略,促进中国武术在日本的发展传播。

(一)竞技武术与传统武术传播发展失衡

中国武术的发展始终没有摆脱西方体育的影响。在奥林匹克文化的影响下,中国武术分化出竞技武术的发展道路,其紧贴"更快、更高、更强"的奥林匹克精神不断改良,并以"武术入奥"为目标努力。导致现代武术朝着"高难美新"的竞赛化方向发展,早已失去武术原有的技击本质。竞技武术的发展对传统武术造成极大的打击,过去百花齐放的武术派系现在已逐渐出现衰落的迹象。在诸多因素的影响下,竞技武术成为现代武术发展的主流,而传统武术逐渐边缘化,甚至出现一些传统拳种濒临失传的现象。竞技武术与传统武术作为现代武术的主要分支,对武术未来的传播、发展是不可缺失的。

日本武术在武术国际化传播中处于较好的发展状态，其武术水平较高。日本深受儒家文化的影响，其国民对武术也有一定的认知水平，练习武术人口较多，其参与的国际赛事也取得了优异的成绩。如表 2-4 所示，日本在2015 年第 13 届武术套路锦标赛中取得 3 银 1 铜的佳绩；在第 14 届武术套路锦标赛中日本选手荒谷友硕(Tomohiro Araya)更是以 9.66 的高分取得男子太极剑的冠军，而在随后的比赛中，日本队再次取得 2 银 5 铜，实现了日本在武术套路世界锦标赛的实质性突破；2019 年第 15 届武术套路世界锦标赛中，日本选手斋藤志保(Saito Shiho)斩获女子太极拳的银牌。

表 2-4　日本在近三届世锦赛拿到的成绩

年份	届次	项目	成绩
2015	第 13 届	套路	3 银 1 铜
2017	第 14 届	套路	1 金 2 银 5 铜
2019	第 15 届	套路	2 银

通过调研和查阅相关资料发现，日本有关传统武术的赛事较少。由此说明，传统武术在日本的发展并不顺利。与螳螂拳、咏春拳、通背拳等传统拳种相比，太极拳更加受日本国民的喜爱，这一现象极大可能是由于日本社会老龄化问题。通过对全日本太极拳联盟的调查发现，日本国民练习的太极拳有陈、杨、武、吴、孙、简化 42 式等套路，并没有传统老架太极拳等，这也进一步说明中国武术两大分支在日本的传播发展的不平衡现象。

（二）武术利用新媒介传播程度较低

随着我国社会经济的发展、科技的进步，信息高速迭代，短视频已成为我国现阶段大众传播的新媒介，由原来的单一形式转变成现如今的多样化与复杂化的形态。而武术对外传播仍局限于武术表演、武术影视作品、武术网站等过于单一保守的传播路径，这些导致武术对外传播受限。目前，武术的对外传播问题已成为武术界重点关注的问题。

互联网短视频的传播方式更容易引起受众的共鸣，短视频所具备的"短、快"优势使其成为信息传播的重要渠道。如四川绵阳的李子柒，她依靠短视频将中国手艺、中国美食及中国文化带出国门，实现了名副其实的"出圈"。李子柒以短视频的形式，使海外人们认识、了解中国文化，无论是传播质量还是效率均获得了前所未有的提高。中国武术亦可以使用如此方式，推动中国武术在海外"出圈"。现如今，中国武术的传播途径不能再局限于言传身教等传统形式，应拓宽武术传播的手段。中国武术传播应利用大众传播新媒介等手段,开启中国武术从点到面的新时代传播。

(三)教材刊物庞杂多样,双语翻译不规范

教材刊物是中国武术对外传播的有效途径之一,其目的是使武术海外爱好者真正了解中国武术的文化内涵、形式内容及其含义。竞技武术作为现代武术对外传播的主流,其传播现状与困境深受中国武术协会与国际武术联合会的关注。国际武术联合会曾出版过两次有关国际武术套路的竞赛规则,对国际武术竞赛套路提出了标准化及具体化要求,以便中国武术在国际体育中能迅速发展起来。因此,规范的翻译对武术教材刊物而言极为重要。

据不完全统计,日本出版的与武术有关的杂志有《武术》《武术太极拳》《少林寺拳法》等。如何将中国武术动作专业术语翻译成日本国民能接受和了解的语言,是中国武术在日本发展过程中极为重要的问题之一。武术专业词汇在翻译的过程中,极容易出现"二次翻译"的现象,即在翻译过程中出现偏差而产生的新含义。正如日本国民深爱的太极拳,其中有一动作名称为"白鹤亮翅",翻译过来为"明るい翼を持つ白いクレーン",其含义与中国武术中的"白鹤亮翅"大为不同,且与中国武术真正想表达的内容也存在偏差,这致使在教学过程中,学生难以消化其动作内涵。目前对于中国武术的翻译有很多,但绝大部分与其本意相离,因此,规范外语翻译仍是武术国际化传播所面临的巨大的挑战。

(四)武术专业人才培养体系有待完善

语言是中国武术对外传播的必要条件,无论采取何种形式进行传播,语言都是传播过程中不可缺失的。现如今,我国缺乏能在国际上进行武术教学的专业人才,具有双语教学能力的武术专业人才更是少之又少。我国培养武术专业人才时,主要还是以本土语言进行教学讲解,极少涉及外语教学。因而我国大部分武术专业人才并没有较好的外语沟通能力,在进行武术对外传播时,不能较好地进行语言指导,与传播对象在沟通上存在障碍,从而出现了只教其法不教其理的现象。语言障碍成为武术对外传播的一道难题,导致了国外武术专业人才匮乏与国内武术专业人才盈满的矛盾,在造成武术专业人才浪费的同时,也不利于武术的对外传播。

与此同时,国际武术专业人才的培养不能仅仅依靠参加国际武联培训班的人员回国进行的宣传与普及,还需要派遣具备双语能力的武术专业人才到日本培训更多的武术教练与裁判,通过"走出去"的方法去海外培养武术专业人才,培养一批具备国际武术比赛裁判能力的骨干成员,使其能在武术国际大赛中担任裁判工作。

（五）武术对外传播缺乏反馈机制

就武术对外传播而言,传播者群体当下并没有形成良好的武术教学反馈机制。长期以来,武术国际化传播均以单向输出为主,缺乏与国外大众的沟通与交流,导致武术文化交流流于形式,达不到预期的宣传效果。①从传播学的角度看,国内对于传播的效果,以及受众的理解程度,并没有全面的认知,只是单方面对外进行传播,传播者和传播对象间并没有形成双向流动的局面。同时,国内武术缺少对受众理解武术程度的调查,过多注重传播的过程,从而忽视了传播的效果以及传播对象是否能够接受并很好地进行练习。反馈是评价传播好坏的重要途径,根据这一途径,才可以更好地调整传播方式。相反,如果缺少反馈机制的建立,武术在对外传播方面就缺少了具体的传播目标。

三、中国武术在日本传播的对策研究

（一）打破当下武术发展现状,实现竞技传统双开花

竞技武术与传统武术是中国武术发展中的两大分支。中国武术在国际化传播发展中仍以竞技武术发展为主流,虽其占据官方发展的优势,但想要实现竞技武术与传统武术在海外发展双开花,就需打破现如今以竞技武术发展为主流的现状。在新文化运动的背景下,中国武术走进了一个"以西变中""以体变武""以奥变武"的发展场域②,就这样,中国武术开始朝"体育化"方向发展。马良的"中华新武术"就是通过中国传统武术与西方体育(体操)在内容上的实践结合,将西方体育口令式的教学模式复刻在传统武术的教学之中,促使中国武术产生"武术体操化"的异化现象。在当代社会的影响下,竞技武术是武术异化的必然产物。因此,我们要对中国武术的发展有明确的认知,在对竞技武术发展有深刻了解的同时,了解中国武术在发展过程中,传统武术起到一个什么样的作用。基于此,在不断推动竞技武术的同时,应吸取传统武术中的文化内涵,使传统武术与竞技武术共同发展,促使人们了解传统武术的文化魅力,实现竞技武术与传统武术双开花。

（二）充分利用新媒体宣传,完善武术对外传播体系

日本本土体育空手道的传播模式对中国武术对外发展是可借鉴的。

---

① 杜远:《"一带一路"战略下武术国际交流研究》,《武术研究》2017年第2期。

② 王岗、张大志:《从体育走向文化:中国武术发展的必然选择》,《成都体育学院学报》2013年第6期。

2020年东京奥运会,日本本土体育空手道成为当年奥运会的运动项目之一,不可否认,空手道国际化传播模式是相对成功的案例。2022年中国武术成功进入青奥会,标志着武术"入奥"取得阶段性成功。由此可见,中国武术在国际上成长迅速,其发展速度是当今体育运动中少有的,但仍需要在现如今的传播基础上不断完善武术对外传播体系。在多媒体数字化的今天,中国武术可充分利用新媒体进行传播,以新媒体为媒介充分展示中国武术的文化魅力,实现中国武术在国内外的有效传播及推广。

(三)统一武术专业术语,规范教材刊物双语翻译

语言差异是武术对外传播的挑战与困境。因此,统一武术专业术语就显得格外重要。错误的双语翻译会使得海外学生在学习中国武术的过程中产生误解,成为武术国际化传播的制约因素。面对中国武术所具有独特的文化内涵,为防止翻译过程出现语意差异,对武术专业术语进行音译,如"白鹤亮翅"译为"bai he liang chi"。这既统一了武术专业术语,也更加准确体现其词义。音译是简单直接表达其词义的方法,在翻译含有武术专业术语的教材刊物时,便可采用音译这一方法,从而起到规范教材刊物双语翻译的作用。

(四)完善武术专业人才培养体系,注重双语教学

语言是人与人进行交流的工具,是文化信息的符号与载体。中国武术对外传播有助于完善武术专业人才培养体系,实现从单一的汉语教学到双语教学的转变,培养具有双语教学能力的武术专业人才,从而实现武术国际化的发展蓝图。

1. 重视武术双语教学

要充分了解中国文化"走出去"的意义,武术作为中国文化的瑰宝,是走出国门的"先行官"。实现武术双语教学是武术迈出国门的第一步,实施武术双语教学不仅提高了武术专业人才的就业机会,还为国家培养了具备双语能力的国际性武术人才,与此同时,武术双语教学能进一步增强了海外武术爱好者对它的理解、分析能力。

2. 培养武术双语师资

武术双语教师是实现武术双语教学的前提,但放眼我国高校,能实现武术双语教学的高校少之又少。武术双语师资力量的短缺是实现武术双语教学的主要障碍。国内武术专业人才的培养中缺乏对英语能力的培养。根据这一现状,应采用形式多样、灵活有趣的教学方法与手段,培养学生武术双语教学的能力;针对优秀武术老师的培养,应采取鼓励其出国深造进修等方

式,促进教师往双语教学方向发展;应建立国际师资跨校流动任教机制,提高教师双语教学的能力;应设立国际武术师资培训基地,保障武术双语教师的后备力量。

(五) 实施教学效果评估,建立武术反馈机制

1. 成立武术信息反馈机构

在武术国际化传播过程中,中国武术并没有成立专门的武术信息反馈机构。目前武术对外传播的信息收集均依托于中外合作建立的孔子学院来实现。基于此,成立专门的武术信息反馈机构则是重中之重,其对中国武术国际化发展有一定的帮助,针对反馈信息成立武术专家组对其进行定期的评估与反馈,从而能及时、有效地解决当地武术发展的问题。

2. 推行受众与传播者的反馈机制

受众是武术在传播过程中的实施对象,传播者则是武术传播工作的具体实施者,二者是对文化输出是否产生效果及影响最有发言权的。因此,推行受众与传播者的反馈机制能及时调整传播的形式、内容、方法与手段,从而有针对性地解决相应问题,进而开展相应的培训活动。

3. 建立多元反馈平台

反馈机制是武术对外传播的不可缺少的一部分,建立多元反馈平台有助于实现武术全球化发展。可以利用各种媒介,如:电子邮件、热线电话、微博微信、大众媒体等平台广泛收集受众反馈信息,建立"评价—反馈—改进—再评价"的良性循环。

第四节　中国武术在亚洲传播的策略

传播学的"拉斯韦尔5W模式"理论广泛应用于学术研究之中,将传播的过程与模式、媒介与渠道、受众以及传播效果作为研究目标。长期以来,大多研究把传播效果作为研究的焦点。[1]另有研究者总结出研究效果分为效力和影响。虽然研究者对传播效力的研究结果不同,但是对传播的影响大多持有相同的观点,这也成为当前传播学研究和实践的基础。[2]

朱宙炜在《体育传播学导论》一书中总结了四大传播效果理论,即"枪弹

---

[1]　胡正荣、段鹏、张磊:《传播学总论》,清华大学出版社2008年版,第345—348页。
[2]　朱宙炜:《体育传播学导论》,北京体育大学出版社2007年版,第125—128页。

论""有限效果论""适度效果论"和"强大效果论"四个阶段。这些阶段理论，分别从受众的差异性、选择性、主动性、心理倾向性、使用性、满足性、创新性、扩散性、需求性、指向性、主观性、间接性、隐蔽性、时效性等一系列生理、心理活动特性对传播效果进行解读和分析，为体育传播提供了达成目标的指向性理论支撑体系。

当前，中国武术在亚洲传播可以说正处于"沉默的螺涡"的边缘。武术屡次进军奥运会无果，对武术的发展及传播造成了不小的冲击。世界在冷落武术的同时还推进了类似项目的发展，在这样孤立无援的时代背景下，如何推动武术在亚洲的传播，并提出相应的策略手段，是本节着重探讨的问题。

一、文　化　策　略

中国武术以中国传统文化为理论基础，武术文化深受中国农耕文明的浸润，随着社会进程的发展又深受儒道释文化的影响。可以说，中国武术一定程度上代表着中华优秀传统文化，体现着中国人独特的身体文化，包含博大的内容体系，拥有复杂的技术结构，并以技击作为其根本属性，折射出与其他民族之武技的不同。它是中华民族按照自己的方式所创造的特有精神财富。[①]

曾有学者提出，武术要传播，思想要先行。也许相较于体育层面的练习，武术的文化内涵更能先一步吸引人们的目光。按照传播学的理论，技术传播远远易于文化传播，因为技术容易掌握，但文化不好理解。文化传播要分层，其传播效果也是无形的。武术的传播在更大意义上是文化传播，因此，其传播也要遵循文化传播的特点，追求快速传播，并非武术发展的良方。[②]在传播武术的同时甚至之前，应该从文化角度宣传武术，让人们知道，武术到底是什么，它的作用、意义有哪些。例如讲一些武术故事或武术人物，如"四大刺客""十大兵器""飞雪连天射白鹿，笑书神侠倚碧鸳"等，将枯燥无趣的思想、制度转变成勾起人们好奇心的生动故事，让人们喜欢上武术人物、武术故事，进而理解武术的精神文化内涵，再进一步从理论转变为实践，以兴趣为起点，开始武术的学习和演练，再到最后教授他人，传播武术。形成一个良性的、以主动接受为学习方式的循环过程。

---

① 段三真:《文化全球化下之武术文化新视野》,《广西民族大学学报(哲学社会科学版)》2006年第1期。

② 郭玉成:《中国武术传播论》,复旦大学出版社2008年版,第47—48页。

但值得注意的是,宣扬的武术文化必定要秉持正确的、积极的理念,而不是刻意或夸张的。一些影视作品在打着弘扬武术精神和中华传统文化的旗号的同时,滥用武术名头。的确,这些手法的运用一时间达到了宣传效应,提升了武术的名气,但从长远考虑,却潜移默化地对武术造成了负面影响。影视传媒对武术的过分夸张和扭曲导致世人对中国武术的"误读"。所谓的"个性张扬""先锋实验""形式独创""风格各异"实质上是幌子,以"观念""时尚""刺激"为先导的武术影视创作充斥着人们的视野,打破了人们所崇尚的武术伦理道德和准则,出现了大量违背武术发展规律和人们的审美标准的作品。①汉特(Leon Hunt)在其书中提到,"随着武术在各种国际影视作品中出现得越来越多,也逐渐出现了另一个问题,即对视觉享受和技术效果的盲目追求往往掩盖和忽视了武术文化的充分认知和传播。这种交流方式导致了观众对中国武术文化的片面理解,停留在视觉享受的表面,将武术仅仅定位为一种刺激人的眼睛的技艺。此外,高科技在电影拍摄中的应用,特别是特效的介入,进一步强化了中国武术的'神秘性'和'夸张性',失去了其'身体维度',表演者沦为'密集的、特效的辅助道具'。目前流行的'空中功夫'拍摄方式让武术大师可以在空中自由翱翔,以至于一些粉丝把'功夫'的名字改成了'威亚夫'"②。这种杀鸡取卵的方式对武术的发展而言是不可取的。传播就如同播种,要想种子长成参天大树,首先要做的是撒对种子。不然就好比写着"大树种子"的盒子里实际上装的却是"歪瓜裂枣"的种子,看上去很勤勉地播种,可时间久了,武术文化的错误观念就会扎根于其他国家人民的心中,造成不可逆的消极影响。

同时还需强调的是,语言作为文化内容的一个分支,在武术在亚洲传播的过程中,也起到了至关重要的作用。武术术语翻译的混乱与不规范已经阻碍了武术跨文化的传播,武术翻译研究的力度和深度仍然不足。③可以说,学好外语,也是武术文化传播策略中的重中之重。

二、艺 术 策 略

中国武术对艺术性的追求,古已有之。从"公孙大娘舞剑器,张旭草书

---

① 武俊昊、王国志:《对中国武术社会化传播的重新审视与思考》,《山东体育科技》2015年第6期。

② [英]里昂·汉特:《功夫偶像:从李小龙到〈卧虎藏龙〉》,余琼译,北京大学出版社2010年版,第65—67页。

③ 杨海庆:《跨文化交流与武术术语的英译》,《搏击·武术科学》2008年第5期。

大进"到"汉代打擂台,三百里皆来观",以及现代的舞武《对弈》《盛世雄风》《风中少林》等武术表演都体现了武术的艺术化追求。尤其是近年来,随着产业经济的发展,武术与艺术的结合更加紧密,走艺术化之路成为中国武术发展的一个重要方向。①笔者曾提出过三条武术的艺术化之路,一是武术影视,二是武术动画,三是武术舞台剧。

电影或许较其他艺术形式更能引起人们的想象力。从最早的武术家李小龙进驻好莱坞,风靡世界,将"功夫"一词引入影视圈开始,武术在电影界就像墨汁滴入清水,扩散之势一发不可收拾。"传统武师对此难以理解,不敢相信。在短时间内,在媒体的作用下,中国功夫的传播神速,以至于'功夫'这个词也出现在西方语言中。"②"李小龙对武术和电影做出的贡献是不可磨灭的,在普罗大众眼里,李小龙就是中国功夫的化身,也被称为 MMA 之父,他让功夫跨越国界,让功夫成为世界通用的肢体语言。"③20 世纪 80 年代《少林寺》的上映更是使得武术风靡世界。作为主演的李连杰不仅保留了中华武术在各国电影观众心目中的形象,而且将武术电影推进了一个崭新的境界。他以惊险的武打、新异招式与紧凑频密的谐趣动作,以其影片的趣味性和动作的高难度深深地吸引着外国观众,从而在国外掀起了自李小龙之后的又一次"中国武术热"。④

现如今,动画已成为很多人喜欢的影视类型。美国著名学者纳皮尔(Napier)认为,动画作为一种新型的传播媒介,已经超越了传统意义上的电视和电影,更不单单是一种艺术风格。动画是一种视觉文化,借以卡通的画面和人物之间的对话,通过故事情节对外传输一种文化理念。它和肢体语言有着异曲同工之妙,不存在国界和种族的限制,让观看者在视觉上感受外来文化,从而在心理上慢慢接受并认可此类文化。可以看出,动画作为一种国家文化传播载体,对武术文化的传播有独特的作用,无论是在受众的年龄层次(主要是决定人类未来的青少年群体),还是传播形式上都是其他文化传播载体所不能比拟的。⑤

我国的影视事业正处于蓬勃发展的阶段,近几年来动画技术也日趋成

① 王国志:《中国武术发展的艺术路径与对策》,《成都体育学院学报》2012 年第 38 期。
② 木鸣:《难忘李小龙》,《人民日报》,2005 年 11 月 30 日。
③ 《功夫影帝李小龙》,《人物》,http://ent.sina.com.cn,2005-07-06。
④ 王岗:《中国武术:应对体育全球化的发展研究》,国家社科基金项目结题报告,2008 年。
⑤ 汲智勇:《武术动漫:武术文化国际传播的新路径》,《南京体育学院学报(社会科学版)》2010 年第 24 期。

熟,以现有的条件来看,我国并不是没有力量、资源和素材,但缺乏对武术题材的挖掘、创作和重视。理论上,我国对武术的理解和对武术资源的搜集相较于其他国家而言要深刻且广泛得多,好好利用我国现有武术条件也是中国动画圈走向壮大自己并发扬武术精神及中国文化的双赢局面的平稳路径。中国武术蕴含着中国传统文化核心理念和核心价值观,和动画的结合可以以另一种全新的方式来传播中国文化、讲好中国故事、展现中国形象,以这种更为有效的方式起到传播中国武术的效果与目的,从而吸引更多的人了解和练习武术。[1]

武术舞台剧是中国武术艺术化表现的一种形式。舞台剧的表演和观看是真实的人对真实的人,观众在现场观看,所以舞台和观众之间的空间关系是一种直接的双向交流。以武术为主题的舞台剧,是运用中国文化的古典元素,结合西方表演艺术的特点,再辅以现代舞台、灯光、音响等创造而成的现代文化产品,具有强烈的民族特色,容易引起观众的共鸣,拉近与观众的距离。[2]舞台剧在武术文化领域开辟了一个新的发展方向,它结合了武术和其他艺术形式,借助现代科技手段,产生一种独特的艺术风格,吸引外国人的眼球,激发兴趣。人们坐在剧院,不需要看很多文字,纯粹通过视觉体验事件、个性、情感,甚至思想。[3]

针对武术当下的状况,从艺术学的视角审视武术的发展问题,无疑是明智的选择。尤其是艺术学上升为独立的学科门类,为武术的发展搭建了更好的平台,提供最好的发展机遇、最佳的路径以及更广阔的发展空间。在这样的发展背景下探讨武术发展的三种艺术路径,开拓武术发展的新方向,既保持了武术鲜明的民族风格和浓郁的民族特色,又跟上了时代的步伐。相信只要坚持继承和发扬艺术理念,不断努力探索武术与艺术最佳的结合点,武术的艺术道路会越走越宽,中国武术将永远保持中国文化的独特艺术魅力和民族性格,站在世界艺术文化的前列,为人类社会作出应有的贡献,真正做到"源于中国,属于世界"[4]。

---

① 买向东、刘延坡、关文博:《武侠动漫对武术在青少年中传播的作用研究》,《湖北体育科技》2011 年第 30 期。

② 王国志:《中国武术发展的艺术路径与对策》,《成都体育学院学报》2012 年第 38 期。

③ 王国志:《从舞台剧〈风中少林〉看武术的艺术化之路及国际传播》,《成都体育学院学报》2011 年第 37 期。

④ 王国志:《中国武术发展的艺术路径与对策》,《成都体育学院学报》2012 年第 38 期。

三、教 育 策 略

武术教育一直是一个难题。"谁来教？怎么教？教什么？"它相较于其他学科内容的教育一直得不到统一的答案。我们不能把武术简单归类于体育教学，却也不能在教学中忽略其技击性而只关注其精神、文化等其他属性。武术是一门综合性的复杂学科，是理论与实践的结合体。笔者认为，武术普及的最大问题就在于受众对武术的认知不足。而现今最有效且最直接的宣传方式，就是国家将武术教育作为一门专门的学科进行教学，并投入大量正规的师资力量去一线教学。同时也要提供条件，让受教育后合格的学生进行对外交流，在学习的同时对其他国家的师生进行武术教学，以此提高武术的知名度，并根据反响有针对性地修改武术对外的传播和教育制度。其实国家先前已有这方面的措施，例如将武术教学设立在"孔子学院"的教学大纲中，让更多其他国家及地区的学生了解并学习武术知识。

事实证明，中国武术借孔子学院这一"风水宝地"对外传播，其效果和速度还是比较令人满意的。它对提升中国的国家形象和文化软实力起到了积极的作用，展示了中国传统文化的内涵和魅力，增加了外国观众对中国的亲和力。[1]海外孔子学院的建立扎根本土，在弘扬中华文化方面具有独特的资源和优势。作为中国文化的精髓，许多孔子学院开设了武术课程，为中国武术文化的传播奠定了基础，现在，我国可以在现有的基础上进一步继续和升级合作，增加文化出口，让中国武术更快地"走出去"。[2]

在建立对外传播渠道的基础上要注意的是，在任何情况下，人是最活跃的因素，人才资源在传播武术文化中属于"软件"，但它起着决定性的作用。高素质武术人才的数量和质量直接关系到武术向世界推广。因此，必须树立"以人为本"的思想，把武术国际传播队伍的素质建设摆在重要的位置，充分发挥体育高等院校在培养武术人才方面的优势，不断加强武术传播者的思想、业务和作风建设。可以培养一大批具有高综合素质的武术传播者，如高尚的武术道德、高超的专业水平、熟悉中国传统文化、了解西方文化、外语交际能力强、精通国际法则、熟练运用电脑等，以满足武术国际传播的迫切需要。[3]

---

① 郭玉成、李守培：《武术在孔子学院的传播与中国国家形象的构建》，《体育学刊》2013 年第5 期。

② 解乒乓、史帅杰、丁保玉：《"一带一路"战略下武术文化"走出去"的机遇与策略》，《体育文化导刊》2017 年第 6 期。

③ 郭强：《武术国际传播策略研究》，广西师范大学硕士学位论文，2006 年。

四、制 度 策 略

谈及制度,必然会涉及国家层面,而国家政府的力量,也是武术发展道路上必不可少的助力之一。遗憾的是,武术自身在当下的发展是乏力的,相较于篮球、足球等高经济效益的体育项目而言,武术能创造的经济价值实在是微乎其微,甚至不足以支撑起自身发展壮大的运作需求,这对武术这一国家瑰宝而言,是可悲的,但却也是其有无限可能的侧面证明。在国家不断强大的今天,中国再不能只追求经济和科技力量,文化软实力也成为中国强有力的证明。中国武术是中华文化的符号载体,凝聚了刚健进取、奋发有为、自强不息、厚德载物的民族文化精髓,伴随着中华民族的伟大复兴,"中文热"已在国际上兴起,从而为中国武术的国际化发展带来新的契机。[①]武术应当把握住时代机遇,与国家建立双赢的合作关系,在为国家展现文化底蕴的同时,借助国家门面这一定位向世界推广,同时不断发展扩散。

针对跆拳道、空手道和柔道的成功传播,郭玉成指出,"针对奥运会进行技术改革;以教练员作为技术输出的主要方式;成立专门技术研究与推广部门;竞技与传统兼顾;首选经济发达地区进行传播;重视跆拳道在学校的传播;'国技'提升了跆拳道的社会地位,赋予其巨大的传播动力;注重表演传播;'道馆'传播方式;注重宣传教育功能;晋升段位要求'打练结合';技术相对简单;选择了大学生作为传播对象;'术德并重''德艺结合'的传播要求;通过组织的形式进行传播;表演与派遣教练员的传播方式;有杰出的传播者;多种形式的国际比赛不断推动跆拳道的国际传播进程;成为学校必修课程;借助体育博览会;成立研究机构;承办奥运会的同时,把跆拳道、柔道推向了奥运会"[②]。回归到武术,我国也应该摒弃其他观念,借鉴跆拳道、空手道及柔道的发展路径,取其精华,去其糟粕,展现武术应有的光辉。

五、针对奥运会进行技术和制度改革

中国武术既有传统武术又有竞技武术,关于武术是否应该进入奥运会这一议题,学界一直众说纷纭。武术进入奥运会和不进奥运会都有相应的理由。但为了武术的长远发展,传统派和竞技派、"要入奥运派"和"不要入

---

① 孙刚、殷优娜:《跨文化教育:中国武术国际化发展的新视域》,《武汉体育学院学报》2017年第51期。

② 郭玉成:《跆拳道、空手道、柔道传播对武术传播的启示》,《上海体育学院学报》2004年第28期。

奥运派"都应该统合观念。传统武术仍应以自身历史传统为主,依旧保持自身文化属性,而竞技武术既然称之为竞技,就应该以争夺名次为目的,大力发展自身竞技属性,顺应奥运会的竞技需求。我们不能否认武术进入奥运会所带来的积极影响,也不能以武术进入奥运会就会丧失其原本属性为借口而拒绝改变。时代是不断发展的,首先要顺应时代,才能不断进步。针对武术进入奥运会可实行如下策略:

其一,成立专门技术研究与推广部门对武术的正向发展影响是毋庸置疑的,这需要武术人与国家政府层面的不断沟通和对接,更需要我们自身对武术发展投入无限的热情和精力。在国家提供硬件资源的基础上,不断提升自己的"软件性能"。其二,应首选在经济发达地区进行传播。经济力量是不可忽视的,经济所造成的影响也是十分可观的。在经济发达的地区传播武术能带来可观的经济效益,为武术之后的对外发展建立殷实的经济基础。其三,应重视武术在学校的传播,将武术列为学校必修课程。学生一直是时代的基石,是国家社会未来的希望和动力。在学生时代学习的知识技能文化,必将成为未来社会发展的风向标。所以从长远来看,有必要将武术纳入义务教育,慢慢实现武术的全民化、全国化,进而影响邻国乃至全世界。其四,举办多种形式的国际比赛不断推动武术的国际化进程。有比赛才有练习的动力,比赛对于运动员来说不仅是挑战,更是运动生涯的里程碑,而数量多且大型的国际比赛,不仅能促进国与国之间的技术文化交流,更能为武术提供更多的竞技平台,为参与武术这一比赛项目提供内在动力。无论是以怎样的目的参与武术比赛,首先需要练习武术,练习武术就需要师资,而师资需要培养,如此往复递进的需求,也一定会带动武术对内及对外的发展。其五,不断修正并改进武术段位制制度。武术段位制自 1998 年实施以来已经走过了 20 多个年头,但相较于跆拳道、柔道及空手道的段位设立还是晚了许多。在制度的考核上也存在着许多漏洞及不足,目前武术段位制的理论考试处在命题、组题自由而无统一标准的状态。这种"自由"的考试方式势必造成段位制理论考试质量不高、实施不力。①这在武术的推广传播中很容易引起误会,例如由于评分标准的不明或出入,会导致习武者的习武热情消退甚至产生负面情绪。而这些负面情绪的扩散相较于武术的正面传播更加迅猛且范围更大,这是极不可取的,也是亟待改进的。其六,注重武术表演传播。表演就如同广告,是很好的宣传方式,对武术而言,更是与受

---

① 孙喜莲:《武术段位制理论考评的内容体系》,《体育学刊》2004 年第 11 期。

众人群正面接触的直接方式。武术表演可以给观众留下深刻的视觉印象，同时运用当下科技手段，结合视频、音频，更能使武术表演的艺术化效果达到一个很高的层次，甚至不逊色于纯粹的艺术表演，例如舞蹈、歌剧、音乐剧等。在亚洲范围内循环推出武术表演不但给人以美的享受，更能带动亚洲其他国家对武术表演、武术周边乃至武术本身的消费需求，从而刺激武术的传播，达到传播策略的目标要求。

政策策略是国家治理的顶层设计，往往是一种战略性的部署与安排。它代表着国家和民族的利益，映射着百姓的共同诉求。通俗地讲，政策就是人民行为的指向标，代表着一个国家的集体目的和追求。而在当下，国家推出的政策在武术的保护或推广方面略显微薄，为武术提供资金或物质保障的政策对于武术发展的实际需求而言杯水车薪。中国武术的生成与发展是中国劳动人民的智慧结晶与劳动产物，它是活态的、发展的、创新的、一代一代传承下来的非物质文化遗产，但也有一些优秀的武术拳种随着后继者的去世而消失。①非物质文化遗产的代表——螳螂拳的继承人于永波曾经说过："随着经济社会的发展，人们不断追求物质利益的最大化，传统武术的生存土壤和场域发生了极大的改变，仅从传承人的层面来讲，已经出现了青黄不接的局面，甚至有些优秀拳种濒临灭绝。这种人走艺绝的现象已经不少见了。"②武术是一种世代相传的技艺，是一种不断发展变化的活的文化现象，各类非物质文化遗产也是如此。③可以看出，相较于其他非物质文化遗产的保护政策，国家对武术的支持力度明显不足。

武术发展的政策制定是一个复杂的系统工程，并非国家给钱就能办好。武术发展政策的制定与我国的经济、教育、民生、文化、生态、社会等各方面息息相关，制定出合理科学、有利于中国武术可持续发展的政策并非一蹴而就的事情。④所以笔者在此只粗浅地提出一点武术政策上的建议，即保障武术传承人的学习、生活及发展需求。在当今社会，各式各样的生活热点及方式都会影响或动摇一个人的价值取向，更不用说投身于某一古文化的钻研

---

① 尹碧昌、彭鹏、郑锋：《文化政策视野下中国武术文化发展研究》，《中国体育科技》2010 年第 46 期。

② 高欣：《武术的"非遗"尴尬》，http://news.hexun.com/2013-08-13/157060470.html，2013-08-13。

③ 温力：《不断变化着的中国传统文化的文化生态和武术运动的发展》，《武汉体育学院学报》2008 年第 42 期。

④ 漆振光、郭玉成、康戈武等：《武术政策制定的理论分析》，《西安体育学院学报》2009 年第 26 期。

需要多大的定力和决心。国家只有在提供物质保障的前提下才有可能吸引
人才投身并奉献于武术事业的继承和发扬。首先要有继承，才会有后续的
发扬及成长。

六、现代化策略

习近平总书记指出加快体育强国建设，就要发扬中国体育精神，强调要
坚定文化自信，推进中国传统体育项目"入奥"，让中国民族传统体育项目登
上世界舞台，充分利用奥运会来振兴民族传统项目，是建设新时期体育强国
的重要举措。2020年1月8日，国际奥委会批准将武术列入在塞内加尔首
都达喀尔举行的2022年"第四届青年奥林匹克运动会"正式比赛项目。这
是武术首次被列入奥林匹克系列运动会正式比赛项目，标志着武术"入奥"
展开了新征程，也标志着武术现代化转型进入新局面。基于此，我国应该注
重武术现代化战略的实施。

完善武术现代化技术体系，积极挺进奥运会，展现文化竞争力。武术积
极挺进奥运会有着重要意义，是展现中国文化竞争力、塑造国家形象的重要
举措。现代化发展是"入奥"的基础条件，武术技术的推广和普及是现代化
发展的必然选择。日本武道的现代化转型给传统武术技艺带来一些启示，
借助西方体育形式进行继承和创新，其特点表现在：(1)技术结构简单容易
掌握；(2)技术演练"型"与实战对抗并行不悖；(3)运用实战手段感悟人生哲
理，"练"与"道"相辅相成。相对而言，中国武术受历史、经济、文化等因素影
响，武术套路愈发追求高、难、美、新的动作要求，阻碍了群众武术的发展和
普及，制约校园武术可持续发展；而现代散打注重竞赛规格与实战效果，与
武术套路技理相悖。从发展的角度来看，二者应当包容并蓄、创新融合，简
化武术技术体系，与现代化教学同步，达成简单易学、"练""战"合一的目的，
从而在感悟"道"的基础上淬炼精神品质、修身养性。因此，完善现代化武术
技术体系有利于塑造国民精神、展现中国形象，促进武术"入奥"进程。由此
可见，从某种层面来讲，完善武术现代化技术体系是挺进奥运会的不竭动
力，是展现中国文化创造力和竞争力的重要表现。

突出武术文化内涵是现代化转型的"催化剂"。中国武术与日本武道同
是本国文化的器物载体，相比之下中国武术更加注重"术"的习练，日本武道
却重"道"的理解，即"哲学与人生"在技术体系中的体现，使之成为完善自
我、修养身心的武"道"项目。新中国成立后，竞技武术成为现代武术的主
流，文化内涵一度被掩盖于技术潮流之下。随着武术开始提倡继承文化精

神内涵,武术文化的推广与普及取得一定的成果,但在社会上还没有形成普遍的认知。武术文化博大精深、源远流长,其天人合一、自强不息、贵和尚中等哲学思想诠释了当下社会发展的理念;其仁义忠勇、孝悌尚贤的伦理观为和谐的社会关系提供范式;其养生理论为武术功法的习练奠定了理论基础。整体而言,武术文化内涵与社会和谐相得益彰,仅仅从技术层面进行推广和传播,则犯了买椟还珠的错误。中国武术应借文化之“东风”,突出文化内涵,加快武术现代化转型,提升国家文化软实力,实现传统文化“走出去”。

奠定“武术必修化”环境基础是武术现代化转型的内在驱动力。从可持续发展的角度看,儿童和青少年作为未来社会的建设者,对武术形成良好的认知是促进武术发展的前提。因此,中小学开展“武术必修化”显得极为重要。目前,“武术进校园”取得了一定成果,但仍然存在一些问题,如《义务教育体育与健康课程标准》给予武术巨大的自由空间,导致武术教学内容存在不确定性;由于缺乏现代化武术管理机制,导致校园武术政策投资降低;经费投资的使用率较低;武术教师能力不足及家长教育理念不到位等,这些问题极大影响着武术发展环境、制约中国武术现代化转型。借鉴日本武道现代化转型中的“必修化”经验,有利于中国学校武术的政策完善、人才活用、投资管理等方面的建设与发展。

武术“入奥”目标是推进中国武术现代化转型的不竭动力。“入奥”与现代化转型二者相辅相成,互相作用,互利共荣,“入奥”目标是武术现代化转型的不竭动力。对比武术指标体系可以看出,中国武术在“入奥”视阈下现代化发展不足,揭示了武术信息能力孱弱、武术国际化影响力欠缺、武术普及力度不够、对武术现代化转型及“入奥”科学研究不够重视、武术管理系统不够完善等问题,中国武术实现“入奥”目标应当注重现代化发展,全面系统地促进武术文化、制度、器物层面的现代化转型。

综上,中国武术在亚洲的发展取得了一定成绩,尤其是中国武术进入亚运会、东亚运动会、东南亚运动会,给中国武术在亚洲各国的发展提供了较好的平台。在一些国际性的武术大赛中,都能看到亚洲国家的身影。但武术在亚洲的发展还存在许多不尽如人意的地方。无论从表面还是实质上来看,作为武术人的个体以及国家、社会各阶层都进行了不懈的努力与付出,以期使武术能得到发展和推广上的突破,但就目前武术在亚洲发展的现状而言,结果并不理想。从国家层面来看,亚洲其他国家对武术有所投入,但多停留于“面子工程”,而且在人力、物力资源方面的投入有限;从社会层面来讲,这些国家同中国一样现今多以老年人为武术的实践主体,青少年缺乏吃苦耐劳的精神,中青年追求高效便捷主义,如今的老年人也有转向更能促进交流、娱乐的运动项目的趋势。更重要的一点,社会缺乏对武术人才资源的需求,武术人无"用武之地";从个人角度考虑,部分人则将武术作为商业行为的手段与噱头,造成部分受众对武术认知上的缺失,以及对武术道义的扭曲。

武术当前在亚洲的发展虽然看似低迷,却也存在一定的发展潜力。越来越多国家的受众认可武术的文化、健身与教育价值,这些也是武术经历若干年历史锤炼而形成的闪光点。武术在亚洲的发展壮大需要各种策略手段的支撑。从文化方面讲,要让各国人民从正确、积极的角度看待武术,了解什么是武术文化、武术精神;从艺术角度来讲,武术具有艺术美感,观众依靠视觉、听觉等感官,欣赏、体验武术的艺术美,但要注意避免对武术的过分夸大,减少受众不必要的错误认知及观念;从教育上来讲,教育模式和手段是当前武术教育的短板,如何提高武术教授的科学性、趣味性是需要着手研究和思考的重要课题;在制度方面,要采取针对亚运会、东南亚运动会进行技术改革,成立专门技术研究与推广部门,首选经济发达地区进行传播,重视武术在学校的传播将武术列为学校必修课程,举办多种形式的国际比赛不断推动武术的国际化进程,不断修正并改进武术段位制制度,注重武术表演传播等策略;在政策上,要依靠亚洲各个国家力量的支持,我国与亚洲各国需要加强沟通与联系。

对于亚洲各国武术文化的思考与理解需要因地制宜,不同的国家、地区有不同的思考模式与民族意识,这就要求我们在武术传播的过程中把握好"因地制宜"这一主要原则,结合亚洲各国的国情,采取有针对性的发展策略。

第三章　中国武术在欧洲传播的
问题分析与策略研究

进入新世纪后,伴随着第三次技术革命的到来,世界各国之间的联系变得越来越紧密,不仅包括经济、政治的交流与合作,各国之间在文化交流上也更加紧密。中国作为一个发展中大国,不仅具有悠久的历史文化,更具有包容其他外来文化的心态。随着我国综合国力的不断提升,在世界上扮演越来越重要的角色,文化"走出去"也变得异常关键。那么我们会选择怎样的"文化产品"走出国门走向世界呢?

武术文化是中国传统文化的重要组成部分,吸收了中华文化的精髓,蕴含了丰富的文化历史内涵。武术的不断发展壮大,使其成为中华民族的精神象征和文化表达形式。武术精神贯穿武术文化的所有内容,同时武术也是中国传统体育项目的代表。中国武术承载着悠久厚重的历史文化,作为一种技击术存在,武术门派众多,演练方式各异,包括灵活舒展的长拳、刚猛有力的南拳、刚柔并济的太极拳,有徒手演练,也有多人对练,总之内容丰富,具有较强的传播价值。武术"走出去"不仅能够促进武术自身发展,也是我国文化强国的重要战略体现。随着中国经济的发展,"一带一路"倡议的提出,武术可以充分发挥自身优势,实现武术走出国门、走向世界的目标,为中国和沿线其他国家提供更多合作的机会,为武术未来的发展提供新的活力。在"大武术观"前提下,武术国际化传播刻不容缓。

第一节　中国武术在欧洲传播的现状

武术文化具有深厚的文化底蕴,伴随着经济全球化的不断推进,知识经济的快速发展,各个国家之间的文化碰撞愈演愈烈。①"闭门造车"的历史教

---

① 费发洲:《关于中国武术国际化推广的思考》,《运动》2018 年第 12 期。

训告诉我们,只有"走出去"才能发展、壮大自身。新中国成立初期,武术便得到了大力推广。国家武术管理与发展机构不仅大力推广竞技赛场上的竞技武术,也在不断地挖掘我国传统武术的历史资料,例如拳种发展史料等,并进行详细的整理工作。通过这些努力,武术推广取得了显著成果,我国的传统民族文化得到了有效传承,武术发展从此拥有一个健康明确的方向。在做好武术在国内推广发展工作的同时,也要着手于武术的国际化传播和推广,这不仅能够促进武术自身的发展,也能更好地看清自身发展存在的不足之处,取长补短。因此,武术国际化是每一位中华民族儿女的共同担当与责任,在武术的国际化传播过程中,必须坚持实事求是的发展原则,在遵循武术的本质前提下,不断创新,真正使武术沿着健康科学的发展方向迈进。

随着改革开放的不断深化,中国的国际地位不断提高,在国际上的影响力也越来越凸显。而武术是中华民族优秀传统文化的重要组成部分,承载着厚重的历史文化内涵,我国也恰好亟须这样的文化载体进一步提升国际地位。为了使中国武术能够更好地走向国际舞台,我国相关人员也为此作出了很多贡献,付出了不懈的努力。武术国际化传播的一个重要途径就是努力使武术成为奥运会的正式比赛项目。2001年北京申奥成功,武术抓住了这一机会开始了进入奥运会的艰辛历程,虽然未能如愿,但也推动了武术的发展。2008年,武术作为特殊比赛项目进入奥运会,国际奥委会特批举办了世界武术比赛。世界各国人民通过此平台认识了中国武术,这不仅为武术的国际化传播与发展提供了更大的信心,也让我国的武术文化得到了跨越式的发展。①同样,随着我国的政治、经济以及国际声誉的提高,国际、洲武术组织、团体的成立和东西方之间体育文化的交流日益频繁,传统武术在世界范围内得到了广泛开展。②在新的时代背景下,要努力发掘武术的各种价值,让更多的人能够在武术学习过程中得到多重快乐,这样才能让更多的人了解、学习并热爱中国武术文化,文化强国战略才能更好地开展。因此,要不断做好武术的改革工作,更主动地去推动武术的良性发展,扩大中国的文化影响力。

一、文化自信:中华武术传承发展的时代主题

(一)深思"文化自信"的意涵,创设中国武术"再出发"巨大空间

1993年,著名诗人俞心樵在上海和杭州的大学里讲学,正式提出了"中

---

① 巧玲、何瑞虹、王胭脂:《2008奥运北京世界武术套路比赛长拳项目得、失分因素分析》,《沈阳体育学院学报》2010年第29期。

② 王林、李卫东:《武术国际化的内涵及内容构建》,《搏击(武术科学)》2006年第1期。

国文艺复兴运动"，并致力于推动该运动。①同年七月，俞心樵在《星光》上发表了《掀起中国文艺复兴运动》一文，引起了王蒙等许多社会著名人士的反响，从此掀起了一场中国文艺复兴的浪潮，并且从不间断。进入新世纪，随着中国经济的不断发展，科学技术的不断进步，综合国力的不断提升，文化自信也日益由口号转化为具体的实践，甚至发展成为国家战略，文化"走出去"迫在眉睫。武术作为中华文化的一个标志性符号，在其发展过程中凝聚了中华民族的智慧，并影响着人们的思考方式与行为习惯，武术"走出去"也是文化"走出去"。中国与欧洲国家的国家性质不一样，思维习惯与认知目标也不同，若不能很好地分析两个地方的文化差异，则很难进行武术的欧洲化传播，在两个不同的社会形态下，找准文化的契合点，这样武术才能更好地在欧洲传播。

（二）坚定"文化自信"理念，利用好中国武术跨文化传播塑造国家形象的良好载体

文化的主体性是一种文化区别于其他文化的核心要素，也是国家文化软实力发展战略必须坚守的底线。②国家软实力是国家综合国力的重要组成部分和重要体现。文化是国家软实力的核心要素，文化软实力主要体现为基于该国在国际社会中的文化认同感而产生的亲和力、吸引力、影响力、凝聚力和感召力。中国武术承载着中华文化，也是中华文化的重要组成部分。③国家强大不是单方面的发展，而是指所有领域的发展和综合国力的提升。在竞争激烈的当今世界，综合国力的提升不仅仅是经济、政治和社会的发展，文化的繁荣也是各国不断努力的方向。武术是中国传统文化的代表，也是中国国家形象的重要组成部分，应当为文化强国建设作出应有的贡献。所以武术走出国门势在必行，推动武术中外文化交流互鉴，加强中外文化交流合作，提高在外武术人员的综合素质，是武术"走出去"的重要途径，也是提升我国文化软实力的重要举措。中国是一个文化大国，文化"走出去"是每一位中华儿女的诉求，武术的发展经历了辉煌和低谷，在中国综合实力不断提升的背景下，武术文化需要加快走出国门、走向世界的脚步，增加民族

①　李凯蒂：《探析中国传统声乐艺术在中国民族歌剧中的复兴》，西南交通大学硕士学位论文，2019年。

②　徐海柱、黄志军：《中华武术在国家软实力建设中的作用分析》，《体育文化导刊》2012年第10期。

③　朱耀先：《试论提高国家文化软实力与推进文化强国建设》，《中国浦东干部学院学报》2012年第2期。

自豪感,提高民族自尊心,提升中国文化的国际影响力,达到提升中华文化软实力的目标,实现中华民族的伟大复兴。

（三）践行"文化自信"理念,促进世界和谐发展

和平与发展是当今世界的两大主题。虽然当今世界的发展总体趋势趋于和平稳定,但是地区矛盾时有发生,国与国之间的武力冲突时常出现,这些不稳定因素为交战国家的人民带去了噩耗,甚至是沉痛的灾难。没有一个国家的人民希望生活在水深火热的战乱之中,世界和平是每个国家人民的共同夙愿。中国武术虽然起源于战争,但是在和平年代,武术中"止戈为武""修身养性"等思想内涵是武术安世的体现,正所谓"上武得道平天下,中武入喆安身心,下武精技防侵害"。由此可见,武术的最高思想是使天下太平。中国是一个爱好和平的国家,并不断致力于世界和平与发展,这也正契合了武术的入世思想,在中国文化的对外传播中,武术中蕴含的思想是促进世界文化大发展、大繁荣,构建一个和平的世界。中国也深知和平对于一个国家文化发展的重要性。武术起源于战争,但并非只能在战争中发展,在国家对武术大力发展的今天,武术文化传播能促进世界和谐发展,这也是外国人民能够接受武术的重要原因之一。

二、相关研究分析

近些年,随着我国国际地位的不断提升与国际影响力的不断增强,加之官方和民间各方面的努力,中国武术在海外的发展态势令人欣喜,但在欣喜之余,中国武术的国际化传播之路仍任重而道远,在传播过程中出现的跨文化传播的差异性、武术内容的复杂繁琐性等,都将会成为武术国际化推广过程中的制约因素,而武术作为中国传统文化的标志性符号,走出国门,走向世界,刻不容缓。

笔者等在《新世纪武术国际化发展探析》一文中提到,中国加入世贸组织之后,国际地位以及所处的国际形势有了很大的改变,为武术的国际化发展带来了新的机遇和挑战。[①]同时,也指出了当前武术传播过程中武术国际化与本土化是一对客观存在的矛盾、中西方文化之间的差异以及武术国际化推广与普及的力度不够等问题。[②]徐磊和王庆军在《新媒体时代中华武术国际话语权研究》一文中,阐述了新媒体时代武术的传播需要加强其国际话

---

① 王国志、邱丕相:《新世纪武术国际化发展探析》,《广州体育学院学报》2006 年第 5 期。

② 翟经国:《7W 视角下制约武术国际化传播的因素研究》,天津体育学院硕士学位论文,2017 年。

语权,但在话语权维系过程中面临着诸多挑战,比如数字鸿沟现象、碎片化传播以及话语狂欢等问题,如何站在新时代的起点上,利用新媒体讲好中华武术故事,对助力体育强国建设具有重要意义。①

宋海辉和宋海燕发表的《中国武术文化国际传播现状与发展策略分析》一文,从我国武术文化的国际化传播现状入手,研究了国际武术联合会、国际性武术赛事、世界武术学校、武术文化国际化传播与开展现状,发现在武术文化的国际化传播过程中存在一定的传播阻碍,应当从学校教育、国际主流媒体以及受众群体入手加强武术的国际化传播。②王林等人在《全球化语境下武术发展的文化版图审视》一文中指出,武术的健康发展与传播,需要摆脱武术在当前时代所遭受的误解,主要指在武术技击方面的误解,切不可在传播中因受到西方文化的影响而迷失了自己,从而导致了武术自身发展的空间受到挤压。这就需要我们坚守自身固有的文化板块,加强对武术文化的认同感,完成对武术身份的变革,以实现武术的快速有效传播。③

邱丕相等在《武术在国际传播的历史、现状与未来》一文中,对武术发展的历史作了简单的阐释,在面对中国武术在未来应当何去何从这个问题时,他指出,武术分为竞技武术和传统武术,竞技武术部分未来将会进入奥运会,成为世界人民瞩目的中国传统体育项目。④传统武术部分则会因为其厚重的历史文化与丰富的精神内涵深受各国人民的喜欢,在世界各地广泛传播。刘广春等提出中国武术的国际化传播尚不理想,中国武术文化的传统优势受到限制,其悠久厚重的历史文化并不能够与其当今的普及度和影响深度相吻合。⑤武术的传播过程注重技击结果,对武术文化的内涵挖掘远远不够。国外受众对武术的文化理解过于片面。应当利用大众传媒加强对中华武术的传播,使中国武术为中华民族增光添彩。

在经济和文化全球化不断加快的今天,文化之间的交流也在不断地加深,"你中有我,我中有你"的文化互动现象比比皆是。作为一个历史文化悠

---

① 徐磊、王庆军:《新媒体时代中华武术国际话语权研究》,《武汉体育学院学报》2020 年第54 期。

② 宋海辉、宋海燕:《中国武术文化国际传播现状与发展策略分析》,《四川体育科学》2018 年第37 期。

③ 王林、虞定海:《全球化语境下武术发展的文化版图审视》,《武汉体育学院学报》2008 年第5 期。

④ 邱丕相、郭玉成:《武术在国际传播的历史、现状与未来》,《体育学刊》2002 年第6 期。

⑤ 刘广春、王明建:《大众传媒背景下国际武术文化传播面临的困境与对策》,《广州体育学院学报》2020 年第40 期。

久的国家,中国有必要将自身的文化传播出去。中国武术是中国文化的重要组成部分,站在树立国家形象的高度上研究武术的国际化传播是非常必要的。武术作为中国文化的载体,其国际化传播在文化定位上是追求和谐的防卫型文化,在技术定位上体现了以柔克刚的思想。①武术国际化传播,无论是对于武术本身还是中国文化的发展,都是极其重要的。民族的就是世界的,武术国际化传播要在继承中发展,在继承中进行创新,这样才能既保持中国武术文化的原汁原味,又能加快中国武术的跨区域传播进程。

新中国成立以来,武术不仅在全国范围内快速传播,走出国门、迈向国际的脚步也在逐渐加快。在1984年的全国武术比赛期间,中国武术协会邀请了法国、联邦德国、意大利、日本、墨西哥、菲律宾、新加坡、瑞典、美国、泰国以及中国香港、澳门等国家和地区的武术组织负责人到武汉参观比赛,并共同签署了《备忘录》。1985年在西安进行了第1届武术国际邀请赛。②在大会期间中、英、意、日、美等17个国家和地区代表举行会议、决定成立"国际武术联合会筹备会",并推选中、英、日、意、新加坡等国担任筹备委员,与会的其他国家和地区的武术组织作为联络员,秘书处设在中国。1985年11月在意大利的波伦亚市成立了欧洲武术协会,会员有英、法等8个国家。1987年6月在西班牙的巴塞罗那举行了第2届欧洲武术锦标赛。1987年9月在日本的横滨市举行了第1届亚洲武术锦标赛,在此期间正式成立亚洲武术联合会。③全体会员一致通过了《关于呼吁把武术列为第十一届亚洲运动会比赛项目的特别决议》。1988年在意大利举行了第3届欧洲武术锦标赛。1988年10月在中国杭州举办了国际武术节,并举行了第3届国际武术邀请赛,闭幕式在深圳,举行了国际武术散打擂台邀请赛,并颁发了7个武术大奖。④1989年武术运动被亚奥理事会正式批准为第11届亚运会正式比赛项目。

中国武术在国际化的传播进程中得到了一定的发展,但是存在地区间发展不平衡的现象。亚洲范围内武术的发展状况好于欧洲,主要原因是欧

---

① 杨建营、杨建英、郭远巧:《国家形象视角下的武术国际化推广研究》,《山东体育学院学报》2011年第27期。

② 李彬彬:《中国武术与韩国跆拳道国际化发展的对比研究》,湖南科技大学硕士学位论文,2015年。

③ 高荣冲:《武术与跆拳道发展历程的思考》,《贵州民族学院学报(哲学社会科学版)》2006年第2期。

④ 李岩:《近代以来中国武术价值观的变迁研究》,苏州大学博士学位论文,2016年。

洲处在西方体育文化发展的影响下。

表 3-1 历届世界武术锦标赛金牌分布一览表

国家	第1届	第2届	第3届	第4届	第5届	第6届	第7届	第8届
中国	16	11	10	8	11	12	17	10
越南	2	2	3	8	4	2		
俄罗斯	2	3	1	3	2	3	3	
韩国	1	2	2		5	2	1	
香港	1	2	3	3	6	4	2	2
日本	2	1	2	2	1			
缅甸						3	2	2
菲律宾	1	1	2	1		2		
伊朗			2	2	3	1		
埃及			1		1	1		
美国						1		
台北	1			1				
澳门		2		1		2		
巴西	1			1				
马来西亚		1	1		1		3	
西班牙	1							
土库曼斯坦		2	4					
新加坡			1					
罗马尼亚			2					
塔吉克斯坦			1					
哈萨克斯坦				2				
阿塞拜疆					1			
乌克兰					1			
亚美尼亚						1		
荷兰							1	1
意大利								1
合计	25	24	31	25	21	43	39	22

从表 3-1 可以看出,世界武术锦标赛金牌主要被中国、越南、菲律宾、日本、俄罗斯等少数国家垄断,而欧洲的国家已经连续几届没有获得奖牌,各国技术发展不平衡。欧美等国家多年来不仅参赛国比较少,而且参赛队伍人数也寥寥无几,在技术水平与普及程度上也存在巨大差异,所以武术国际

化推广任务艰巨,武术进入奥运会战略也会受到影响。

武术在欧洲的传播主要集中在近几十年。1936 年 8 月 1 日,在德国柏林举办了第 11 届奥运会,中国代表团在比赛中未能如愿获得名次,但是我国代表团在奥运会上精彩的武术表演却震惊了德国乃至整个世界。从此之后,中国武术开始走向世界,中国的国际声望也得到了极大的加强。紧接着,国家武术队又在法兰克福、门兴格拉德巴赫等城市表演,万人空巷。可以说艺术为当时的欧洲人民提供了一场视觉盛宴。1985 年 8 月,欧洲武术协会成立,使得武术得到了进一步发展。欧洲武术协会成立时的会员国有8 个,分别为英国、法国、荷兰、西班牙、瑞典、挪威、比利时、意大利。①到了1986 年 11 月,爱尔兰、联邦德国、波兰、瑞士被接纳为会员国,武术协会的成立为武术进入欧洲提供了平台。

国际武术联合会的成立促进了各大洲武术的发展,会员国中欧洲有 46个,几乎所有国家均加入这一组织当中,成员国的丰富壮大了国际武术联合会,极大地推动了武术在欧洲的发展,武术在国际上的影响力进一步提高。欧洲武术协会的成立推动了欧洲传统武术锦标赛的发展,举办了多届赛事。欧洲传统武术锦标赛由欧洲武术联合会主办,每两年一届,是欧洲地区最高级别的传统武术赛事。2011 年 4 月 11—16 日,首届欧洲传统武术锦标赛在爱沙尼亚首都塔林举行,来自 23 个欧洲国家的 200 多名武术运动员和爱好者参加了这一盛会。②2017 年 5 月 17 日,第 4 届欧洲传统武术锦标赛在格鲁吉亚首都第比利斯开幕,此次武术锦标赛项目主要包括太极拳、八卦掌、蔡李佛拳、少林拳、散打等传统中国功夫以及长短兵器等项目,这些项目涵盖了中国传统武术的主要流派以及技击的精华。③"以武会友""比赛切磋"的武术交流方式也吸引了众多民众来观看,通过比赛传播了中华武术,也增进了与中欧国家和人民之间的友谊,并传播了中国优秀的传统文化。

近些年来,随着我国国际地位的不断提高,汉语也在世界各地流行起来,依托孔子学院在各地进行传播。孔子学院注重文化的多样性,不断推进以武术为特色的文化活动。因此,武术作为中华文化的又一标志通过孔子学院传播开来,如在法国普瓦提埃大学孔子学院举办的"武术开放日"活动、慕尼黑孔子学院开展的"少年太极拳"活动、在柏林自由大学孔子学院召开的气功研讨会、西班牙孔子学院开展的"学兵法练武术"活动、华沙武术特色

---

① 郝伟为:《冰岛青龙健身中心武术发展现状研究》,首都体育学院硕士学位论文,2014 年。
② 《首届欧洲传统武术锦标赛爱沙尼亚举行》,《中华武术》2011 年第 5 期。
③ 《立陶宛第四届武术公开赛举行》,《中华武术》2018 年第 5 期。

孔子课堂、挪威卑尔根孔子学院的"武林大会",欧洲众多孔子学院积极地推进中国武术文化的传播,使得武术成为越来越多欧洲人民喜爱的项目。[①]

目前,在欧洲学习中华武术的人员已达到100万,而且各武术教学单位的教学内容以传统武术、太极、健身气功为主。随着中国的国际影响力的不断提高,相信在不久的将来会有更多的人来学习中华武术。

三、"一带一路"倡议对武术在欧洲传播的影响

2013年9月中国国家主席习近平在出访中亚期间提出了建设"新丝绸之路经济带"的合作倡议,同年10月,习近平主席在东南亚又提出了建设"21世纪海上丝绸之路"的合作倡议。[②]"一带一路"建设的提出在打造经济共同体的同时,也起到了传播中华文化的桥梁作用。"一带一路"沿线经过了20个欧洲国家,这为中国与欧洲提供了较好的文化交流机会,中国可以借助这一平台进行武术入欧的传播。但是怎样做好武术入欧的传播,是值得思考的问题。

(一)"一带一路"背景下武术在欧洲传播的机遇与挑战

"一带一路"在打造区域经济共同体的同时,也为中国文化的传播搭建了桥梁。武术作为中国文化的重要标志,在文化传播中肩负着重大的历史使命。"一带一路"的建设为武术在欧洲的传播与发展提供了良好的机会,越来越多的欧洲国家人民加入习练武术的行列,加快了武术的国际化传播进程,为武术在欧传播提供了优质的平台。"一带一路"所倡导的是开放性、包容性的区域合作理念,而中国武术源远流长,博采各家之长,以其包容性流传至今,武术发展的特点完全符合"一带一路"的发展理念。经济是文化发展的基础,文化是经济的反映,文化自信是推动武术国际化的精神动力,国家打造的"一带一路"平台为武术传播提供了坚强后盾。

"一带一路"是中国新一轮"走出去"的重点,为武术的传播构建了宽松有利的经济环境,提升了我国的国际地位。"一带一路"沿线国家都有各自的民族传统体育文化项目,在这个平台上各国文化可以平等交流,兼容并蓄,积极开展文化交流活动,拉近国与国之间的距离,促进世界文化大发展、大繁荣,使世界文明逐渐走向多元化。中国武术作为我国特有的一种身体

---

① 李艳沙:《博茨瓦纳大学孔子学院武术运动开展现状及推进研究》,上海师范大学硕士学位论文,2014年。

② 张开娟、马晟、毛旺:《"一带一路"背景下武术对外传播途径研究》,《浙江体育科学》2017年第39期。

文化,是中国传统体育项目中的典型代表。"一带一路"的建设加强了沿线的各国人民对武术的认知和了解,为武术走向世界打下了坚实的基础。

"一带一路"的建设为武术在欧传播带来了机遇,但是在武术的具体传播过程中也会面临各种各样的挑战。文化的差异性是我们所要面临的首要挑战,因为不同的文化在各自的国家会有不同的发展轨迹,从而产生了不同的文化价值观。武术要想更好地在欧发展就必须首先适应欧洲国家的文化理念,在差异中寻求包容,做好武术文化的创新发展工作。其次,语言的差异性也是我们不得不面临的第二项挑战,尽管英语是目前在世界各国使用最广泛的语言,但是武术如果要在欧洲更好地传播,就必须先了解欧洲不同国家的语言,否则在武术传播过程中就会出现语言翻译上的误差,从而阻碍武术在国际范围内更好地传播与发展。武术专业人才的匮乏也是影响武术国际化进程重要因素,在新的时代背景下,武术的传播需要更加专业的综合性人才,单单以技术见长的武术传播者是远远不够的。在传播过程中,武术传播者除了要有过硬的技术之外,语言沟通能力、对不同国家的文化了解程度等素质都会成为影响武术的传播质量的重要因素。武术的国际化传播不仅需要在"硬件"上进行处理,"软件"的加强也是必不可少的。

中华武术走向世界是所有中华儿女共同的愿望。武术的传播需要多种力量共同支持,需要每一个中国人携起手来,共同为武术的传播增光添彩。借助"一带一路"建设这个平台传播中国武术,传播中国文化,提升国家的文化软实力,建构我国的国际形象,能够保护我国优秀的民族传统文化,更能够增强我国人民的民族自豪感和民族凝聚力。

(二)充分了解欧洲武术文化,尊重文化差异性

不同的事物之间都会存在差异性。欧洲各国也有属于自己的武术文化,并深深地植根于自身的民族文化中,只有在完全读懂其他国家的武术文化之后,再在本国武术文化的基础上进行创新,取其精华,去其糟粕,才能够创编出适用于欧洲人习练的武术。在武术文化传播的同时,尊重文化的差异性是我们要遵循的重要原则,盲目地传播武术文化不仅不能达到很好地传播中国武术的效果,而且在一定程度上往往会适得其反。欧洲各个国家在世界上被称为发达国家,他们的人均生产总值高,经济、政治、文化高度发达,只有认清楚当下欧洲各国的武术文化发展现状,了解各国的发展实际,才能够更好地在欧洲各国传播中国武术。

(三)传统武术与竞技武术并重

传统武术与竞技武术就如同一对矛盾。有的人支持传统武术,有的人

支持竞技武术,两种选择都没有错,他们只是站在了不同的角度去看待问题。在武术的国际化传播中,传播者要站在全局的视角上看问题,既要保持传统武术的本质特征,也要"推陈出新",选择适合欧洲人习练的武术。传统武术整体来说更偏向于健身和养生,它所针对的人群主要是中老年人。现今社会人们的工作和生活压力在不断增大,导致一部分人的身体处于亚健康状态,因此越来越多的人也慢慢地开始注重健康、养生,而传统武术刚好与现在的社会需求相契合。竞技武术由于受到武术比赛、武术"入奥"、武术商业化等因素的影响,更加倾向于将武术动作的"难"与"美"相结合,迎合了现代社会众多年轻人的喜好。因此,当我们进行中国武术传播与推广时,要坚持传统武术与竞技武术并重的原则,二者缺一不可,均衡发展。

（四）将武术精简化、标准化

武术的传播主要针对的是大众人群,传播过程中面临的种种差异性问题要求我们对武术进行创新。中国武术门派众多、拳种繁杂、演练形势各异,因此我们在传播武术的过程中,需要将武术动作简单化、精简化。我们可以借鉴韩国跆拳道的国际化传播,礼仪与套路并重,将简单易学的动作提炼出来并对其进行改造,从而创编出适合欧洲人习练的武术套路,使武术更有利于在快节奏的现今社会存续。我们要充分挖掘传统武术中的精华,把有价值的方面加以提取并改造,让中国武术成为一种文化品牌,得到欧洲各国人民的喜爱。将武术精简化、标准化不仅可以为练习者节省时间,也能够激发他们的学习兴趣。

（五）对武术进行文化创新

创新是一个民族进步的灵魂,是一个国家兴旺发达的不竭动力。任何领域想要发展都需要进行创新,都不能一成不变,中国武术也不例外。欧洲各国有各自的武术文化,并植根于各自的民族文化之中。中国武术要想更好地在欧洲发展,就必须进行文化创新,使其满足欧洲各国的武术文化需求。文化多元化并存是当今世界的文化发展格局,对武术进行文化创新要求我们充分发挥主观能动性,迎合欧洲的武术文化特点,充分了解他们的精神文化需求,在进行文化创新时就可以"按图索骥",少走不必要的弯路。武术文化应在继承与发展中创新,在保留中国武术文化本土特色不受外界环境破坏的基础上,同时也要保证能更好地创造出适合欧洲人民的武术,这是在武术文化创新过程中需要重点考虑的问题。要做到这些,就必须以人民为中心,把人民的需求作为出发点,对中国武术中的潜在资源进行充分的挖掘,把它当作一场服务于人类的社会实践。

（六）借助"一带一路"建设进行武术人才输出

"一带一路"倡议下中国与欧洲国家开始进行多领域的交流，经济合作，政治互信，文化互通，在此情况下各行各业都需要人才输出。专业且科学文化素养高的人才会为武术入欧提供更多的帮助。经济全球化的到来为世界各国贸易往来提供了便利，中国可以派遣留学生到欧洲进行武术文化交流，传播中国的武术文化思想。而且"一带一路"沿线许多国家设有孔子学院，中国留学生可以在这个平台上进行中国武术的传播，充当中国与欧洲各国之间的文化使者的角色，全面推广中国武术。另外，外国留学生同样可以利用出国留学的机会在中国学习原汁原味的武术，学成之后也可以经由他们带回自己国家。所以，我们要充分利用好"一带一路"这一多方位的平台，做好人才输出计划，为中国与欧洲各国之间的武术交流打下坚实基础。

四、孔子学院在欧开展现状

孔子学院是中国国家汉语国际推广领导小组办公室在世界各地设立的推广汉语和传播中国文化的机构。截至 2017 年 12 月 31 日，全球 146 个国家（地区）一共建立 525 所孔子学院和 1 113 个孔子课堂。[①]孔子学院在 138 国（地区）共有 525 所，其中，欧洲 41 个国家就有 173 所。孔子学院的建立增进了世界各国人民对中国语言文化的认知，对加强中国与世界各国文化之间的交流产生了极为有利的影响，它也在拉近中国与外国的文化交往距离方面起到了桥梁的作用，从而促进了世界文化多元化发展趋势。而中国武术作为中国传统文化的重要组成部分，也是需要大力推广的中国文化。充分借助孔子学院这一平台来传播中国武术，推动武术国际化发展，是中国武术不断推进发展的契机所在。据调查，在许多孔子学院所教授的课程中，中国武术位列其中，这对武术的国际化传播来说无疑是一个好现象，怎么样做好武术在欧洲孔子学院中的推广工作，让越来越多的受众群体了解、学习和传播中国武术，是需要我们不断努力的方向。

五、解决孔子学院武术发展存在的问题的对策

（一）将语言传播与文化传播有机结合

语言是文化的载体，语言的传播为文化的传播创造了条件，文化的传播为语言的传播提供了动力。孔子学院向全世界推广汉语，主要目的是将中

---

① 郭然豪：《新中国文化外交的实践研究》，国际关系学院硕士学位论文，2018 年。

国传统文化推向世界,是为了让更多的人来了解中国的传统文化,并且积极地学习和推广中国的文化。孔子学院应在武术文化的传播过程中将语言传播和文化传播两种方式结合起来,开展武术汉语课程,使学生在掌握语言的基础上继续学习中国武术,然后使其充分地了解武术中所包含的中国优秀的传统文化。虽然在孔子学院中开设了武术课程,但是武术的传播仍然面临许多问题,即没有将语言和武术文化有机地结合起来。孔子学院所教授的武术课程大多是以武术套路为主要内容的教学,如果只有汉语老师进行武术的教学,则远远达不到武术传播的效果。要想真正地传播好中国武术,还应当有专门的武术老师进行教学,这样海外学习者才能更系统地学习中国武术。孔子学院进行武术授课时,应该以学习者比较容易接受的方式进行,用简单的方式激发学习者的兴趣,如借助中国武术电影、武侠电视剧、武术小说等。通过电视媒体能够使学习者更加直观地了解中国武术文化,对中国武术建立起初步的印象,然后再逐步地提高他们的学习欲望,激发学习中国武术的兴趣,最后让他们积极主动地探索和研究中国武术文化,甚至成为中国武术文化的传播者。

(二)制定规范的武术教学计划

武术教学计划是武术教学的基础和开端,在武术教学中具有至关重要的作用。一个良好的教学计划能为武术的发展提供正确的方向。武术教学计划的设定应当根据当地学习者的理解能力和思维方式来制定,如果照搬教授中国学生的方式来教授外国学生显然是不可取的,教学过程中要充分考虑学习主体的差异性、文化背景的不同,制定出最优的教学计划,这样学习者才能循序渐进地吸收武术课程的完整内容。目前孔子学院开设的课程多数为一些相对普及的课程,并没有一个完备的教学计划将武术与武术文化在语言教学过程中传达和渗透给学习者,这样就会极大地削弱海外学生对中国武术的学习兴趣,没有新鲜的血液渗透,一味的基础课程的教学也终将失去魅力,这样对中国武术在欧洲的传播是极其不利的。孔子学院应该注重学生的亲身体验,武术作为我国一门独特的技术存在,需要体现出它的独特特点,在武术教学中多一些与学生的互动,因为欧洲的学习者可能对竞技更加感兴趣,这和他们的传统体育文化有很大的关系。在教学中,应当让学习者自己去实践,主动地学习中国武术,把理论和实践相结合,把武术技能教学和武术文化教学当作对等的存在,由表及里,由浅入深,逐渐融入武术的学习中。

(三)增强师资力量

孔子学院是中国对外宣传文化的窗口,是中国文化在海外传播的"形象大使"。孔子学院教师的授课水平直接决定了中国文化的传播进程与深度。孔子学院的老师必须是跨文化交际能力极强的人才,不仅需要有传播中国文化的专业深度,在文化传播的广度上也应能驾驭。如果孔子学院的师资力量得不到有效保证,不仅不能很好地传播中国武术文化,而且还有可能会给国家的形象带来一定的损害,在武术的国际化传播中产生负面影响。所以作为孔子学院的文化传播者应具有极强的历史使命感和责任感,主动肩负起文化传播的责任。中国文化传播需要很长的时间,不是一天两天能看到效果的,它需要每一代文化传播者的共同努力。孔子学院应充分重视教师的文化传播素养,要定期举行教师知识技能培训,仿照国内的教师考核评估办法,对教师进行定期考核评估。可定期举办教学竞赛,这样不仅是对教师的文化传播水平的能力进行评估,也为中国文化的国际化发展提供了保障。

（四）增加武术课程的趣味性

孔子学院是以语言教学为主来推动中国文化传播的机构,而武术课程的教学和语言文化的教学方式方法不尽相同。武术课程的教学要更多地使学习者能够体验到武术的乐趣,增加他们的身体感知能力,感受到武术的力量之美。教师在教学中,在保障安全的前提下,可以适当给学生提供切磋交流的机会,不是简单地将武术作为一种理论来传播,而要让学生能够亲身体验,这有助于增加他们的学习兴趣。武术中不同的拳种在表现形式和竞技方式上也大不相同。在课程教学中充分挖掘武术的原始功能,反而能促进中国武术更好地发展。孔子学院的学生以年轻群体为主,增加互动性也能更好地推动武术的国际化传播。

六、孔子学院传播中国武术的意义

（一）优势互补,传播中国文化

中国武术是中国传统文化的重要组成部分,武术的传播需要传播媒介的助推,而孔子学院是一所主要传播中国语言文化的机构。武术体现了中国传统文化的精髓,所以武术的传播与发展也是中国文化的传播与发展,武术的国际化推广既传播了中国武术的技术,又传播了中国的武术文化,对武术自身的发展和中国文化走向世界具有双重作用。借助孔子学院来传播中国武术减少了武术在传播过程中可能遇到的阻碍,中国武术不再需要花费过多的时间和精力建设文化平台,这正是孔子学院的价值所在,也是中国武术的机遇所在。武术本身具有教育功能,将其纳入孔子学院的课程体系有利于增强课程内容的多样性,身体运动的实践性更能吸引学员参与其中,从而也契合了孔子学院的办院宗旨,二者的有机结合也能更好更快地传播中国文化。

（二）作为文化窗口,促进武术走向国际

武术的传播离不开媒介的推广,一个好的平台能够将中国武术更好地展示和推广出去。近些年来,随着我国国际地位的不断提升,中国与欧洲国家的交往也越来越密切,这就无形中给中国武术的传播创造了一个机会。孔子学院作为文化窗口,在中国传统文化的传播中扮演着重要的角色,其传播的语言文化和武术文化在文化层面上具有高度一致性,使武术和孔子学院在生存关系上具有共生性。《孔子学院章程》明确提出:孔子学院的建院宗旨是"致力于适应世界各国（地区）人民对汉语学习的需要,增进世界各国（地区）人民对中国语言文化的了解,加强中国与世界各国教育文化交流,发展中国与外国的友好关系,促进世界文化多元化发展,构建和谐世界"[①]。从上面的章程内容可以知道,中国武术完全能够作为孔子学院的推广内容。

（三）武术发展,反哺孔子学院

随着中国武术的国际化发展的不断深入,申请武术"入奥"的不断努力,以及武术相关人士的传承与推广,中国武术在海外的基础也越来越雄厚。中国武术的魅力正在吸引着越来越多的人来学习,尤其近些年太极拳的推广得到了显著的效果,这种结合了中国传统文化的拳术正快步走向世界,而武术自身的发展也会更好地作用于孔子学院。曾经有学者对 27 个国家的武术爱好者进行了调查,调查发现,"喜爱练习武术的原因,排在第一位的是学习武术可以了解中国文化,占喜爱练习者人群的 98.32%;其次主要是强身健体,占喜爱练习人群的 85.47%"[②]。由此可见,武术作为孔子学院的课程内容,是完全可行的。一方面语言文化的教学离不开身体的表达,武术运动包含了中国的语言文化,通过肢体运动传播语言文化,会使学习者更加印象深刻;另一方面武术已经在国外推广多年,形成了一定的文化圈,拥有了一定的市场,想要学习中国文化的人可能更愿意了解和学习中国武术,从而推动孔子学院更好地发展。

在全球化背景下,文化交流会越来越频繁,随着中国的国际竞争力不断增强,我国的文化传播也会得到越来越多的重视,因此也就会更加重视对孔

---

① 虞定海、张茂林:《基于孔子学院的武术推广模式研究》,《上海体育学院学报》2011 年第 35 期。

② 于翠兰、吴晓红:《武术国际传播状况的跨文化调查》,《北京体育大学学报》2005 年第 10 期。

子学院的建设。孔子学院是中国文化传播的必然产物,是中外文化交流的重要桥梁,肩负着传播中国文化的重任,而中国武术是中国文化的重要组成部分,它凝聚着中华民族精神,中国武术要充分利用好这一平台。武术的国际化传播迫在眉睫,中国武术是中华民族的智慧结晶,拥有广泛的群众感情基础。武术的发展情况也时刻被众人关注,它是中华民族的骄傲,也值得我们每一个人骄傲。在全球各领域竞争越来越激烈的情况下,中国武术走向国际对我们更加重要,它能增加我们的民族自豪感和民族自信心,能鼓舞那些为武术的传播与发展付出努力的人。把握好孔子学院这一文化传播窗口,利用好这一文化传播平台,是每一位武术工作者都应该做到的,也是每一位工作者都能够做到的。

第二节　中国武术在欧洲传播的问题分析

一、中国武术在欧洲传播问题剖析

20世纪以来,中国武术的发展始终没有摆脱西方体育的影响。直至今日,中国武术仍被西方体育压制,在这样状态中艰难生存。外来文化的入侵对蕴含着中华五千年传统文化的武术造成了不可低估的影响,也正因如此,中国武术的发展陷入了尴尬困境,中国武术如何跳出当前局面,展现出自身文化魅力,这一问题值得武术人深思。

在新文化运动的背景下,中国武术走进了一个"以西变中""以体变武""以奥变武"的发展场域①,就这样中国武术开始朝"体育化"发展。1918年,武术正式以"中华新武术"的形式列入全国高等学校的课程之中。马良的"中华新武术"是由中国传统武术与西方体育(体操)在内容上的实践结合,将西方体育口令式的教学模式复刻在传统武术的教学之中,使中国武术产生"武术体操化"的异化现象。在奥林匹克文化的影响下,诞生了竞技武术,它紧贴"更快、更高、更强"的奥林匹克精神不断改良,围绕着武术"入奥"的目标,导致竞技武术朝着"高、难、美、新"的竞技化方向发展,早已失去武术原有的技击本质。现如今,中国武术发展的问题越发凸显,在"中华民族

---

① 王岗、张大志:《从体育走向文化:中国武术发展的必然选择》,《成都体育学院学报》2013年第6期。

伟大复兴征程"背景下,中国武术作为民族传统文化的典型代表,理应得到重新认识。重新解读中国武术的本质特征和核心内涵以及当代价值,是摆在我们面前的重要议题。

（一）武术文化核心理念的缺失

纵观国际社会上推广取得一定效果的体育项目均有极其明确的文化理念,例如,韩国跆拳道追求"礼义廉耻,忍耐克己,百折不屈"的核心理念;日本空手道则崇尚"求至高人格,守忠诚之道,养努力精神,重尊卑礼仪,戒血气之勇"。由此对比后可发现,中国武术似乎缺少一个较为明确的核心理念。习武之人常常说:"习武应做到'天人合一,道法自然,内外兼修,和谐中庸'。"简简单单的 16 个字却蕴含了中华五千年文化的精髓,但其内涵过于抽象,对于生活在中华传统文化底蕴下的习练者仍需要依靠长期的练习来领悟对其的认知,更何况是与我们存在巨大文化差异、从未接触过中国文化的外国人。

（二）武术动作缺乏真实性

武术电影的出现为中国武术的传播带来了新的机遇与挑战,它在武术国际化传播中起到积极作用的同时,也给武术国际化传播也带来了一些消极影响。由于现代高新技术的应用,武术影视作品呈现出习武之人能飞檐走壁,拥有金刚不坏之身的假象。这一假象忽视了武术自身的真实性,与现实之间产生巨大的差距,从而导致外国受众对武术产生错误认知。众多学者研究表明,大部分外国人之所以喜欢武术,归根结底是受武术电影及功夫小说的影响,如何将影视中的"武术"形象与现实中的武术联系起来,是武术国际化传播中不得不应对的挑战。

（三）武术传播媒介利用不足

武术在一些欧洲国家的传统媒体上有所报道,但总体来说,这些报道的频率、深度和广度都有限。传统媒体如电视、报纸等,对于武术的报道往往局限于国际大型赛事或活动,而对于武术的日常训练、文化内涵等方面的报道则相对较少。随着互联网和新媒体的快速发展,新媒体平台如社交媒体、短视频平台等已成为人们获取信息的重要渠道。然而,武术在欧洲的新媒体平台上的传播并不充分。一方面,缺乏专业的武术新媒体账号来集中展示和推广武术;另一方面,宣传武术的视频内容的更新频率、互动性和吸引力也有待提高。在利用传播媒介进行武术传播时,语言和文化也成为不可忽视的问题,相关翻译的本土化程度,即是否将武术的术语和文化内涵转化为欧洲人可以理解和接受的形式也是亟须解决的问题。

二、中欧武术的差异

（一）时间差异

欧洲早期武术，广义上是指历史上起源于欧洲的武术体系，狭义上是指那些已然失传或者演化成多种现代体育形式，后人通过历史文稿以及资料记载"重构"而成的武术体系。①由于从古典时代流传下的武术资料少之又少，大部分现存的武术资料都只是集中于中世纪晚期到现代早期。所以，欧洲早期武术的发展时间段主要集中在 14—19 世纪的近 500 年中。

而中国武术有着悠久的历史，起源于原始社会时期，冷兵器时代对军事活动产生了广泛的影响，到魏晋南北朝时期因强身健体的作用得到凸显而受到推崇。随着社会的发展，形成了传统武术和现代武术。中国武术在历史发展的不同时期被赋予了不同的生命力，2008 年北京奥运会更是将武术推上了世界舞台，向世界人民展示了独特的魅力。中国武术具有广泛的群众基础、深厚的文化底蕴，在其发展演进的过程中，凝聚了人民的智慧结晶，彰显了多元的价值和功能。

（二）内容差异

欧洲早期武术的主要内容包括徒手、匕首、长剑、武装剑、砍刀、迅捷剑、剑盾、斧锤、长柄武器、军刀等器械，甚至包括部分农用器具。在现代欧洲武术比赛中，以长剑、刺剑、匕首、剑、小盾、军刀最为常见。比赛时选手身着护具，器械使用无刃、卷头、弹性优秀的安全钢制武器。平时练习则以钢制器械为主，尼龙、木质、海绵等材质的武器为辅。

中国武术是中国的传统体育项目，其内容是把踢、打、摔、拿、跌、击、劈、刺等动作按照一定的规律组成各种徒手的和器械的攻防格斗技术、套路和单势练习。②目前有 129 个拳种，既有拳术，又有器械；既有长拳，又有短打；既有南拳，又有北腿；既有套路，又有搏击对抗，可谓内容丰富，形式多样。欧洲武术注重进攻，而中国武术却更偏向于防守，故蕴含"敌不动，我不动"的攻防思想。

（三）文化差异

中欧之间的武术差异归根结底还是文化差异。欧洲三面临海，国家众多，海洋文明孕育了更加开放的思想，这种思想也深深影响着欧洲武术的发

---

① 曾杨、张云崖：《对欧洲历史武技复兴历程的理性检视——展望中国武术冷兵器格斗运动》，《武术研究》2018 年第 3 期。

② 徐培：《武术冠军队教练员执教体验的现象学研究》，武汉体育学院博士学位论文，2011 年。

展,使其更具直接性和侵略性。在经历第一和第二次工业革命后,欧洲经济发展迅猛,以英国为首的资本主义国家开始进行海外殖民地扩张,武术也在战争中发展演进。

而中国是典型的大陆文明国家,农耕文明影响深远,中国武术的发展深受儒家与道家文化的影响。"内外合一,神形兼备"的特点体现了中国武术独特的修炼内涵,而且中国武术与养生结合,俗话说:拳讲三术,技、医、艺术。练武在于修身,这也体现了中国武术的自制性。

文化的差异是中欧武术的本质差异,在中国武术的国际化传播中,要尊重他国的武术文化。只有充分了解欧洲不同国家的经济、政治、文化后,才能减少武术在传播过程的阻力,增加中国武术在跨文化传播中的认同感。

第三节　个案研究:中国武术在英国的发展

一、欧洲本土武技的代表

欧洲最具代表性的武术是剑术,剑术的演进史可以说是欧洲武术发展的重要历程。在众多欧洲武术电影中,都能看到欧洲武士挥剑的身影。1180 年出现了关于剑术教室的最早记录,但是伦敦当局由于考虑到安全问题,剑术教室在当时被禁止开设。14—17 世纪,即中世纪末到火枪成熟时期,欧洲武术的发展达到了顶峰。这一时期出现了众多武术流派,民间武术便是其中一个流派。民间武术与穿盔戴甲、注重杀伤力的战阵武术不同,当时民间武术大多用于小规模战斗,如防身、决斗等。但也存在一定的弊端,因为几乎没有什么防护,所以在战斗时非常容易受到伤害。民间武术具有灵敏、精准、迅速的特点,在当时被称为"无甲武术"。欧洲文艺复兴的浪潮、城市居民数量的增多以及社会形势的不断变化等,一定程度上构成了促进民间武术发展的主导因素。

这个时期的武术紧随时代潮流,将科学熟练应用于招式之中,比如运用杠杆等力学原理计算剑身各部的力道的强弱,并通过力道的强弱来判断身体重心的变化,以达到四两拨千斤的效果;通过几何学的方法来判断对手的距离,确定步法移动和出招的时机等。一开始,武术的各个流派之间存在较为严重的保密性和门户之见,甚至将剑谱的文字顺序打乱,编成匪夷所思的口诀和歌谣,只将破解之法传授于关门弟子。但随着门户的逐渐开放,剑术大师们的技击交流的次数越来越频繁,后来甚至直接以论文辩驳的形式发表在公开的媒体上。在这个过程中,也会有优胜劣汰的选择,许多粗劣的、花哨的、不实用的招数会被剔除。这个阶段出现的主要武器有:长剑、迅捷剑、劈刺剑、单手剑盾、匕首、短剑、短矛、砍刀、长棍、四角棍、威尔士钩矛、瑞士长戟、镰刀等。

（一）长剑

长剑又称为手半剑,出现于中世纪晚期,在欧洲电影中是出现频率非常高的武器,也是欧洲剑形经过了复杂漫长的演变后出现的武器,它的比例、重量、形制几乎达到完美。使用方法主要表现为双手持握,但也可单手作战。既可用于战场作战,也可用于自卫防身。不仅用法多种多样,而且随身携带也很方便。剑身重量在 1.2—1.7 kg 之间,长度在 110—130 cm,重心位置在护手前 10—15 cm,剑身与日本打刀相比更薄、更长、略重,操控性与打刀不相上下。当时德国剑圣约翰尼斯·理查特纳尔(Johannes Liechtenauer)所创的理查特纳尔流长剑术,是德国长剑流派的重要派别之一。

（二）迅捷剑

迅捷剑又称为刺剑,是火枪成熟时期之前,欧洲冷兵器在一对一攻防进化到极致时所得到的产物,这种武器在战争中发挥了独特优势。迅捷剑长度在 100—130 cm,其中刃长就达 90—120 cm,单手持握使其攻击距离超过长剑。重心在护手处到护手前 0—10 cm,所以迅捷剑特别容易操控,变化速度也非常快。在使用过程中,一般情况下会有包裹严密的护手保护脆弱的手指。以迅捷剑为代表的意大利迅捷剑,在格斗中强调用最小的动作、最快的攻击方式,以达到掌握最佳进攻时机的目的。

（三）瑞士长戟

瑞士长戟是标准的斧与矛的结合体,是欧洲戟类兵器的典型代表。它在长矛头上加了一柄很重的战斧,进而成就了它"多面手"的特性:矛头可进行刺杀,斧头可用来劈砍,钩子则用来钩残骑兵马匹。这种长戟被称为瑞士长戟的原因,除了它斧上镂空的十字形图案是如今瑞士国旗的标志之外,在很大程度上是那些曾经在中世纪风光一时、以强悍和残酷著称的瑞士雇佣兵,使瑞士长戟这种功能多样的兵器成为国家的象征,也使瑞士民族的象征声名远扬。

欧洲剑文化是欧洲武术文化的重要组成部分,在一些欧洲国家的外交场合中,我们仍能看到剑的身影。而在中国武术的国际化传播中,剑文化可以引起中国与欧洲国家之间的文化共鸣,这种共鸣给中国武术在欧洲的国际化传播提供了发展契机。中国武术在传播过程中遵循文化传播差异性原则，充分利用文化共鸣，更好地进行中国武术国际化传播与推广。总之，武术的国际化发展离不开文化国际化，不同的文化之间需要有文化国际化这样的桥梁进行连接，应秉持"求同存异"的态度传播和发展中国武术，坚持以"文化多元化"的态度传播中国文化。在"求同存异"和"文化多元化"的影响下，武术文化的传播就会达到事半功倍的效果。

二、中国武术在英国的发展

近几年来，随着中国综合国力的不断提升，中英两国留学生的人数逐年增加，既包括中国留学生留学英国，也包括英国留学生留学中国。来中国的留学生中有很多人喜欢中国武术，喜欢通过中国武术学习中国传统文化。因此，国内许多高校的课程中都会开设武术课、武术培训课、中国文化交流课等一些武术相关的课程。陈鹏生在《奥运后西安市外国留学生习武现状研究》中研究和分析了留学生学习武术的动机和需求，得出了以下结果：来自不同地区的来华留学生对于中国武术的学习兴趣点也是不一样的。[①]亚洲人的学习兴趣主要偏向于传统武术、气功、太极、导引，更加注重文化精神；欧洲人的学习兴趣主要倾向于套路习练，想要体会中国武术的韵味以及中国传统文化；美洲人以及大洋洲人的学习兴趣主要是散打，他们更渴求体验武术的实战性。

中国是社会主义国家，英国是资本主义国家，两种不同的社会制度为武术的传播提供了广阔的空间。近些年来，中英两国之间进行了许多关于武术的交流活动，在一定程度上对中英两国武术的发展具有重要意义。早在1984年，中国武术协会与英国武术界就已经正式开始交往，当时我国派遣武术专家访问英国伦敦。在此次访问交流中，专家们考察了欧洲武术发展的现状，建立了与欧洲武术团体的关系，全面介绍了中国武术运动，以便加快武术走向世界的步伐。1985年11月13日，一次以成立欧洲武术联合会为核心议题的重要会议召开。欧洲武术联合会的成立促进了中国武术在欧洲的传播与推广，中欧武术之间的交流活动越来越频繁，这对增进中欧之间的友谊也具有重要意义。进入新世纪，中英之间增加了交流活动的频率，扩大了交流的领域，涉及的领域主要包括经济、政治和文化，而武术作为中国文化的一个重要组成部分，在中英之间的文化交流中起着重要作用。2017

---

① 陈鹏生：《奥运后西安市高校外国留学生习武现状研究》，《搏击（武术科学）》2009年第6期。

年恰好是中英建立大使级外交关系 45 周年，为了纪念这个日子，中英两国联合组织了"中英武术精英荟萃"公演，公演的成功举办促进了中英武术间的交流与发展，拉近了两国人民之间的距离。

文化交流一直都是"进行时"，有关武术在英国的文化交流也在不断推进，"走出国门，走向世界"是中国武术发展不变的目标，也是中国武术发展的必经之路。武术文化的传播不能一蹴而就，而是一个循序渐进的过程。武术在英国发展虽然取得了一些成绩，但是未来还有很长的路要走。

（一）媒体传播推广

许多外国人认识了解中国武术主要是因为李小龙，李小龙的出现让世界知道了"功夫"一词，这对中国武术的传播起到了重要推动作用。随着中国影视业的发展，中国电影明星成龙、李连杰、甄子丹等影视演员在各大电影中的精彩表现加速了中国功夫的传播。商业电影也在不断地发挥着它的文化价值。由此可见，电影等影视媒体能够使中国武术快速传播。社会经济的发展加快了媒体升级换代的速度，也加快了文化传播的速度，拓宽了文化传播的广度，并不断挖掘文化传播的深度。文化传播不是不同文化类型的入侵，而是不同文化之间的交流。英国作为发达的资本主义国家，能够接受和传播中国的武术文化，与中英两国多年来进行的文化交流是密切相关的。媒体传播是当今社会信息传播的最快方式，但是媒体传播信息的规范性和传播内容的真实性需要国家进行有效的规范，这样的文化传播才具有高效性。中国武术文化历史悠久，可以把中国武术文化拍成更多的纪录片，并翻译成英文，这样中国武术文化能够很好地在英国等西方国家进行传播。例如中国中央电视台以中国各地的传统美食为主题拍摄的《舌尖上的中国》纪录片，充分展示了中国各地各民族独具特色的饮食文化，具有极强的传播价值。武术也应如此，不同地区有各自不同的武术，不同武术门派的武术类型与风格也不一样，国家可以搜集整理并拍摄成系列纪录片，然后依托现代媒体的传播优势进行传播，让英国等其他西方国家能够欣赏到完整的中国武术纪录片。媒体的传播优势不仅体现在速度上，在时间和地点上也具有很大的优势。英国的公民可以通过网络途径来了解中国武术，跟着视频学习武术，这不仅帮助他们节省一定的时间、精力和费用，而且网络学习武术没有时间上的限制，学习者可以自由选择时间，合理安排，能够更好满足现代都市人的需要。所以依靠媒体传播是当下武术传播的重要途径之一。

（二）武术展示推广

武术是一门技击术，它不仅具有很强的观赏性，还具有极强的表演性。

我国在对外推广武术的过程中,武术的展示活动是必不可少的。在柏林奥运会期间的武术表演,可谓是国家层面的武术推广,使中国武术在奥运舞台上大放异彩,给欧洲人民带来一场不一样的视觉盛宴,加深了欧洲人民对中国武术的认识。近些年,为进一步加快武术"走出去"的步伐,扩大武术在国际上的影响力,加深中英两国人民之间的理解和友谊,中国武术代表团多次前往英国进行武术交流,武术展示活动就成为武术传播的重要方式之一。不仅加深了中英两国人民之间的了解,也促进了中国武术的传播。语言文化的差异限制了中英文化的交流,导致在交流过程中受阻,但是以武术为载体的身体运动加深了两国人民之间的文化交流。另外,留学生也是宣传武术的一个重要群体,每年大批的英国留学生来华学习,武术展示能够让他们直接有效地了解到中国武术的魅力,增加他们的学习兴趣。所以,通过武术展示推广中国武术是十分必要的,它能对中国武术进行直接有效的传播,建立武术在他们脑海中的第一印象,让他们对武术产生更深层次的认识,从而更能拉近中英之间的距离。

（三）学校推广

学校是培养人才的重要阵地。中国武术不仅有健身养生的功能,还有极强的教育功能。因此,武术的校园推广首先应该先从小学开始,学习武术有助于少年儿童的身体发育,也有助于心智的发展。武术要进入英国校园需要有两国之间的文化互信。其次,需要对传统的武术教学模式进行创新,从而激发学生的学习兴趣,这是进行武术教学的关键。通过游戏进行教学是学习武术的重要途径,在武术的教学中增加学生之间的互动,而不是传统地进行武术套路的练习。

武术要走出国门,要得到更好地传播,就需要更好地与体育的价值功能相结合,这不仅需要很强的个人能力,还需要有团队协作的意识。在国家层面而言,武术的对外传播绝对不是单一文化的对外传播,多功能的传播是武术推广的重要方式。英国作为教育高度发达的国家,对教育资源的选择会慎之又慎。武术的推广如不能根据当地的发展情况进行适时创新,就会很难融入英国的学校中去。同时,要解决好武术的师资问题。在国外传播武术的教师不仅需要有国内武术老师那样熟练的基本技能,还需要有基本的外语沟通能力,了解不同国家之间的文化差异,只有解决好这些矛盾,武术才能在世界范围内传播推广。

（四）社区推广

要想推广武术的大众健身功能,就必须将武术推向社区。英国作为世界上第一个工业化国家,人口老龄化程度较高。如何解决老龄化所带来的各种社会问题,需要英国政府制定相应的政策和法规。而长期练习武术能够起到延年益寿的效果,提高老年人的生活质量,增强自身的幸福感。随着中国经济的发展,中英两国之间的关系出现了新的变化。武术在国内造福于中国百姓,"走出国门,走向世界"也能造福于世界百姓。武术中健康、和谐的理念有助于构建人类命运共同体这一目标的实现,实现这个目标的关键是要提高各国人民的身体健康水平,提升他们的生活幸福感,每个国家的人民都有最基本的追求身体健康的权利,和谐的人居生活也必须有一个和谐的国家作为依靠,这也与武术中的和谐思想相契合。英国作为传统的经济强国,在基础设施和体系方面都比较完善,如拥有完善的社区基础设施、完善的人民养老保障体系等,武术走进英国社区能够为老年人的健身活动注入一些新鲜的血液。健康的身体是每个个体追求的基本目标,而老年人的身体健康毫无疑问也是与国家发展密切相关的问题。通过练习武术不仅能使自己身体健康,而且练习一段时间之后会养成一种积极的健身态度,这种态度能够带动身边的人进行学习,同时也能积极推动武术在英国社区的传播和发展。不仅如此,发达国家社会福利比较完善,国家养老支出较大,部分中老年人通过学习中国武术,在锻炼身体的同时,减少国家经济负担,还可以教授别人。这样不仅有更多的老年人能够方便快捷地学习到中国武术,同时也能带动地区经济的发展,增加就业人数。在中英武术的交流学习中,也能拉近两国人民之间的距离,促进国家之间的友好关系。武术的传播不仅有利于武术自身的发展,而且使中国与英国人民之间的关系变得更加密切,也能得到更多国家的认可。

(五)武术俱乐部推广

俱乐部是进行社会、文化、艺术、娱乐等活动的团体和场所。武术俱乐部能够聚集部分武术爱好者进行专门的武术学习。俱乐部具有强大的社交功能,能够促进武术更好地传播。俱乐部能够聘请专门的武术老师进行教学,学员可以系统地学习到不同类型的拳种。俱乐部的消费者主要是中年群体,通过练习武术可以实现强健身体、陶冶情操、提高审美能力的作用。俱乐部的发展会影响到国民经济的增长,英国武术产业的发展能够带动英国经济的发展。武术产业作为第三产业,具有环保、无污染的特点,与当下人们所追求的人与环境和谐相处的发展理念相吻合。武术走进英国俱乐部,需要进行一定的创新,不同的环境会影响人们对于武术的价值功能的选择,不同的场所所需要的武术的价值功能也是不同的。学校选择武术是为了武术在学生与老师身上产生的教育价值,社区选择武术主要是看重武术对于社区中老年人群的健身、养生价值,俱乐部选择武术更多地也是从其健身价值考虑。另外,在紧张快速的生活节奏下,练习武术能够起到一定的缓解作用,健体修心,在武术学习与交流中能够扩大人与人之间的交往、增进人们的友谊。武术在英国的传播既能增进中英两国人民之间的友谊,又能增进英国本国人民之间的交流,丰富各自的精神文化生活。武术的发展需要在各个组织中进行传播,俱乐部作为时代发展的产物,具有鲜明的时代性与功能选择性,而武术的发展也需要与时俱进,需要紧跟时代发展的步伐。英国作为一个既注重传统文化又热爱时尚的国家,中国武术的发展历程是符合其思想文化理念的。中国和英国作为东西方文化的代表,在对文化的保护与传播方面具有一定的相似性,这也为武术走进英国提供了良好的基础环境。

（六）其他机构的推广

武术在英国的发展除了需要在学校、社区、俱乐部等机构推广之外,其他相关机构的推广也不能忽视,这能为武术的传播提供新的活力。当今社会,人们的生活节奏较快,武术的发展也应该适应这样的节奏。因此,武术也应走进企事业单位,为武术传播发展拓宽新领域,因为武术有利于缓解现代都市上班族的工作压力。武术的练习具有广泛性,它不受时间、场地条件的限制,有利于练习者学习。短小精悍的武术套路尤其有利于推广,但这给武术工作者提出了创新武术的要求。武术除了可以向企事业单位推广之外,也能够在养老院进行推广。英国社会经济发展趋于饱和,社会养老压力也随之不断增加,在养老院进行武术的推广不仅能够提高老年人的身体健康水平,而且通过武术的练习,老年人的生活状态也可以得到改善,老年人之间的沟通与交流也会得到加强,丰富了他们的日常生活的同时,也让老年人享受更有尊严的生活。武术除了可以在这些机构进行推广之外,在一些医疗机构也可进行推广。不仅中国武术走出了国门,中国的另一瑰宝——中医,也逐渐在国际上得到其他国家的认可。武术与中医也有着密切的联系,武术中讲究天人合一,中医则推崇整体施治,以养为治,维持身体平衡。所以武术在中医馆中进行推广不仅能够带动武术的发展,同时中医文化也能得到较好传播,因为文化是相通的。中国武术的发展是全面的发展,需要广泛地传播。武术在不同的机构传播需要"对症下药",找准矛盾的主要方面,从而进行武术的创新,将来还会有更多的中国文化走向世界,武术的发展不能只追求其单一的发展,而是多元化的发展,这是武术发展一直追求的目标。

找准武术传播与其他机构的契合点,加强武术与其他机构的交流,为武术的发展拓宽道路,为武术的国际化传播注入新的动力,提高武术的传播广度。

第四节　中国武术在欧洲传播的策略

一、中国武术在欧洲传播途径选择

中国武术拥有悠久的历史,其文化更是源远流长。武术的传播决定了武术的发展,武术的传播历史见证了中国武术的发展历程。可以说,一部武术发展史,就是一部武术传播史。[①]随着中国国际影响力的增强,武术走出国门,更应加快步伐,借助传播走向世界各地。[②]武术传播不仅是技术的传播,也是文化的传播;既有有形的传播,也有无形的传播;有武术竞技传播,也有武术商业传播。武术传播离不开传播媒介,不同传播途径的选择也会出现不一样的效果。

（一）武术的语言传播

武术是一项身体运动,但是离不开传播者的言传身教。语言的价值就在于它的沟通性,语言的交流也是我们日常生活中最方便、最直接的沟通方式。武术传播者运用生动的语言进行武术传播,这种方法能够让学生用最短的时间对武术形成一定的认知和了解。无论是在国内还是在国外,语言传播都是武术传播者在传播武术过程中最喜欢也是最必不可少的传播途径之一。而武术要走向国际化,完全依靠汉语言传播是远远不够的。武术传播者们还需要掌握两门或多门语言,这样在实际的教学过程会更加方便,避免了因语言不通而影响上课效果等问题的产生。英语是全世界使用最广泛的语言,在欧洲各国也是如此。如果武术传播者能够掌握并运用这门语言,将会大大提高上课效率,如果能够掌握当地的母语,那就更利于武术的传播。因此,中国武术要想更快地在世界各地传播,必须加强武术传播者对其他语言的学习。

（二）武术的文字传播

文字是人类文明史上最重要的发明之一。文字的发明解决了语言交流

---

① 张长念:《武术国际传播人才素质需求研究》,苏州大学博士学位论文,2015 年。

② 郭玉成:《中国武术传播论》,复旦大学出版社 2008 年版,第 35—36 页。

沟通方面存在的问题,在一定程度上克服了在时间和空间上的局限性,使一发即逝的语言可以"传于异地,留于异时"①。有了文字的出现,相隔千山万水的人也可以通过阅读文字著成的文本进行相互交流。文字的传播多以印刷品的形式存在,其中包括著作、期刊、杂志等。文字也是推动武术传播的重要途径之一。武术家们在长期的习练过程中对武术的认知加以总结和提炼,然后编撰成书,这样武术爱好者们就能通过阅读来学习武术。

文字不仅解决了时间和空间上的局限性,而且它还能更好地记录人类的文化活动。在没有文字以前,人类主要通过传说和史诗进行文化活动,文字出现以后,我们就有了各种不同的方法对人类的历史文化活动进行考证。文字承载着文化传播功能,在新的历史时期,文字依旧发挥着重要的作用。当今社会,期刊和杂志是众多传播媒介中不可缺少的媒介。根据统计数据可知,全世界每年会有几百万篇科技论文发表出来,其中发表在杂志和期刊上的研究成果占了 3/4。随着期刊和杂志的发展,不同的国家、不同的语言之间越来越多地将期刊和杂志作为学术交流和沟通的媒介。期刊和杂志更新的速度较快,所以在众多媒介中受到读者的喜爱。武术传播者可以将最新的武术发展方向、武术推广传播、武术文化传承等学术研究成果发表在期刊或杂志上,便于更多的武术爱好者通过阅读期刊和杂志了解武术的发展情况。②

我国为了推动武术的传播与发展作出了很大的努力,创办了不少武术期刊。其中包括《中华武术》《搏击》《全球功夫》等很多著名期刊。武术期刊的创办是武术发展的风向标,武术最新的传播与发展情况会通过武术期刊体现出来。因此,文字传播也是中国武术在英国传播必不可少的途径之一。

(三) 武术的网络传播

武术传播是指武术技术及与武术有关的文化,在一定的社会环境下,采取一定的手段,在人与人之间纵向和横向流动的过程。③中国武术在很多人眼中非常神奇,武术的内容丰富多彩,武术的表现形式各异,武术的思想充满哲学意味,这些都是武术传播的有利因素。

当今时代是一个信息大爆炸的时代,每天会有无数的信息冲击着我们

① 张玲:《文字的魅力——浅析文字在平面设计中的作用》,《内蒙古科技与经济》2019 年第 19 期。

② 杨树叶、李连生、田爱华:《浅析当今武术传播的类型及途径》,《搏击(武术科学)》2012 年第 7 期。

③ 郭玉成:《武术传播引论》,北京体育大学出版社 2006 年版,第 45—46 页。

的视野。网络传媒遍及世界的各个角落,成为我们获取信息必不可少的渠道。作为中华优秀传统文化之一的中国武术,如何通过网络来实现自身的传播?网络传播的途径包括网络出版、手机出版、社交网络、微博、APP 应用等。因此,我们需要建立自己的中国武术网站,推动武术在国外的传播,让世界各地的武术爱好者能够在足不出户的情况下就能学习中国武术,在快节奏的今天方便了人们的生活。通过网络观看武术视频,能更加直观地帮助武术爱好者学习中国武术,节约学习成本,提高他们学习武术的兴趣。

武术要想更好地走向英国、走向欧洲,网络传播是一个重要途径。武术爱好者们只要在相关网站上输入"中国武术"等文字,就能看到成百上千的有关武术的视频。有了网络传播这个媒介,在没有教师授课的情况下,武术爱好者们也可以跟着视频进行学习,在学习过程中产生疑问或者是没有学会的地方也可以通过反复观看视频解决。通过这种途径能够更加便利地学习中国武术,加深他们对武术的热爱之情。网络传播是最直接、最方便的传播媒介,武术传播者如果利用好这个传播媒介,更好地展现自我,使大众认识、了解武术并参与进来,促进自身的发展,也将会极大地推动中国武术的国际化传播。

从传播学角度来讲,武术传播不仅是要将武术动作、技巧传播出去,更重要的是要将蕴含在武术里的中华优秀传统文化传播到世界各国,服务于全人类。这也是中国武术传播的要旨,也是中国武术传播的目的所在。

二、中国武术在欧洲传播路径的层次分析

亚洲与欧洲同属于亚欧大陆,在文化上具有一定的历史渊源。中国武术作为中国传统文化的重要组成部分,承载着中华民族传统文化的精华,同时也是人类文明中不可或缺的一部分。民族的也是世界的,中国武术只有走出国门,才能得到更为长远的发展。著名社会学家费孝通先生在一次演讲中说道:"各美其美,美人之美,美美与共,天下大同。"其中最后两句话重点强调了尊重文化多样性才能实现世界文化的繁荣,这是现实世界的必然要求。中国武术来源于中国,却也属于世界。武术只有通过传播才能得到不断的发展,只有在传播中才能够进行不断的创新。中国武术的欧洲传播责任重大,意义深远。对欧传播首先要做好国内武术的传承工作;其次要做好长期计划,要认识到武术入欧并得到传播不是短时间内就能完成,它需要一个过程,需要国家政府、社会民间组织及个人共同努力,通力合作,才能完成。

（一）国家层面

1. 加强对传统武术文化的保护工作

21世纪，中国迎来了最好的发展机遇，武术也是如此。中国经济在近些年得到了快速发展，国家的整体实力得到了显著提高。经济的发展必将带动其他方面的繁荣。在近代历史上，中国文化曾饱受摧残，民族危机不断加剧，部分文化遗产遭到严重破坏。新中国成立以来，我国取得一系列伟大成就，文化在国家建设中发挥着重要作用，所以我们要重视对文化的保护。武术文化凝结着中国劳动人民的智慧结晶，在历史长河中已深入人心，成为一种宝贵的文化资源，应当好好地保护和传承。传承是发展的前提，保护工作尤为重要。对武术文化的保护包含多个方面，其中包括器物层面、制度层面、精神层面等。国家加强对武术实物的保护，有利于最大限度地还原武术的历史发展轨迹，包括对各门派武术典籍的保护、对武术传承人的保护，以及对一些武术历史人文景观的保护，有了丰富厚重的历史文化实物，武术传播工作才能生生不息。对武术制度的保护包括武术礼仪规范、武德内容、武术组织方式等，对这些内容的保护有利于把武术与其他外国武技区别开来，显现出中国武术特有的魅力。对武术精神层面的挖掘与保护则是历史使命，有责任和义务发扬武术文化，因为它与民族性格、民族心理、民族感情相融合，彰显中华民族特性。国家加强对传统武术文化的保护，一方面丰富了武术在新的历史时期的发展内涵，另一方面也为武术走向欧洲提供了更多可能。武术的保护工作永远都是"进行时"，对武术保护工作的重点会随着时代的发展而变化，但无论怎样，武术保护工作刻不容缓。

2. 竞技武术与传统武术协同发展

20世纪50年代以后，受西方竞技体育的影响，竞技武术出现在大众的视野，经过几十年的发展，竞技武术已经形成了一个完整的体系。竞技武术是时代发展的产物，只有通过对武术进行创新，武术在发展过程中才会有更强的生命力。竞技武术的发展推动了武术走出国门，走向世界。一些武打影视作品中人物的翻腾、跳跃、回环等动作，都是竞技武术动作的生动体现，而正在这些影视作品和武术明星的影响和共同推动下，武术的国际化传播被极大地促进。竞技武术经过半个多世纪的发展，它的功能和价值也变得越来越明显，在全民健身的时代背景下，竞技武术的发展使越来越多的人熟知武术，并参与到武术活动中。练习者通过练习武术强身健体，提高身体素质，并培养意志品质，武术的价值越发凸显。竞技武术的特点在于它具有很强的观赏性，也正是因为这个特点，武术也吸引了越来越多的国际友人，中国武术显然已成为中国外交的一张名片。武术在世界各地的传播,在一定程度上推动了国外武术爱好者们之间的交流,促进了世界各国人民的友好往来,在中国乃至世界上发挥着越来越重要的作用。与此同时,传统武术也应引起我们的重视。在新的历史时期我们要赋予它新的使命,传统武术是竞技武术的根,只有立足传统,守住根,才能推陈出新,创新出符合时代发展要求的武术,这才是竞技武术与传统武术的共同追求。欧洲是一个注重保护传统文化、热爱古典艺术的大洲,在其许多建筑景观、艺术作品上能体现出来。欧洲同时又是一个热爱时尚、追求现代化的大洲。这两方面正契合了中国武术的发展要求,也是武术在欧洲传播需要抓住的关键点。

3. 在外交活动中传播中华武术

经济全球化的发展,使各国之间的联系越来越密切,这种密切不仅仅体现在经济领域,在其他各个领域的合作也越来越频繁。如今,我们生活在一个信息开放、知识共享的时代,文化的交流与传播也更加便捷。随着改革开放的不断深入,我国的综合国力得到显著的提高,中国在国际的话语权也得到不断提升,出席外交活动也变得越来越频繁。中国也一直致力于负责任大国形象的建设,这符合武术中的"和合思想"。中国在国际上扮演的角色越来越重要,在与欧洲国家建立外交关系的同时,也在不断致力于传播中国武术文化,让武术成为连接中欧之间的文化桥梁。在中国历史上曾把体育作为一种外交手段应用于大国外交,如著名的"乒乓外交",通过小球转动大球,推动了中美两国的关系走向正常化,加快了新中国走向世界的步伐。通过这个鲜活的例子可以看出,中国武术完全有能力成为促进中国与欧洲各国之间交流沟通的桥梁。从武术的国际化传播中可以看到,中国与欧洲国家的交往过程中,武术起到了至关重要的作用。洲际武术赛事的举办、武术锦标赛的举行、中国文化年的交流活动等的成功举办,加快了武术走向欧洲的脚步,同时也推动了武术的国际化传播。在国家的对外交流活动中,中国要努力为武术的传播创造良好的环境,这不仅需要中国不断提高综合国力,提升自身的国际形象,同时也需要从武术自身入手,思考如何才能更好地传播自己,让更多的国家接受自己,这是武术需要不断努力解决的问题,也是中国文化需要不断思考的问题。

4. 提炼出利于传播的武术套路

中国武术门派众多,武术的套路复杂而且形式多样,对于没有武术基础的人来说,学习难度比较大,更何况要让文化背景与中国差异显著的欧洲人来学习,难度可想而知。武术套路是每个武术门派拳种的精华所在,各派武术套路从创编发展至今,历经了时间与空间的多重考验,而且在不同的传承人手中得到了不同程度的创新和发展。武术套路作为一种武术演练形式存在,它的价值不言而喻,人们可以通过练习武术套路来达到强身健体的功效,同时武术套路也是武术对外传播的重点。在日常的武术教学中,除了需要进行武术基本功练习之外,最主要的还是武术套路的学习。例如人们比较熟知的五步拳,基本上在武术入门时,武术老师都会首先选择五步拳进行教授,五步拳涵盖了武术中的 3 种手型和 5 种步型,这些手型和步型贯穿了武术教学、学习的始终,初学者学习起来也相对容易一些。所以武术在欧洲传播的过程中,一定要创编出简单易学的武术套路,并结合欧洲人民的身体情况、思维习惯、生活方式等相关因素,认真考量其地域文化特色,了解和把握传入地的风土人情,为武术套路创造好的传播环境。对武术套路的提炼,也是迎合时代发展要求的创新。随着社会生活节奏的加快,武术的对外传播也要紧跟时代发展的步伐。短小精简的武术套路,一方面能够节省武术学习者的时间,另一方面能够激发其学习兴趣,不会使其在较长的武术套路学习中因为繁杂而过早地失去学习的信心和耐心,因为持续保持兴趣是学好任何项目的关键。让欧洲民众积极主动地学习武术是武术发展传播的重要目的,被动接受不仅不利于武术的传播,还可能会使其对武术产生厌恶心理。武术是中国的国粹,提炼武术套路精髓,有利于武术在欧洲的传播。

5. 加强对高校的武术传播

高校是培养人才的重要阵地,寄托着民族发展的希望。随着我国经济的发展,人民生活水平的提高,越来越多的学生选择走出国门,去西方国家留学深造,而欧洲的一些学校往往是他们重点考虑的对象。与此同时,中国高校也有大批留学生加入,而且数量在逐年增加,其中不乏欧洲国家的留学生。这些留学生是中外文化交流的使者,为中外文化交流搭建了友谊的桥梁。外国留学生中的许多人对中国武术感兴趣,中国学校为他们开设了具有特色的武术课,不仅传播了中国武术,同时也推动了两国文化的交流。高校是武术人才的聚集地,也是武术相关理论研究的主阵地。加强武术在高校的传播,一方面要推动武术理论的研究工作,另一方面要做好武术的对外传播工作。不同的高校每年会有各自的学术交流活动,而武术作为我国的民族传统体育项目,在其中扮演着重要角色。在一些文化交流的板块中,中国武术永远不会缺席。武术在留学生和外国学者群体中备受关注,这是武术对外传播的价值体现,也是武术在高校中推广的动力所在。随着中国与欧洲各国文化交流的不断深入,将会有越来越多的留学生成为武术传播的文化使者,需要我们进一步优化高校武术教学环境,推动传统武术教学模式的改革,努力培养武术高素质人才,增加传统文化的学术交流活动,为外国武术爱好者提供良好的武术交流平台等,从而助力于中国武术在欧洲的传播。

（二）社会层面

1. 规范与保护武术组织

社会武术群众是一个庞大的组织,其中包括武术工作从业人员、武术公益事业人员。正是他们的辛勤劳动与不断付出,武术在社会中的人口数量才会不断壮大,他们为武术的发展贡献着自己的力量。武术组织的遍地开花是武术发展的良好迹象,但是武术的发展如果没有形成规范和约束,以谋取利益为目的,则不仅不利于推动武术的发展,反而还会破坏武术的发展环境。近些年来,武术的功能价值更多地转向健身养生,在这个转换过程中,有些人却紧盯武术的技击性不放,盲目夸大,对武术的价值没有进行正确的引导,最终带来的后果就是人们对武术的不信任。为了武术更好地发展,要严厉打击编造虚假武术的组织与个人,加强武术市场的规范性。避免某些人员在国外会通过武术利用不正当手段谋取利益,影响武术的国际化传播,进而影响中国的国家形象,因此规范武术组织刻不容缓。但保护武术组织的任务也十分重大。武术对人们的影响已经深入各个年龄段,那些积极传播武术的人群应该得到社会的保护。武术走向欧洲民间也是一样,首先要重视武术在欧洲的群众基础。随着中欧贸易往来的频繁,武术组织也能积极地进行武术技术与文化的交流,增进中欧之间的文化互信,通过地区赛事、武术景点的观光旅游等,来推动武术在欧洲的发展。人民群众是社会变革的主体,是历史发展的决定性力量。应该重视民间武术组织的发展,去除不利因素,协调有利因素,为民间武术组织的发展提供良好的环境,进而为武术在欧洲的传播奠定基础。

2. 推动武术俱乐部的发展

这里的武术俱乐部,有别于国内传统的俱乐部。武术俱乐部应是对外的,在武术的教学环节中,提倡进行双语教学,积极推动中欧武术之间的武术文化交流。武术夏令营活动也应该拓展到欧洲,建立中欧武术俱乐部组织联盟,为武术的入欧发展提供保障。现代化的武术俱乐部,更加注重对武术人才综合素质的培养,既要学习本国文化,又要学习他国文化,不仅要学习好武术,同时也要为武术的传播作出贡献。随着武术市场化的进一步深入,武术俱乐部的发展定位也逐渐趋向于国际化发展,中国武术俱乐部要积极为武术传播培养后备人才。另外,中国武术俱乐部在国内发展的同时也要推进欧洲国家武术俱乐部的发展,使这些俱乐部的武术学习者不仅能够学习武术技能,还能学习中国优秀文化。在俱乐部的发展过程中,中国与欧洲各国可以进行俱乐部之间的交流互动,相互学习彼此的经验,从而扩大武术在欧洲的发展规模,促进欧洲武术俱乐部的发展,促进武术人才的成长。武术人才的成长也能为中国与欧洲各国之间的文化交流提供力量支持。武术俱乐部是武术新时代背景下发展的产物,它不仅能够带动中欧的经济发展,还能够推动政治文化之间的交流,增进中欧之间的友谊。武术俱乐部的发展需要国家提供政策支持,规范武术消费市场,更需要每个武术爱好者的不懈努力。中欧武术的发展是一个需要长期努力的过程,中国武术在新的时代背景下进行国际化传播,需要依靠新形势下武术组织的推动,而武术俱乐部恰恰是促进武术国际化传播的重要社会组织。

3. 提高武术传播人员的综合素质

受传播者不同的风俗习惯、思维方式、文化观念、价值观的影响,武术在欧传播和在国内传播存在巨大差距,这些也是阻碍武术国际化传播的重要因素。因此,提高武术传播者的综合素质有利于加快武术在欧传播的步伐。随着国际化进程的不断加快,国与国之间的交流越来越频繁,涉及的范围越来越广。而武术作为一个"多功能产品",集健身、文化、教育、审美等功能于一体,多种多样的功能使武术传播者需要不断提高自身的综合素质才能承担国际传播的重任。国际传播面临的首要问题就是语言障碍,武术的教学不同于其他体育项目的教学,武术中一些专有术语的翻译目前相对困难,尤其是对不同文化背景下的外国武术学习者来说,要想真正理解武术中的文化内涵存在一定难度。不仅如此,武术的学习中会涉及"气""意念""心境",这些内容在教学过程中无法用语言直接系统地表现出来,所以武术在欧洲传播的过程中要首先解决好语言问题。欧洲是一个大洲,由 40 多个国家组成,各个国家间存在许多差异,尤其是不同的文化造就了不同行为习惯和思维方式。因此,武术在欧洲传播,需要深入了解所传入国家的文化背景,尊重他国文化多样性,了解武术在该国传播是否能够被本国人民所接受,这是武术文化传播的前提条件。因此,传播者不仅要有"武"的基础,而且还要有"文"的能力,在武术的入欧传播过程中要成为一个"文武双全"的人才。培养复合型人才已经是武术传播的最新发展趋势,只有这样,欧洲人民既能学习到武术的技击内容,又能学习到武术中的文化内涵。这是武术传播需要努力的方向,更是每一个武术传播者需要不断提升的目标。

4. 开发新的武术传播渠道

社会的进步,带来的是新事物取代旧事物的变革,武术的传统传播渠道已经不能满足武术在新的时代背景下的传播需要,开辟新的传播渠道,让武术能通过多种途径传播到欧洲变得十分迫切且必要。当今我们生活在一个科技发展日新月异的时代背景下,高效率是我们生活中的重要特点,武术的传播也不应只是简单的人与人之间的传播,应借助互联网这个媒介,才能够让武术更快地传播出去。随着社会的发展,武术的价值体系呈现出多元化的趋势,凸显出技击价值、文化价值和健身价值。①武术的多元化发展需求促进了传统传播途径的革新,武术借助新媒介传播到欧洲各国是武术传播的时代要求。不仅如此,武术还可借助电子产品进行传播。当今时代,智能手机已成为人们生活中不可或缺的物品,人们对手机的依赖程度越来越高,重要信息的获取也主要来自手机。武术要"鲜活"地传播,而智能手机可以方便、快捷地将武术技术、武术理论传播出去,扩大武术的影响范围。因此,我们要结合"互联网+",通过移动互联网、大数据、云计算等信息技术整合武术传播资源,开发武术相关的 APP、公众号等,实现传播方式多样化,使用户有更好的体验感,使武术传播更具人性化的特点,这样可以使武术的传播效率得到显著提高。还可以把虚拟现实技术运用到武术传播中去,让人们置身于武术情境中,增强人们对武术的参与感,提高武术对他们的吸引力,使他们能够和武术产生更好的互动。虚拟现实技术也可以运用到竞技武术的传播中,通过虚拟模拟来指导运动员进行训练,对技术动作进行评估,减少武术运动员在比赛中受伤的风险。网络是一把双刃剑,合理利用互联网传播武术可以使武术借助新技术快速传播和更新,不合理使用互联网反而有可能会使武术走入一种极端,从而阻碍其发展。作为中国传统体育项目的武术和网络科技有机结合,有利于加快推动武术在欧洲的国际化传播。

5. 加大对武术的推广力度

加大对武术的推广力度决不能仅仅局限于一句口号,而是要从国家、社会、个人层面去落实,制定针对性的措施,采取实际行动。武术的推广首先要在国内推广,从全国范围来看,武术拳种有很多,其中发展较好的只有太极拳、少林拳、咏春拳等少数几个拳种,大部分小拳种的发展仅仅局限在几个小县市的狭小地区,外界无法知晓,这些小拳种也几乎没有走出去的想

---

① 朱琳、王林:《基于"互联网+"的中国武术健康传播路径》,《长江师范学院学报》2017 年第 33 期。

法。武术内容丰富,目前拳种就有 129 个,但是许多优秀拳种仍不为人们所熟知,甚至出现了失传的尴尬局面,这不利于武术的国际化推广。传承武术是武术传播的前提,因此保护好现有的武术资源刻不容缓。近些年,随着"跆拳道热""空手道热"的兴起,武术被一些受众群体冷落,这不得不引发武术传播者深入思考。难道是跆拳道、空手道这些国外武技优于中国武术吗?其实不然,武术受冷落很大一部分原因是武术的推广工作做得不尽如人意。武术只是在"圈内"流行,但出了圈就不为人们所熟知,具体表现在对于武术基本内容的不了解、对外国武技的追捧等。这些现象都不利于武术的发展,更不利于武术走向欧洲,走向国际,所以加大对武术的推广尤为重要。武术推广需从基础入手,进一步推动武术进校园,不仅要推广武术技术动作,更要开设武术文化课程;不仅要在学校内传播,更要在社会、企业中传播,通过练习武术,强身健体,提升国民素养;不仅要在年轻人中间推广,也要在老年人中推广,让每一位中国人都成为武术的有力推广者。武术要在欧洲传播得更好,首先要在国内传播好,对自己文化的坚定信任才是武术文化"走出去"的强大动力,武术的推广工作是一个长期的过程,作为国人的我们应做好打"持久战"的准备。

（三）个人层面

1. 身体力行,扩大武术朋友圈

现阶段中国在国际上的影响力越来越大,借助这一契机,相关部门领导应不断加快推进中国武术朋友圈的建设。如今中国与欧洲各国之间的外交活动不断增多,领导层借助此机会传播中国武术,对推动武术在欧传播具有重要意义。每一位国家领导人都是本国文化最好的代表者与传播者,国家政策的颁布对武术的发展起重要作用。而体育外交则是推动武术在欧传播的重要桥梁,体育外交能够使各国在不同的文化差异下建立相同的价值观,体育项目拥有广泛的群众基础也是其发展的重大动力。我们所熟知的"乒乓外交"和"篮球外交"就是典型的由中美双方运动员的交流促进了中美之间的体育官方外交,武术作为中国文化的典型代表,具有广泛的群众基础,武术影视剧的热播和功夫巨星的推动,使武术被世界各国人民所知晓。在 21 世纪经济飞速发展的今天,武术依旧能够迸发出新的生命力,但是需要有相关领导的推动。欧洲是西方体育的发源地,而武术在中国的起源已有上千年,悠久的体育文化是中国与欧洲各国之间的文化契合点,如果国家能够把握这一契机,武术的在欧传播将会"更上一层楼",这将推动中国与欧洲之间的文化交流,为其建立更加深厚的友谊。

2. 加强武德教育,提高国民素质

武德是指以武的行为特征、以仁义为准则的武术习练者的言行举止的操守和准则。①武德的内涵不是一成不变的,它会随时代的变化而不断丰富和深化。其实质和核心都表达了对习武者的一种内在约束机制,从内心约束习武者防止其违法乱纪,这是中国传统文化在武术上的具体体现。从武术的价值功能看,武术的教育价值至关重要,这也是武术能够与国民素质相关联的重要因素。任何一个国家的文化要得到世界各国的认可,与该国的国民整体素质有一定的关系,而国民素质的提高又与本国的文化教育密不可分。欧洲是工业革命的发源地,经济基础雄厚,教育发达,是各国留学生的首选留学地之一。武术要传播到欧洲,国民素质的提高十分重要。在市场经济高度发展的今天,人们不断地追求经济利益,从而忽视了对传统文化的学习。在武术学习中,武术中的武德教育常常被忽视。而我们所熟知的韩国跆拳道和日本空手道,在他们的教学环节中文化礼仪占很大比重,并且在服饰上也能得到体现。因此跆拳道和空手道受到不少人的追捧,在世界范围内广泛传播。武术没有跆拳道、空手道好吗? 大概不是,更多还是缺乏武术礼仪、武德教育,武术的发展应与武术文化教育协调发展,"一只脚"是很难立足的,不利于武术的传播。随着社会的进步,各国文化要想"走出去",国民素质的提高尤为重要。中国武术的传播不仅只是武术技术内容的传播,更应是武术礼仪与武德教育的传播,这样中国武术才能屹立于世界文化之林。

3. 传承武术信仰,弘扬民族精神

信仰是指对某种思想或宗教或对某人某物的信奉和敬仰,并把它奉为自己的行为准则。传统武术信仰指的是人们在传统武术领域所形成的一种指向未来的自我意识,它形成于武术之中,但又反过来对人生有一种解释、指导作用。②文化的传承需要有民族凝聚力,中国武术如果在本土国家都不能得到很好的传承,又哪来的勇气让它传播到世界各地呢?"他国的月亮更圆"的崇洋媚外的行为屡见不鲜,如崇拜国外流行文化,盲目追随他国风俗习惯,而对本国文化不予理睬、不予重视等。中国的传统武术文化鲜有人去继承,武术信仰有所缺失,中国年轻一代不去继承和发扬中国武术,还能指望谁去传播中国武术呢?"少年强,则国强""数风流人物,还看今朝",国家

---

① 耿海潮:《社会主义核心价值观下的武德内涵与认同》,《武术研究》2021 年第 6 期。
② 马伯韬:《传统武术信仰研究》,《体育研究与教育》2014 年第 29 期。

的发展,文化的传承,永远是属于年轻一代的。加强青年一代的文化教育十分关键,而武术文化是中华文化的重要组成部分,它凝聚着中华人民的智慧,承载着继承和弘扬民族精神的重任。国家要加强对青少年的爱国主义教育,加强对武术文化的学习,传承武术信仰。自信于自己的文化,坚守住自己的文化,是文化传承最好的体现。

综上,中国武术是中国的"国宝""国粹",它的发展绵延数千年。在新的时代,武术依然是中国文化中最为灿烂的一支,它已不仅仅是技击的代表,更是中国文化的代表,是国际竞争力的重要体现。武术"走出去"是时代的召唤,是自身发展的需要,也是文化强国战略的体现,是中国建立大国形象的一个重要途径。随着新中国的成立,改革开放的稳步推进,进入新世纪以来,中国的发展脚步在不断加快。文化复兴与中国梦的实现是这个时代赋予我们的使命,中国文化走向世界舞台更是文化复兴给予我们的良好契机。

武术的入欧传播,主要是要解决好三个环节的问题,可以概括为:传入地、传出地和中间渠道。如果能做好这三个环节的各项工作,武术的入欧传播将会取得巨大成功。武术的国际化传播的原因主要是武术自身的发展需要和文化强国战略的形势要求。中国与欧洲各国具有不同的历史文化背景和社会环境,这是武术在欧传播面临的主要障碍。通过研究发现,欧洲人民了解中国武术的主要途径是:武打电影、网络书籍、教师传授。传统的传播途径已不能满足当代武术传播的需要,开拓新的途径是我们需要努力的方向。新的时代背景下借助科技的力量传播武术能达到事半功倍的效果。中国经济的发展、国际地位的提高,是中国武术能够"走出去"的重要原因,"一带一路"的建设为中欧文化交流搭建了平台,孔子学院的建设为中国文化走向欧洲提供了实地窗口,中国的和平外交为中国树立了友好大国形象,中国武术要把握契机,利用好这些跳板,使自己更好更快地走向欧洲。武术的内容庞杂,门派众多,武术在欧洲的传播模式一定是不同于在本国传播的,在传播过程中进行创新则显得尤为重要,要把握中国武术传播过程中对传播有利的内容,传统的练习模式和教学模式已不太适合现代人的生活节奏,应当创新出短小精悍、易于学习和传播的武术新套路。影视作品中流行的拳种,如咏春拳、少林拳、大成拳等,这些拳种发展基础较好,在欧洲拥有广阔的发展前景,受群众喜爱的程度较高,因此武术的入欧传播可以以这些拳种为切入口。武术走向欧洲一定要能够使欧洲人民最大程度受益,武术在欧传播能够带动欧洲经济的发展,经济的快速发展也能促进政治的稳定,从而带动科技的创新和教育的发展,最后促进人类文化的大发展、大繁荣。武术的传播不是盲目的、无目的的传播,武术的传播要有一定的针对性,要学会根据不同的环境、不同的受众人群作出恰当的改变。欧洲的国家众多,因此会产生不同的文化背景,这就需要传播者尊重不同国家的文化,尽量减少产生冲突的可能。同一个国家的不同人群对武术的理解和需求亦不相同,但他们会各取所需,所以要分层讨论。同时武术的传播要遍地开花,传播地点要多样化,在学校传播、俱乐部传播、社区传播、医疗卫生机构传播,在多个领域实现武术的全面发展。

针对以上出现的问题或是在传播过程中将要面对的问题,本章提出以下解决策略:(1)加强对传统武术文化的保护和传承工作,使武术在国内也能够得到更好的发展,只有发展好自己才能满足他人;(2)充分了解欧洲武术文化,尊重文化差异性,知己知彼才能得到发展;(3)竞技武术与传统武术共同发展,二者不可出现偏倚,竞技武术展示其观赏性,传统武术使大众受益;(4)在与欧洲的外交活动中传播中华武术,建立起负责任的大国形象;(5)推动欧洲武术俱乐部的发展,实现武术现代化;(6)开发新的武术传播渠道,让武术传播畅通无阻;(7)重视留学生的价值,使其成为中欧武术文化交流使者;(8)加强本国武德教育,提高国民素质,为武术在欧传播树立国家形象;(9)传承武术信仰,弘扬民族精神,与欧洲各国共同传承人类优秀文化。

"实践是检验真理的唯一标准",中国武术在欧传播不可能一蹴而就、一帆风顺,只有在实践过程中才能发现问题、解决问题。中国武术的传播需要天时、地利、人和,而这个时代则是最佳的传播时机,文化"走出去"是每位国人的夙愿,是中国不断建设自己的动力。在这个过程中,我们要充分尊重世界文化的多样性,实现中国文化的伟大复兴,实现我国从体育大国到体育强国的转变,让中国武术文化屹立于世界文化之林。

第四章　中国武术在非洲传播的问题分析与策略研究

中国与非洲虽相距甚远,但是千山万水都无法阻挡中非友好往来的情谊。中国与非洲可谓是"革命"友谊深厚,在非洲人民争取民族独立的斗争中,中国始终站在非洲人民一边,支持非洲人民争取民族独立的斗争。早在1971年,在第26届联合国大会上,非洲国家在支持"中华人民共和国在联合国组织的合法权利"的议案中投了多数票。在中国加入世界贸易组织、申办奥运会及世博会等一系列重大国际问题上,非洲无一例外地鼎力支持中国。

早在20世纪60年代,周恩来总理就三次访问非洲,提出了中国同非洲国家发展关系的五项原则和对外经济技术援助的八项原则,为中非关系的进一步发展奠定了坚实的基础。自1955年中非领导人首次握手以来,已经过去66年,从埃及成为第一个同中国建交的非洲国家以来,迄今为止,除却斯威士兰以外,其他非洲国家已经全部与中国建立友好往来的关系。

在中国对非洲的援建当中,我们最熟悉的是1 860.5公里的坦赞铁路,这是连接东部和南非的突破性干线。这是中国迄今最大的成套援助计划之一。它成为坦赞两国的主要交通干线,坦赞铁路是坦赞人民走向自由的必由之路,因此,坦赞铁路也被坦赞人民称为"自由之路"。提到铁路,就不得不提到另外一条路——"丝绸之路",它是古代连接中西方的主要商道,是"一带一路"倡议提出的源泉,"一带一路"是习近平主席2013年提出的共建"新丝绸之路经济带"和"21世纪海上丝绸之路"的合作倡议。非洲在"一带一路"的倡议下不仅将会得到经济上的帮助,而且也会受到中华优秀传统文化的影响。"非洲,特别是东部和南部非洲国家是海上丝绸之路的历史和自然延伸。中国明代著名航海家郑和率船队曾七次下西洋,促进了中非之间的文化交流、经济发展与友好合作。可以说非洲是'一带一路'倡议得以平稳发展的重要国度,也是中国向西推进'一带一路'建设的重要方向和落脚点。"①正是在中国与非洲国家的相互帮助、相互支持下,才有了今天的中非友谊,人民之间普遍存在着强烈的好感和认同感。相信在这一系列的发展机遇下,中国与非洲可以在合作战略的"康庄大道"上共谋发展,建立更加深厚的友谊。

近几年国际上关于"中国威胁论"的言论层出不穷,对我国的国家形象产生了巨大的负面影响,这与我国倡导的"建设持久和平、共同繁荣的和谐世界"的理念背道而驰。中国武术作为中华传统文化的重要组成部分,同样肩负着塑造国家形象的历史使命,而武术的国际化传播便是宣传国家形象的重要途径之一。

因此,在武术的国际化传播中应以展现中国国家形象为逻辑前提,"国家形象,是国家文化软实力的重要标志。也是一个国家文化对外输出的关键因素。良好的国家形象应该是集结了各个国家的文化传统、创新力、核心价值观、道德水平等因子。因此中国的文化软实力是以优秀的传统文化为根基的,并以社会主义核心价值观为指导。对于实现健康中国、体育强国以及中华民族伟大复兴,都有着十分重要的意义"②。那么,如何塑造一个良好的国家形象呢? 有研究者指出,一个国家的国民素质的高低直接决定一个国家的国民形象,这是毋庸置疑的。因此,"国民形象是映照国家形象的一面镜子"③。中国武术受到中国传统文化的滋养,有着严格的武术礼仪及道德约束,具有强烈的教化作用,例如武术中最基本的礼仪:抱拳礼,左掌右拳(左手四指并拢伸直成掌,大拇指弯曲内扣;右手五指屈拢握紧成拳)的行礼方法,寓意习武之人"勇不滋事""武不犯禁""五湖四海皆兄弟"的文化内涵。"未曾学艺先学礼,未曾习武先习德",通过习练武术,可以提高国民素质,武术的国际化传播也应该以提高国家形象为传播前提。

如今,中华优秀传统文化依然是国际社会关注的焦点,优秀传统文化已经成为实现中华民族伟大复兴的内在动力,也是巩固与维持中国在国际地位的砝码与力量。因此,武术的国际化传播还应该以提高中国文化软实力,使中国文化"走出去"为目的。提升国家的文化软实力,让文化"走出去",让世界正确了解中国,能够重塑国家形象,推翻被西方国家所歪曲的"威胁"言

---

① 杨郁卉:《非洲是建设"一带一路"的重要方向和落脚点——访外交部非洲司司长林松添》,http://ex.cssn.cn/dzyx/dzyx_kygz/201608/t20160829_3179156.shtml,2016-08-29。

② 王晨:《抓住难得历史机遇塑造良好国家形象》,《人民日报》,2010年6月1日。

③ 郭玉成、刘韬光:《文化强国视域下武术国际传播方略》,《成都体育学院学报》2012年第38期。

论。中国武术"蕴含着中国传统文化的核心价值理念,体现着中华民族的精神面貌,也传播着中国的故事与声音,所以中国武术应该担当起弘扬民族精神、提升中华文化国际影响力的重任"①。综上所述,武术的国际化发展是时代赋予的责任,也是中国文化"走出去"的诉求。

中华人民共和国成立之初,中国领导人就高度重视中非关系。周恩来总理访问了许多非洲国家,中国政府对许多非洲国家的贸易、经济等多个方面更是进行了多次援助,中国与非洲多国之间的故事因此拉开了序幕。如今,"非洲发展迅速,发展潜力巨大,发展商机无限,中非之间交流频繁,中华文化受到非洲人们的青睐,中国也加大了对非洲的基础设施的建设和经济投入,特别是习近平主席在 2015 年南非约翰内斯堡中非峰会上宣布,未来10 年将对非洲大陆投资 500 亿美元,加强和支持非洲发展,中非之间的交流将会更加频繁与密切,许多非洲人民看到了同中国之间无限的合作商机,为了更好地同中国、同中国人做生意,许多非洲人民开始学习汉语和中国文化"②。因此,将博大精深的中国武术带至非洲这片土地上,并在此发扬光大,落地生根,不仅有利于增进中国与非洲之间的文化交流,而且能够促进中国与非洲各国之间的不断深入了解。

第一节　中国武术在非洲传播的现状

中国与非洲的文化交流见证了双方的友谊,2013 年以来,文化部在非洲开展了一系列援助活动。非洲年轻人来中国参加武术培训课程,不仅学习了武术技术和武术文化,还学习了武术教学方法和武术院校的管理模式,可以说"随着时间的推移,中非在贸易往来上日趋成熟,文化领域交往频繁,硕果累累,拉近了双方精神与心灵的距离"③。

一、孔子学院在非洲的开展情况

（一）孔子学院的发展现状

孔子学院是中国和世界各国为推广汉语和中国文化而联合举办的非营

---

① 孟涛、唐芒果:《文化符号与责任担当:中华武术国际传播的话语分析》,《上海体育学院学报》2014 年第 38 期。

② 王旭东:《非洲各国孔子学院武术课堂开展情况的调查与研究——基于拉斯韦尔 5W 模式》,上海师范大学硕士学位论文,2017 年。

③ 马逸珂:《文化援非:掷地有声　硕果累累》,《中国文化报》,2016 年 10 月 27 日。

利性教育机构。孔子学院在世界范围内有较高影响力,其发展能够增进世界各地人民对汉语的了解,促进我国与外国友好交流。中国已在 140 个国家和地区设立了 511 所孔子学院和 1 073 个中小学孔子课堂,注册学员已达到 21 万人,中外专兼职教师 4.6 万人,其中培养本地的武术教练 2 万多人(见表 4-1)。孔子学院不同于其他教育机构,最开始只是为了推广汉语,后来才慢慢地开始输送中国的文化,帮助国际友人更深入地了解中国。

表 4-1　孔子学院的国际影响力

成就	数量
孔子学院数量	511 所
孔子学堂数量	1 073 个
孔子学院分布国家(地区)	140 个
孔子学院注册学员	2 100 000 人
中外专兼职教师	46 000 人

"截至 2015 年 12 月 1 日,中国已经在非洲 32 国建立 46 所孔子学院,23 个孔子学堂"①,与西方国家的质疑态度相反,非洲孔子学院的开展相对而言更有活力,发展更快。然而,除了大洋洲的 18 所孔子学院外,非洲的孔子学院数量较欧洲、美洲、亚洲还存在着较大的差距(见表 4-2)。

表 4-2　五大洲的孔子学院分布情况

五大洲	孔子学院	孔子课堂
欧洲	169 所	257 个
美洲	157 所	544 个
亚洲	110 所	90 个
非洲	46 所	23 个
大洋洲	18 所	86 个

(二) 武术在孔子学院的开展情况

1. 武术是中国文化"走出去"的载体

"孔子学院已经为中国文化的世界传播搭建了平台。"②武术能够利用其生动的肢体语言和深厚的文化底蕴展示中国传统文化的魅力,是一种特殊的文化载体。借助孔子学院这一平台进行武术传播,对于两者来说均有

---

① 袁卿:《孔子学院在非洲尝试本土化:从陌生语种到备受欢迎》,《国际先驱导报》,http://ihl.cankaoxiaoxi.com/2016/1108/1405169.shtml,2016-11-08。

② 杨建营、邱丕相:《"国家需要"对武术发展的驱动力探析》,《体育学刊》2010 年第 17 期。

益处,武术能够拥有传播的平台,孔子学院也能通过武术教学更好地传播中国文化。中国武术"四海之内皆兄弟"的抱拳礼文化,以及"以和为贵""厚德载物"的精神内涵,能够促进中外文化的交融,推动世界的和平发展体系的建立。研究表明,"对肯尼亚的'三院一课堂'的500名学生进行课堂问卷调查,据统计95.5%的男生和76.9%的女生都愿意学习中国武术"①,而且在外国学生最喜欢的中国文化项目中,武术名列前茅。由此可见,非洲的学生是十分喜爱武术的,并且对武术充满了向往。

2. 武术在孔子学院开展过程中遇到的问题

有学者对非洲五国[博茨瓦纳、布隆迪、马达加斯加、刚果(布)、喀麦隆]孔子学院武术课堂的开设情况进行了分析,虽然这5个国家的孔子学院均有意愿开设武术课堂,而且也具有一定的可行性,但"只有博茨瓦纳大学的一所孔子学院开设有武术课堂"②,之所以没有开设武术课堂,主要原因有三,一是缺少专业的武术教师,二是缺少场地和器材,三是缺少系统的武术教材。三个"缺少"使孔子学院的武术课程开展情况不容乐观。

另外,武术的对外传播不是一厢情愿的事情,应该在对方认可并乐于接受之后才能展开教学,所以传播者在传播武术文化之前,首先要对被传播者有一定的了解,并根据当地学习者的情况选择合适的教学内容与教学方法,因材施教才能达到传播的目的。学习武术的过程也会由被动接受变成主动地学习,学习者只有主动而富有热情地接受与学习,才会真正喜欢上武术,武术才能发展得更好、传播得更快。

二、"精武体育会"和民间武术组织在非洲的传播情况

"精武体育会"的历史可以追溯到民国时期,是由霍元甲创办的。霍先生出自精武门,所以创办了"精武体育会"这一推广中国武术和弘扬武术精神的社团组织,"这个组织将所有关心中国武术和文化的人团结到社团周围,遵守霍元甲先生提出的'提倡武术,研究体育,铸造强毅之国民为主旨'的办会章程,继承和发扬中国武术的精神"③。2010年,在"精武体育会"成立100周年的时候,五大洲的接近40个国家的武术爱好者纷纷响应号召,

---

① 马玉龙:《肯尼亚孔子学院(课堂)开设武术课的可行性分析》,《赤峰学院学报(自然科学版)》2014年第30期。

② 王旭东:《对非洲五国孔子学院武术课堂开设情况的调查与研究》,《当代体育科技》2014年第4期。

③ 何迪:《中国武术文化在非洲传播模式的研究》,首都体育学院硕士学位论文,2014年。

前来赴约,以此来表达自己对"精武体育会"的敬畏之心。直到现在,在非洲当地生活的中国人,无论从事什么职业,有没有习练武术,只要向他们提到霍元甲,肯定是无人不知无人不晓。霍元甲所宣扬的"精武"精神也牵绊着中国人民致力于推广武术的赤子之心,架起了一座中国与非洲国家进行武术交流的桥梁。

开设武馆是传播武术比较常见的一种方式,因其审核过程较为简单,有不少的武术家在非洲开设了自己的武馆进行教学,但是中国武馆在非洲的开展情况并不乐观。一般来说,这些武馆都是私人开设的,没有国家及政府的资助,招收对象也以儿童为主,其次才是成年人。在非洲开设武道馆的武术家,虽然也是致力于中国文化的传播,但很多是以传承自己门派的文化为主,供奉的是自己门派的"祖师爷"。另外,这些民间武馆的规模一般都比较小,传授武艺的师傅只有三五个,开展的效果不是很理想。同时开设民间武馆也面临着传授武艺师傅的武术水平是否能够代表中国武术,以及其传播的武术文化是否为我国的优秀文化等问题。倘若开设武馆的门槛较低,很容易造成我国武术在非洲传播的良莠不齐,同时可能会对武术传播造成负面影响,对国家形象也会带来一定损害。尽管如此,"对于中国武术的国际化传播,民间武术组织和一些传统武术的习练者,对中国武术在非洲的传播与发展也起到了关键的作用,贡献也是相当突出的"[①]。诸如咏春拳以及蔡李佛拳等传统拳法,从技术、文化、精神层面都吸引了国外大批的爱好者,推动了武术的国际化传播,为中国武术文化在非洲的传播与发展贡献了自己的一份力量。

三、武术爱好者在非洲进行武术传播的现状分析

武术的传播需要有威信的人士带动,例如,孙程以塔马塔夫孔子学院为例,研究孔子学院在中国武术国际化中的作用时,指出了一个在武术的对非传播中作出了巨大贡献的人——高洪刚先生。事情始自 1992 年,这一年"高洪刚来到了马达加斯加,在马国购买木板的一天遇到了 4 个马国土匪,他用自己的扎实的中国武术徒手将土匪一一制服,一时之间'师傅高'成了他的代名词,而中国武术也因'师傅高'在当时名噪一时,当时马达加斯加的民间武馆也纷纷聘请高洪刚为中国武术教师传授中国功夫,并且许多马达

---

① 冉学东、王岗:《对中国武术文化"走出去"战略的重新思考》,《体育科学》2012 年第 32 期。

加斯加武术爱好者慕名找到高洪刚希望他开馆授徒"①,高洪刚先生所到之处,都有武术爱好者的仰慕和追随。正因为这件事情,高先生的声名远扬,后来成为马达加斯加总统的安全顾问,至今屹立不倒。2008年北京奥运会,马达加斯加国家队的领队便是高洪刚先生,他已经被马达加斯加的历任政府以及全国民众接纳和认可,成为中国和马达加斯加交流与沟通的桥梁,甚至是中国与非洲国家友好往来的使者。2010年,他全票通过成为马达加斯加武术协会的终身主席,近30年,高先生为武术在马达加斯加的传播作出了巨大贡献,据统计,至今,他已经在马达加斯加开设了83所武道馆,所授弟子已有5.7万人之多。他曾饱含深情地说过这样一段话:"因为担任皇家卫队教头,我取得了马达加斯加国籍,但是我的心却永远是那颗火热的中国心,海外游子在外漂泊的苦楚只有自己知道,二十多年来支撑我坚持下来的动力就是武术,这些年,每当我想要放弃的时候,电话那边祖国亲人和武术人的一句鼓励就会让我重燃希望的火种,我一定要让中国人自己的武术红遍马达加斯加。"②正是有这样的武术人的努力和艰苦奋斗,使得武术在非洲国家逐渐生根发芽,不断地发展壮大。

"中国武术,它所承载的传统文化内容,它所折射的民族精神光彩,是丰富、深厚的、内蕴的。在这个意义上不仅是一种体育运动,也是一种文化形态、一种民族文化的载体。"③中国武术在国际上的传播是实现中国文化国际化传播的一种方式与途径,非洲人民与中国人民深厚的友谊,为中国武术在非洲的传播奠定了一定的历史文化基础。随着经济的全球化发展,越来越多的中国人踏上了非洲的土地,无论是经商抑或是其他。与非洲人相处结交的过程中,难免会有文化的交流与碰撞,渐渐地武术文化传播起来,让更多的非洲人对中国武术心生向往。早在2000年,就有一段非洲人本扎(Luc Bendza)关于武术梦的叙述,这位"醉心于武术的非洲人","在加蓬的电影院里结识了武术,又从功夫片中认识了中国",自此后,便一心想要来到中国学习武术,后来终于得偿所愿,不仅来到了中国,而且还成为毕业于北京体育大学武术系的高才生,后任职于国际武术联合会,他把"传播武术看

---

①　孙程:《孔子学院在中国武术国际化推广中的作用研究——以塔马塔夫孔子学院为例》,宁波大学硕士学位论文,2017年。

②　《高洪刚——一个非洲人的传奇人生》,https://wenku.baidu.com/view/bcdc23f0376baf1ffc4faddc.html?from=search,2016-05-08。

③　权黎明、王岗:《传统武术文化特征的当代阐释》,《成都体育学院学报》2010年第9期。

作是自己的一种天职"。①正如大灵·德内·罗德里格(Taling Tene Rodrigue)所言:非洲人对于武术充满了想象。罗德里格来自非洲喀麦隆,对中国武术有发自内心的热爱,"可以一辈子追随"自己的内心,做着自己喜欢的事情,"在追求梦想的过程中重新发现自己,在寻找答案中重新发现问题"。他就读于上海体育学院武术系,为中国武术的对非传播贡献着自己的力量。他一直有一个武术梦,希望武术能够成为"中喀以及中非文化交流的纽带",并且提出了武术全球化推广的策略:解决武术自身的一些问题,还要强调政府对武术推广的作用。②出于对武术的喜爱,他来到中国学习真正的功夫,学成之后他或许会再回归到非洲的喀麦隆,致力于喀麦隆的武术传播。

四、武术影视及其他媒介在非洲的传播情况

非洲人对于体育运动有着狂热的追求,具有体育属性的武术运动自然受到非洲人的欢迎。非洲人对武术的想象很大程度上仍然停留在中国功夫电影对他们的影响中。功夫电影与功夫巨星为武术传播拓宽了路径,通过电影把中国功夫传播到喀麦隆以及整个非洲,并以电影传扬中国武术所包含的博大精深的哲理,宣扬中国人的为人处世之道,展示中国人的精神风貌和生活状态③,以至于很多非洲人认为,只要是中国人就一定会中国功夫。

罗德里格在其研究《中国功夫片在喀麦隆》中,随机对一家电影院的 32 名喀麦隆影迷的兴趣进行了调查分析,得出了图 4-1 的数据。可以看出,在众多影视作品中,62.5%的人喜爱中国功夫片。此次随机抽样得出的研究结果具有一定的可参考性,可以看出中国功夫片在喀麦隆还是非常受欢迎的。

与功夫电影的国际传播相比,和武术相关的书籍与杂志的国际化传播力度则小了许多。研究表明,武术类的教材和书籍"大多是竞技武术的长拳竞赛套路系列和太极拳系列的技术类书籍,大多数只有技术动作图和对动作方法的说明,很少见到有精辟而又透彻阐述武术的精神和文化内涵的图书"④,另外,国内盛行的武术杂志有《中华武术》《拳击与格斗》《少林与太极》

---

① 唐元凯:《一位醉心于武术的非洲人》,《对外大传播》2001 年第 1 期。

② 洪金涛、刘畅、陈珊等:《非洲人的武术想象——大灵·德内·罗德里格的武术动机》,《体育科研》2016 年第 37 期。

③ [喀麦隆]大灵·德内·罗德里格:《中国功夫片在喀麦隆》,《当代电影》2016 年第 3 期。

④ 郭强:《武术国际传播策略研究》,广西师范大学硕士学位论文,2006 年。

问题:你对哪种类型的影片更感兴趣?		
选项	人数	比例
法国爱情片	4	12.50%
美国战争片	8	25.00%
中国功夫片	20	62.50%
总数	32	100%

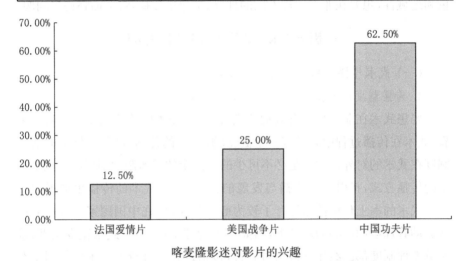

喀麦隆影迷对影片的兴趣

图 4-1　罗德里格在《中国功夫片在喀麦隆》一文中的调查分析

《武当》等,种类众多,产业发展迅速。可惜的是,这么多优秀的期刊,只有《中华武术》等少量的期刊在国外发行传播,传播范围和宣传力度微不足道。增加优秀的武术教材、书籍和杂志的国外发行数量是宣传武术文化的一个重要手段。

第二节　中国武术在非洲传播的问题分析

随着中非文化、体育的交流,中国武术也开始走出国门,走向非洲,渗透到非洲许多国家和地区,在竞争激烈的非洲体育界和文化体育市场占据一席之地。非洲是仅次于亚洲的世界第二大大洲,有 50 多个国家和地区,但截至 2004 年,"国际武联所属的 88 个会员国中,非洲只有津巴布韦、扎伊尔、埃塞俄比亚、埃及、刚果、加蓬、马里、摩洛哥、毛里求斯、马达加斯加、阿尔及利亚等加入国际武联"①。后来经过国际武术联合会的努力,"截至2011年12月底,已有144个会员单位。其中,增长最快的是非洲,由2008年的20个增加到33个,欧洲由39个增加到46个"②,但与其他几个州的会员国数量相比,非洲的会员国属实不多,还有一部分国家的武术组织也濒临"灭亡"。不可否认,中国武术在非洲的传播已经取得了一定的成绩,但在取得这些成绩的同时,武术作为一项民族传统体育项目,具有明显的民族特色和地域性,想要在非洲这样不同的种族、文化中传播,将会面临许多问题。

一、影响武术在非传播的主观因素分析

（一）武术传播的社会环境影响因素

1. 传播制度的不健全影响了武术的传播

要想武术在非洲得以有效地传播,离不开完善的传播制度。就目前来看,武术在传播过程中并没有一个健全的、完善的传播制度,而健全的武术制度在武术的对外传播中是必不可少的。健全的武术制度不仅能够规范武术的传播方式,指引武术传播与发展的方向,还使武术的传播更加迅捷有力。武术的本土化传播已经有了较为健全的制度,在中国国家体育总局武术运动管理运动中心的领导下,诸如武术管理培训制度、武术竞赛制度、裁判员考评制度都已经建立得相对完善,包括近几年推行的武术段位制也在不断地发展和落实。虽然国内武术制度发展得相对较好,但是对外传播的武术推广制度却没有得到充分的体现,也没有相应的条例、法规作为引领和约束。缺乏相应的条例、法规,武术的健康发展便难以实现。武术的健康发展以及对外传播离不开完善的规章制度,由于国外环境以及传播过程中错综复杂的制度体系,加之缺少专门的条例与法规,致使武术在对外传播的过程中缺乏适宜生存的环境从而发展缓慢。

2. 投入资金的不充足影响了武术的传播

仅靠中国为武术协会或其他正规的武术组织所提供的对外传播经费,明显不足以支撑整个传播过程,使得武术对外传播的过程不够广泛和深入。韩国的跆拳道以及日本的空手道相对于中国的武术在对外传播方面做得更好,其中很大一部分原因在于韩国或者日本会派遣优秀的教练员免费去相应的国家进行授课,也会免费提供所需的场地器材和物资支持,不断地向各

---

① 刘同为:《影响中国武术在非洲传播的主要因素》,《武术科学》2004年第1期。
② 刘勇:《我国武术文化国际传播现状与发展策略研究》,湖南师范大学硕士学位论文,2012年。

国推广自己国家的特色运动与文化。然而,中国在派遣优秀教练员出国进行授课的传播途径方面,力度比不上韩国或日本。大量优秀的教练员需要巨大的财力、物力以及时间上的投入,而这些都是需要投入充足的资金才能得以维持,传播经费的短缺导致了武术传播力度的不足。另外,曾被殖民的历史以及较为恶劣的环境致使非洲的经济状况并不乐观,所以也无法为武术的发展奠定物质基础,无形之中制约着武术对非传播的力度。

3. 国际武联的低地位影响了武术的传播

前文所述,非洲有 11 个国家成为了国际武联的会员国,但就是这仅有的 11 个国家,在一定程度上还在拖欠着会员国应该交付的会费。这说明国际武联的地位相对较低,不足以使这些会员国高度重视,知晓自己的权力并履行其自身的义务。这些会员国已经接近"名存实亡",既不能充分地发挥会员国的作用,同时也没有尽到应尽的义务。对外传播的过程不是个人的"英雄主义",而是要靠集体的力量与智慧,武术想要进行国际化传播,仅靠一个国家的力量是远远不够的,所以我们要借助其他国家的力量,比如国际武联的会员国。要想发挥好所有会员国对武术传播的作用,提高国际武联的地位尤为重要,营造良好的武术组织环境是武术国际化传播的重要影响因素。令人遗憾的是,有些国际武联的会员国并没有取得当地体育管理部门的认可,不被认可的会员国自然在管理上比较松散,因此没有形成良好的传播系统和制度,也没有完善的组织机构作为政治与经济支撑,缺少用来交流的纽带和桥梁,武术传播的进程自然延缓了不少。

(二)武术传播系统体系的影响因素

1. 武术内容的庞杂性制约了武术的传播

中国武术博大精深,源远流长,技术风格不尽相同,并带有一定的地域文化风格,因此形成了众多的拳种流派,"各地的'源流有序、拳理明晰、风格独特、自成体系'的拳种 129 个,典籍《拳械录》和《武术史志》等 651 万字"①。这么多的拳种流派,再加上相同拳种的不同门派林立,不同拳种的拳术器械之多,不同流派的不同内容、技术要领、演练风格等百花争妍的态势,无疑使武术教学内容更加错综复杂,外国人学习起来较为困难,加大了武术传播的难度。而且习练武术是一个漫长的"修身养性"的过程,并非朝夕间就能够掌握,短时间内很难看出成效,所以对于非洲国家的受众来说,刚接触时可能会感到新奇,但时间一久,学习者可能会渐渐流失。所以,对

① 申国卿:《地域武术文化研究初探》,《武汉体育学院学报》2008 年第 42 期。

于武术传播内容进行有效的整合及梳理,根据被传授者自身的学习特点、身体素质等条件的不同,尽可能将武术技术内容规范化,并将其统一、简化,形成适合外国人学习、方便记忆与习练的技术,同时根据学习者对各项武术项目的喜爱程度不同,武术传播者可以在教学中有所侧重,真正做到因材施教,才能够更好地适应学习者的诉求。

另外,在传播内容的选择上,国家层面更加倾向于竞技武术的优先传播。"它是在西方体育影响下,经过对传统武术的统一规范、提炼创编而形成发展起来的一种新的武术体系。"①当下而言,中国武术发展更加倾向于竞技武术的发展,武术技术的标准化、评判技术的统一化、套路编排的一致化等各种因素逐渐致使武术朝着"高、难、美、新"的方向发展。因此,竞技武术套路的发展模式、比赛经验、传播体系明显比传统武术的传播体系完善很多,这与中国竞技武术立志成为奥林匹克运动会项目有关。但是,从传播对象的需求来看,他们更倾向于学习中国的传统武术文化和技术,例如太极拳、八卦掌、形意拳等内家拳以及少林派功夫等。究其原因,一是因为传统武术更能体现中国传统文化的内涵,要想更好地了解中国的传统文化,学习传统武术是很好的途径之一;二是传统武术具有更高的健身价值以及更强的自我防卫功能,更加符合"强身健体"的习练初衷。在传播竞技武术的同时,应当加大传统武术的传播力度,二者齐头并进,共同为武术的整体传播而服务。

2. 缺乏专业的武术传播者

首先,要想让中国武术能够"走出去",让非洲人民了解中国文化、中国文明、中国精神、中国素养等,专业的武术传播者至关重要。然而,目前我国对外输出的专业技术人才较少。调查表明,韩国跆拳道"大力派遣教练员在外传播跆拳道,对跆拳道在全世界的推广普及,作出了不可估量的贡献"②。而中国派遣国外的武术教练员则远远不足,"近10年中,武术研究院和地方体委、体育院校,先后接受了十余国邀请,选派出120多位教练前往执教"③,中国对外输出的武术教练员和韩国对外输出的跆拳道教练员存在较大的差距,专业武术传播者数量上的不足影响着武术对外传播的广度和深度。除了在教练员的数量上同他国有着一定程度的差距之外,在传播者的质量层面也存在较大差距,这些武术传播者在专业能力上的不足,也是中国

① 郭强:《武术国际传播策略研究》,广西师范大学硕士学位论文,2006年。
② 康戈武:《中国武术实用大全》,今日中国出版社1990年版,第145—146页。
③ 徐才:《武术学概论》,人民体育出版社1996年版,第61页。

武术在国际传播过程中遇到的较为关键的影响因素。在《对非洲五国孔子学院武术课堂开设情况的调查与研究》一文中,作者做了问卷调查,在"未开设武术课堂的原因调查"中显示,"没有专业的武术老师占73.7%","没有专业的武术老师"是"未开设武术课堂"的主要原因,所以在非洲的武术传播需要更多专业的武术传播者。①

其次,武术传播者的综合素养不高。中国武术在国际上的发展仍处于初级阶段,因此在传播过程中对于武术人才的需求量极大,同时对于传播者的综合素养要求也较高。虽然我国各大体育院校以及社会上的武术组织培养了许多的武术人才,但仍然不足以填充武术传播之需。武术的国际传播是跨文化的传播,"跨文化包括所有的自我特征和陌生新异性、认同感和奇特感、亲密随和性和危险性,跨文化是指通过越过体系界限来经历文化的归属性的所有的人与人之间的关系"②。由于跨文化传播的复杂性和特殊性,中国武术的国际化传播同样面临着一系列的问题。对于传播者而言,不仅要具有较高的技术要求、理论知识,还要具备流利的外语能力、深厚的武德修养、高超的交际能力以及强大的环境适应能力……能够完全具备这些综合素养的专业人才可谓是凤毛麟角。因此,一个专业技术强且综合素养较高的武术传播者必须是"宽口径、厚基础、强能力、高素质、广适应、重创新"的一专多能型人才。所以,在今后的人才培育上,要有专门针对武术传播的相应课程和培训模式,以适应武术对外传播之需。

（三）传播过程中的管理不善,传播水平的良莠不齐

正所谓"无规矩不成方圆",对于中国武术的国际传播,国家相关部门也要加强管理工作,从而提高传播效率,加快实现中国武术国际化传播的目标,扩大中国武术的影响力。其中传统的武术组织以及个人在国外的武术传播中发挥了巨大的作用,比如"精武体育会",已经成为武术国际化传播的标志性组织,在武术文化与武术精神的传播方面取得了不俗的成绩。非洲人也通过李小龙、成龙、李连杰、甄子丹等功夫明星的电影等媒介渠道对武术有了一定的认识,对武术产生了浓厚的兴趣。少林功夫、太极拳、咏春拳等一系列的武术门派、拳种吸引了大批学员。其中,最受欢迎的当数太极拳,刚中带柔、柔中带刚、刚柔相济的陈式太极拳可谓是中国传统文化对外交流的标志性项目。

---

① 王旭东:《对非洲五国孔子学院武术课堂开设情况的调查与研究》,《当代体育科技》2014年第28期。

② ［德］马勒茨克:《跨文化交流》,潘亚玲译,北京大学出版社2001年版,第31页。

相应地,在取得这些成绩的同时,也会出现一些问题。刘勇对世界各国武术教练员的现状进行了分析,"被调查的国家中认为本国武术教练员水平较低和很低的分别占 46％和 11％"①(见表 4-3),认为教练员水平一般、较低、很低的人数占总数的八成之多,可以看出国外的武术教练员水平参差不齐,达不到令人满意的教学需求。

表 4-3　武术教练员的水平调查情况一览表

武术教练员水平状况				
程度	很高	较高	一般	较低	很低
百分比	5％	14％	24％	46％	11％

受家族宗室观念、血缘关系等的影响,有些传播者在进行武术传播时仍会带有历史遗留的"糟粕",观念陈旧,至今信奉"武术界普遍存在着祖宗秘籍和绝世神功"②。封建的思想禁锢了优秀武术传统文化的传播范围,没有打破禁锢,就无法把优秀的传统武术文化更好地传播于国外,更不用说中国武术在世界各地的蓬勃发展了。在国外教学的教练,大部分没有经过专门的培训,完全是靠经验教学,在知识结构和综合能力方面存在着很大的缺陷。正是由于这种缺陷,使得学员们对武术所内含的文化性和技术的独特性的理解失之偏颇,从而不能很好地体会到中国传统文化的魅力。同时,国内对武术传播者也没有标准正规的考核制度,相当一部分人"滥竽充数",致使国外的武术圈"鱼龙混杂",正是因为我国对武术传播者没有进行严格正规的管理,才使得一部分人钻了空子。一些伪武术家为了牟取私利,在自己都没有弄清楚武术是什么的前提下,却打着中国武术的旗号招摇撞骗,带着自己的"三脚猫"功夫开班授课,误人子弟,不仅没有促进武术的发展,反而败坏了中国武术的名声,令当地人反感。

(四)被误解的中国:功夫电影的传播是把双刃剑

世人了解武术文化的重要途径之一便是中国武侠与功夫电影,非洲人也不例外,他们对功夫电影充满了兴趣。人们通过观看武侠功夫电影,从电影里的武术动作中汲取丰富的情感体验,并对电影情节中的武术动作进行模仿,进而对武术产生浓厚的兴趣。有研究指出,肯尼亚人"对李小龙、成龙、李连杰、甄子丹等功夫明星更是非常崇拜,因此肯尼亚具有良好的武术

---

① 刘勇:《我国武术文化国际传播现状与发展策略研究》,湖南师范大学硕士学位论文,2012 年。

② 周泓铎:《应用传播学引论》,中国纺织出版社 2005 年版,第 57—58 页。

接受基础,很有益于武术课程的设置以及武术教学的开展"①。然而中国功夫片在非洲占据了很大的市场,这其实是一把双刃剑,一方面,功夫电影可以吸引非洲人民的眼球,或许可以让他们对中国武术产生兴趣,并在此基础上通过习练中国武术,进而对武术形成一定的认知,为武术的国际化传播奠定基础;另一方面,非洲人民对中国武术有一种刻板影响,只要提到中国人,他们就会想起"中国功夫",并模仿几个简单的武术动作,更有甚者认为会武术的人都可以飞檐走壁。造成这种刻板影响的终极原因便是功夫电影对中国武术的过度阐释,造成了武术的失真现象。"李小龙、成龙以及李连杰将武术带进好莱坞,让国际友人简单了解了中国武术,并对中国文化产生了兴趣。那么,捧回奥斯卡金奖的《卧虎藏龙》和抱憾而归的《英雄》,则让许多西方人对武术仅有的一点模糊印象变得更加混沌,甚至将其与神话、神功混为一谈,让人们觉得中国武术高深莫测、神乎其神,遥不可及,无形中与其拉开距离"②,武术在传播过程中的失真造成了非洲人对中国武术的误解。严重者可能会对武术产生抵触心理,不敢接触武术,认为武术是高深莫测、可望而不可即的。

　　针对这种现象,吴友富作出了比较客观的评述:"相当部分的中国功夫片,在演绎中国武术时流于肤浅化、庸俗化,过分突出了搏击功能,因而对中国武术的文化内涵诠释得十分有限和薄弱……武术的对外传播不应过分强调'恃强凌弱''好勇斗狠''自我张扬''唯我独尊'等弱肉强食的'丛林法则'。"③功夫电影中"打打杀杀"的场景,让观众误认为武术就是用来攻击和杀人的,而过分神化武术的武侠电影也会让一些武术爱好者敬而远之,这种价值观的偏颇与武术文化所宣扬的"厚德载物"、以"和为贵"的中心思想背道而驰。

　　(五)失落的沙洲:武术赛事的参与度存在理想的"丰满"与现实的"骨感"

　　国际武术比赛的数量和参与情况可以反映武术在国际上的传播情况。目前,国际上大型的武术比赛有"由国际武术联合会和中国武术协会联合举办的国际性武术赛事,'世界传统武术锦标赛',被誉为'武术的奥林匹克运动会'。这是目前国际上影响力和规模最大的武术盛会……'世界武术锦标赛'于 1991 年在北京第一次举办……几十年来它已逐渐发展为一项规模宏

------

① 马玉龙:《肯尼亚孔子学院(课堂)开设武术课的可行性分析》,《赤峰学院学报(自然科学版)》2014 年第 30 期。

② 韩风月、傅砚农:《武术国际化发展辨析》,《体育文化导刊》2004 年第 7 期。

③ 吴友富:《对外文化传播与中国国家形象塑造》,《国际观察》2009 年第 1 期。

大,影响深远的国际性武术活动,推动了我国武术文化在世界的普及与发展"①;还有"香港国际武术节"等。可以说这几大赛事代表着中国武术比赛的最高水平,为中国武术的世界传播作出了相当大的贡献。

如今越来越多的外国人开始参加国际的武术比赛,但是关于武术赛事的报道少之又少,相对单一的竞赛套路往往无法带给观众更多的新鲜感并达到其内心对比赛的期望值。前来观看比赛的人寥寥无几,多数时候只是武术人的自我鼓励,圈内人的孤独狂欢,电视的转播率、网络点击率都是非常低的,无法与其他节目相比。其获得的关注与其他竞技类的运动项目相比也相差甚远,如被誉为世界第一大运动项目的足球运动具有很高的观赏性,瞬息变化的技战术吸引着大量的观众和媒体,网络视频以及比赛转播的点击率都遥遥领先于其他运动项目。虽然武术在国外不断地传播,可是却没有真正地做到落地生根,理想很"丰满",但现实太"骨感",武术这片绿洲变成了"失落的沙洲",这是值得我们深思的问题。

二、影响武术在非传播的客观因素分析

(一)中非自身的文化差异限制了武术的传播

1. 包容内敛的中国武术文化

中国文化根植于中华大地,几千年来历经沧桑,形成了中华民族特有的文化形态。因此我们常以源远流长、博大精深来形容中国传统文化。中国传统文化包含了儒、道、释三家的核心思想,讲求天人合一、和而不同、追求和平、道法自然等。它一方面强调人与人之间的相处之道,人与社会之间的相处之法,更加强调人与自然之间的和谐相处,因此它也以修身、齐家、治国、平天下来宣扬其核心思想与社会价值观。

中国武术作为中国传统文化的典型代表,它以传统文化为其理论依据和发展根基。中国武术精神也是中华民族精神的缩影,常以自强不息、厚德载物示人,武术精神不仅对人提出道德层面的要求,而且对人的文化水平也有高度的要求,因此它是一种文化复合体,常以技术来表达武术文化和精神。

一直以来,中国文化都是以内敛、包容著称,"中国威胁论"的观点自然是谬论,武术的本质属性虽是攻防技击性,但讲究的却是"后发先至""不战

---

① 刘勇:《我国武术文化国际传播现状与发展策略研究》,湖南师范大学硕士学位论文,2012 年。

而屈人之兵"。我国的武术文化则是典型的防御文化,可以在一些拳谚、拳歌中体现:"我守我疆,不卑不亢。人不犯我,我不犯人""棚捋挤按需认真,上下相随人难侵,任他巨力来打我,牵动四两拨千斤"。①武术推崇的从来都不是"动武",而是"止戈",止戈方为武,比武也是点到为止,武术家们均是慈悲为怀的高尚人物,充满血腥的杀戮者往往都是"反派"人物,成为仁人志士群起而攻之的对象。

2."武、巫、舞"融合的非洲武技

喀麦隆的武术系留学博士生罗德里格用"武、巫、舞"三个字概括"非洲武技"的核心哲理:"'武'理解为'动武之行','巫'则作为非洲灵性(African spirituality)的基础,是连接人间与灵界的精神仪式,非洲武技最后体现于'舞','舞'更是一种意识形态的表现,在音乐的节奏下,重视经过提炼、组织、美化的人体动作以表现'武(舞)者'的思想和情感,它是非洲武技的表现形式。"②非洲的武技有着典型的地域文化特征,同时也体现出非洲劳动人民的精神与价值追求。非洲武技有着"动武之行"的追求,以打败对方为目的,与中国武术"止戈为武"的理念恰好相反。

"中国武术受到中国传统哲学的影响,并以此为武术发展的理论基础,形成了天人合一、物我合一、内外合一的思想。"③但这些哲学思维难以被非洲人民所理解,这种讲究精神和内蕴的武术文化在一定程度上也只能意会而无法言传,需要自己体悟的中国武术并非朝夕就能掌握的,再加之文化的差异性,无形中加大了武术国际化传播的难度。

(二)非洲恶劣的传播环境阻碍了武术的传播

虽然非洲国家总体呈现出和平发展的态势,然而,从早期的西方殖民主义到独立后政权的腐败,非洲已成为世界上发展中国家最集中、经济发展水平最低的洲,非洲贸易总额仅占世界贸易总额的1%。加之非洲一些国家社会动荡,内战不断爆发,经济水平落后,这些客观因素使武术发展缺乏一定的物质基础,对中国的武术教练吸引力不足,与非洲的国家相比,传播者更加倾向于去欧美国家进行教学和传授。

---

① 杨祥全:《传播武术文化　维护国家形象　中国武术国际推广的理念选择》,《武术研究》2016年第1期。

② [喀麦隆]大灵·德内·罗德里格:《"武、巫、舞"的融合与分解:非洲武技与中国武术差异性释例》,《体育科研》2016年第37期。

③ 郭志禹:《论武术的整体思维与传统健身理论的有机结合》,《上海体育学院学报》1996年第1期。

薄弱的物质基础是一方面,同时非洲恶劣的生存环境也难以推动武术的传播。长期的种族冲突、热带疾病丛生和工业化造成的环境破坏,致使非洲的环境极其恶劣。非洲地域辽阔,终年高温,大部分地区位于北回归线和南回归线之间,因此被称为"热带大陆"。全年高温的特点使当地人极易感染热带疾病。"据联合国有关机构统计,全球每年约有 5 亿疟疾患者,而非洲占 90%。"①疟疾以及热带疾病的频发,让很多中国教练望而却步。环境的差异对去往非洲的教练员提出极高的要求,中国教练员不仅需要足够的专业储备,还需要强大的身体素质以及心理素质。因为非洲的天气炎热,与中国的气候有很大的差别,大部分的教练不能很好地适应当地环境,这无形中会损失很多在非进行武术传播的人才。再者,非洲是发展中国家最集中的地区,经济水平相对落后,中国武术的传播需要大量的资金,仅仅靠中国的资助是远远不够的,武术服装的购买、武术器械的配备、武术会员国的经费等,因为资金的不充足受到了限制,这也导致大多数中国教练员难以看到未来的前景,从而产生不愿意去非洲的想法。正是这种落后的经济状况制约了武术在非洲的传播。

(三)受众的接受程度影响了武术的传播

第一,中国文化与非洲文化存在差异,两种不同文化孕育出来的人们有着不同的人生观、价值观和世界观,非洲的不同国家和地区又存在着许多不同,武术在非洲传播的受众在文化水平、认知程度、身体素质方面各不相同,多多少少会对武术的国际化传播产生一定的影响。在武术学习方面,黄种人有先天的优势,其自身协调素质优于黑人。而武术运动对身体协调更是有着极高的要求。武术中所追求的是天人合一,对每个动作都讲究协调统一,因此在武术学习的过程中,大部分非洲人往往接受得较为缓慢,相比于中国人更容易产生厌学的情绪。第二,也因为文化及地域的差异性,非洲的一些国家以及中东的国家对武术的格斗、技击方面比较感兴趣,喜欢实战类的项目,这种选择的偏好会推动武术技术层面的发展,而武术文化的传播就会被削弱。人们一味地追求武术技术层面的发展,而忽略了武术的内在文化和价值,使得武术在非传播产生一定的差异。第三,在跨文化传播过程中最大的障碍来自语言沟通,在巨大的沟通障碍下,中国教练员很难把武术的专业动作表达清楚,使非洲武术学习者容易产生认为武术学习困难以及学不会的想法,从而难以培养非洲人对武术的兴趣。肢体的表现决定了受众

---

① 刘同为:《影响中国武术在非洲传播的主要因素》,《武术科学》2004 年第 1 期。

的兴趣导向,而语言则是打开受众心灵的钥匙,有效沟通才能拉近人与人之间的距离,形成深入交流的纽带,有些专门的武术动作术语翻译得并不到位,会造成非洲人认知的偏颇,对技术动作也一知半解,不能真正理解武术深厚的文化内涵。

第三节　个案研究:中国武术在埃及的发展

阿拉伯埃及共和国位于非洲东北部,是位于亚洲、欧洲、非洲三大洲的交通要道。虽属于非洲,"但地处中东地区,全境 96％是沙漠,国土面积约 100 万平方公里。96％的人口聚居在仅为国土面积 4％的河谷和三角洲地带,全年干燥少雨,气候干热"①。埃及是中东人口最多的国家,也是非洲人口第二多的国家,长期以来,一直是非洲经济、科技领域的领先者,已成为非洲大陆第三大经济体。

一、中国武术与埃及的渊源

(一)中国武术在埃及的发展背景

中埃两国友谊深厚。1956 年 5 月 30 日,埃及与中国正式建交,成为第一个承认新中国的非洲国家,也是第一个承认新中国的阿拉伯国家。随着两国关系的不断发展,越来越多的中国人来到埃及并成为埃及的常驻人士。他们是埃及人了解和认识中国的纽带。在 1982 年以后的全国武术工作会议中,"积极稳妥地把武术推向世界"成为武术国际化发展的政策方针。中国武术就以其源远流长的文化底蕴和具有独特魅力的体育、技击属性进入了非洲人民与阿拉伯国家的视野。非洲的武术发展为埃及的武术发展提供了有利的传播土壤,《中国文化报》报道称在非洲"中华武术最风靡",非洲人是非常喜欢武术的,很多非洲人接触过或练过武术,对中国武术充满了想象。刚果媒体也曾报道称,刚果人民喜欢古老而神秘的中国文化,而中国功夫文化是人民了解中国文化的重要切入口。因此,中国武术已经成为非洲人了解中国文化的窗口,文化部也看中了这一点,为了推广武术,有针对性地在非洲多个国家推广武术,先让武术文化"走出去",进而实现中国文化"走出去"。

---

① 陈鹏:《中国武术在埃及的有效传播研究》,西北师范大学硕士学位论文,2014 年。

埃及是一个非洲国家,也是阿拉伯国家的一员,兼具阿拉伯人的生活与社交习惯。阿拉伯民族属于游牧民族,精通骑射、赛马、摔跤等活动。埃及受阿拉伯文化的影响,男子在社会上及家庭中占主导作用,而女性地位相对低下,行为规范受到社会舆论和家庭生活的严格要求,这样一来埃及女性享受体育运动的机会就更加少了。但阿拉伯文化又具有很强的扩张和包容性,因此,中国武术以及中国文化在埃及的传播是能够被埃及人接纳和认可的。

1990年,武术协会在埃及成立。埃及是非洲武术联合会的总部,埃及武术联合会的主席与秘书长同时也是整个非洲武术联合会的主席和秘书长。埃及地处亚、非、欧三大洲的交通要冲,地理位置优越,埃及又是人口最多的阿拉伯国家,在阿拉伯国家中也扮演着十分重要的角色。中国武术在埃及的传播与发展,一方面体现着整个非洲武术发展的状况,另一方面也能反映出武术在非洲发展存在的问题,有助于为更好地发展武术制定针对性的对策,因此中国武术在埃及的推广与传播有着非凡的意义。

(二)中国武术在埃及传播的实践价值

自1956年中埃建交以来,两国友谊深厚。一方面埃及人对中国有一定的认可度,能够包容吸纳中国文化,增进中国与埃及的文化交流;另一方面,埃及有很多的武术爱好者,他们愿意学习中国武术及中国文化,中国武术也在不断地改变着埃及人的生活习惯,对提高埃及人的生活质量产生了积极的影响,因此将武术推广至埃及具有非常重要的实践价值。

1. 有助于中国文化"走出去"的实施

随着全球化的发展,世界政治、文化、经济等各方面取得了日新月异的发展,同时也面临着更大的挑战。中国要屹立于世界之林,弘扬中国文化与民族精神,让世界各国认识并了解中国,拥有更多的话语权,就要实施中华文化"走出去"。这与我国经济可持续发展的现实需求是密不可分的。作为一个发展中国家,我国面临着资源相对短缺的现状。然而,中国文化的国际传播可以促进经济的良好发展,这反映了文化"走出去"的必要性。正如卢爱华所说:"在新的国际形势下,武术的国际化传播是要在文化'走出去'指引下全面开展的,外交政策、文化资源、社会制度等都会对武术的传播产生一定的影响。因此,要有针对性、有重点地实施对外武术交流,让外国人能够以武术为媒介,理解中国文化的内涵,了解中国文化的'中和'思想,通过武术文化的交流,加强沟通、理解和互信,使外国民众喜欢武术,学习中国文化。"[①]武

---

① 卢爱华:《武术文化"走出去"的若干思考》,《中华武术·研究》2011年第1期。

术的国际化传播是弘扬中国文化的重要媒介。随着武术在世界的知名度和影响力不断提升,它已成为世界了解中国文化的名片,中国武术也成为向世界展现中国文化的重要窗口。武术是一种典型的身体文化,蕴含着丰富的文化哲学,可以很好地"在国际上表达"。由于中国武术体现了中国文化的整体特色,已经成为中国文化走向世界的文化品牌,能够作为中国文化的代表与中国书法艺术、中国戏曲艺术等艺术形式共同走出国门,实现文化"走出去"。

2. 有助于改善埃及人的生活习惯

中国武术在潜移默化中对埃及人的生活也产生了很大的影响。第一,由于埃及人生活节奏较慢,所以在上课时经常有迟到的现象发生,中国是讲究"规矩"的国家,武术课堂也有比较严格的纪律要求,经过一段时间的磨合,习练武术的学员也开始准时来上课,生活习惯逐渐发生了转变,慢慢学会了遵守纪律。第二,因为埃及天气较为炎热,一般都是晚上出来活动,这恰恰与中国传统武术注重养生和修身的观念相悖。随着越来越多的埃及人了解武术文化,他们意识到规律的生活作息是身体健康的基本保障,在习练武术的过程中循序渐进地改进了自己的生活作息,身体机能也恢复到良好水平。第三,中国武术文化教导武术习练者"尊师重道",注重武德修养,所以通过习练中国武术,埃及人在上课、下课都会行"抱拳礼",尊称教练为"师父",非常有礼貌,甚至胜过国内的武术习练者。通过武术,将中国优秀传统文化弘扬于埃及,不仅提高了我国的国际地位和知名度,同时也为埃及人民带去了文明且健康的生活作风。

3. 有助于增进埃及人的身体健康

埃及全境干燥少雨,白天天气较为炎热,所以埃及人十分喜欢吃冷饮,除此之外,他们还喜欢光脚走在冰凉的地面上,以消暑降温。在饮食方面,因为埃及的蔬菜种类相对较少,所以他们更加倾向于甜食与肉类的摄入,这就导致他们身体肥胖和血脂增高,这些不健康的生活习惯正在一步步摧残着埃及人的身体健康。

练习中国武术可以从各个方面逐渐改善练习者的身体状况,如通过锻炼二十四式太极拳等,可以有效提高锻炼者的心肺耐力,改善内脏器官的机能水平,长此以往的锻炼与学习,不仅能够带给锻炼者身体上的变化,而且还能在一定程度上影响其心理,活跃身心、调节不良情绪等。以太极拳为例,王立新对27名中老年人进行了实验对比分析,通过6个月的太极拳练习,得出了以下结论:"通过练习太极拳,受试对象的体重、身体脂肪含量、体脂百分比、腰臀脂肪比率四项指标前后对比均有明显变化,差异性显著($p<0.05$)……老年女性安静状态下心率、收缩压、舒张压的变化较实验前有显著性意义($p<0.005$)。实验结果表明,长期的太极拳练习可使中老年女性的安静心率变缓、血压降低。"[1]由此可以看出,太极拳具有非常显著的健身价值。

除此之外,武术运动对人的健康成长也有一定的促进作用。"在当下浮躁的社会中,让个体静下来是极为重要的,在日常工作中,面对压力,人们会产生紧张、压抑、忧虑等反应。而研究发现,太极拳可以有效改善这些症状,增强人体处理应激情境的能力,减少不良情绪的发生和心理紊乱等现象。相关研究进一步指出,习练太极拳,可以使人体产生更多的快乐因子——多巴胺,从而提振人的精神状态,使其感觉到快乐,增强其自信心,摆脱压抑、悲观等消极情绪,消除心理障碍。"[2]不仅如此,太极拳的动作舒展大方、缓慢有度,遵循循序渐进的原则,不同年龄、不同性别的人都可以习练,埃及女性也能从一些风俗的桎梏中摆脱出来,通过太极拳的练习,达到增强体质、增进健康的目的。

(三)中国武术在埃及的开展现状

埃及武术的发展水平在非洲国家和阿拉伯国家中处于较高的地位,其中武术套路和散打水平较高,"谢里夫·穆斯塔法表示,在所有阿拉伯国家和非洲国家中,埃及的武术发展水平是相当高的,人们对武术的认知水平和传播水平也很高,经常习练武术的人口达到两万人之多。武术人口比较多,比赛规模以及比赛水平都非常高。近年来,埃及武术运动水平又有长足进步,在各项世界赛事特别是散打比赛中都取得佳绩,在国际武术界拥有了自己的一席之地"[3]。可以说,武术在埃及的传播已经得到了实质性的进展。埃及的社会人士主要通过俱乐部的形式来学习武术。埃及的体育公共基础设施不够健全,具有健身娱乐功能的场所均被称为俱乐部,一般的俱乐部都开设了武术课程,但能够称得上专业的俱乐部却寥寥无几,教授武术课程的老师大都没有经过专业的培训。在 2011 年之前,埃及的武术协会每年都会

---

① 王立新:《太极拳对中老年女性生理指标影响的研究》,《云南师范大学学报》2007 年第 27 期。

② 王军:《论武术运动对大学生身心健康的促进作用》,《渭南师范学院学报》2014 年第 29 期。

③ 国务院新闻办公室网:《开罗中国文化中心与埃及武术协会合作举办武术培训班》,http://www.scio.gov.cn/zhzc/35353/35354/document/1503950/1503950.htm, 2013-01-10。

邀请中国的武术专家进行教练员的培训。之后的一段时间,由于埃及局势动荡不安,为了保证人身安全,很少有专家亲自前来教授,主要通过视频录像、教学 CD 的方式进行武术学习,因此教练员的教学质量参差不齐,学员水平自然比较低,普遍表现为基本功较差,无法形成自己的演练风格。

埃及也经常举办武术赛事,在 2002 年 7 月,第 1 届亚、非武术锦标赛在埃及落下帷幕,借亚、非武术锦标赛的机会,蔡纲对参加比赛的 8 个阿拉伯国家的 83 名运动员所爱好的武术项目进行了调查,结果表明 43.4% 的人选择了散打,34.9% 的人选择了武术竞技套路,只有 21.7% 的人选择了传统武术①,可以看出阿拉伯国家的人对散打项目情有独钟。埃及官方主办的武术套路和散打比赛各有 4 次,各个俱乐部之间也经常会有比赛与交流活动,参赛的人数较多,参与度较高,但是埃及武术裁判员的水平良莠不齐,赛事规程、秩序也无法与国内相比。另外,埃及在各大赛事中的表现不俗,在历届世锦赛上(截至 2001 年)都能拿到名次(见表 4-4),其中散打处于较高的水平。

表 4-4 埃及在历届世锦赛拿到的成绩

年份	届次	项目	成绩
1993	二	套路 散打	无 1 银 2 铜
1995	三	套路 散打	第六 2 银
1997	四	套路 散打	第六 1 金 1 银 1 铜
1999	五	套路 散打	无 1 金 2 银 2 铜
2001	六	套路 散打	第四 2 银 2 铜

（四）中国武术在埃及孔子学院的开展现状

孔子学院是世界了解中国文化的重要枢纽,埃及有两所孔子学院。其中一所孔子学院于 2007 年 11 月 29 日在开罗大学成立,这是埃及乃至北非的第一所孔子学院。另一所是 2008 年 4 月 1 日成立在苏伊士运河大学的孔子学院。两所孔子学院是埃及人民了解中国文化的重要载体。开罗是埃及的首都,也是非洲最大的城市,其政治、经济、文化发展在非洲地区名列前

---

① 蔡纲:《中国武术在阿拉伯地区的发展现状及推广对策研究》,《武汉体育学院学报》2005年第 39 期。

茅,并且开罗市所在的地理位置十分重要,欧亚各国进入非洲必会经过开罗。苏伊士运河连接地中海和红海,距离苏伊士运河大学只有一公里。它是亚非之间的边界,已经成为亚非欧人民沟通交流的主要通道,是中国文化在非洲传播的"必争之地"。虽然这两所大学创建了孔子学院,供埃及人学习中文,了解中国文化,但在 2012 年之前,武术教学在两所大学中仍然是空白。

2012 年的 9 月,武术课程在开罗大学孔子学院成功开展,取得了一定的成绩,对武术充满想象的埃及人不再望洋兴叹,而能够身临其境地参与到武术的练习中。参与武术学习的埃及学员对武术充满了学习的热情,正因为这份热情,埃及在非洲国家及阿拉伯国家中武术水平名列前茅,"如在 2008 年北京奥运会上,埃及武术队派出 4 名队员参加比赛,其中艾哈迈德·易卜拉欣获得男子 70 公斤级散打季军。2012 年 10 月 23—25 日,在福建武夷山举行的第六届世界杯武术散打比赛中,埃及队女子拿到 4 枚金牌,成为除中国队外最大的赢家"①。通过很多案例能够看出埃及的散打水平非常高,而武术套路水平不及散打水平,武术套路的发展应该紧跟散打发展的进程,这也是今后在埃及进行武术传播时应该注意的问题。

"武术的国际传播就是文化的传播,武术成为孔子学院教学项目是武术国际化推广由理论研究层面到具体操作层面的中间环节,对于推动武术国际化进程,打造孔子学院品牌,传播中国优秀文化将会产生积极作用。"②开罗大学孔子学院武术课堂自试行以来一直在摸索中进步,孔子学院的学员一般都有一定的汉语基础,所以对于中国文化或是武术的技术动作名称与其所蕴含的文化内涵稍有理解,在教学方面进展得相对顺利。尽管如此,有些教学环节仍然需要继续加强,比如在开罗大学孔子学院学习武术的学生年龄不处于同一阶段,文化程度也不相同,但却在课程设置上没有太大的区分,达不到较好的学习效果。所以,武术传播者在课堂的教学方法上需要做到灵活多变,富有创造性,这对于武术教师来说是一个不小的考验。

（五）中国武术在开罗中国文化中心的开展现状

开罗中国文化中心是中国在开罗开办的促进中国和埃及之间的交流、了解中国、认识中国的文化活动场所。中国文化中心在开罗主要教授的内容包括汉语、中国舞蹈、中国武术、中医等课程,成为阿拉伯地区和非洲国家

---

① 韩红娟:《中国武术在埃及传播的实践与思考——以埃及开罗大学孔子学院传播武术为例》,西北师范大学硕士学位论文,2014 年。

② 虞定海、张茂林:《基于孔子学院的武术推广模式研究》,《上海体育学院学报》2011 年第 35 期。

了解中国的重要途径。开罗文化中心的武术传播主要有两种形式,一种是与当地武术协会以及中国武术协会的交流活动,另一种则是在文化中心开设的武术培训班,供武术国家队成员及各组织或是俱乐部的武术教练培训与学习。文化中心经常组织一些活动,使中国和埃及在武术传播中有了更多的交流机会,"2015 年组织中方国家武术散打队来埃及的散打友谊赛……2015 年 11 月文化中心应邀参与了第九届世界文化嘉年华活动,现场展示了文化中心武术培训班的精彩表演;2016 年是中埃建交 60 周年……文化中心邀请了河南少林武术表演团来埃及进行三天巡演在埃及引起了轰动以及对武术的狂热等等"①。通过这些活动的开展,中国的武术传播者可以面对面地与埃及武术爱好者进行交流,深入了解他们武术习练的需求,以及需要改进的方向;埃及武术爱好者也能够近距离接触到中国武术,感受中国武术的无穷魅力,激发更加强烈的学习欲望,促进武术在埃及的推广与实践。但是,这些活动的组织并没有将文化中心的优势发挥到极致,只是文化推广形势下的产物,没有关注中埃武术的长期交流与合作。

开罗中国文化中心武术培训班依据年龄大小、武术水平的不同进行不同项目的武术项目培训,比如向年龄较小者教授一些散打动作或是套路中基本的滚翻等易掌握的技术,以兴趣为主,提高中小学生的学习热情;埃及的青年人则更加倾向于具有实战型的散打技术或南拳、少林拳等具有一定难度的武术套路,所以在培训内容上也会尽量满足他们的需求;中年人主要以太极拳、太极剑或五禽戏为主要学习内容,相对注重身体健康水平的提高以及身体不良状况的改善。在这些方面,开罗文化中心能够根据不同人群因材施教,值得学习和借鉴。

二、中国武术在埃及传播存在的问题

由于中埃两国的文化差异,中国武术跨文化传播的过程中必然会遭遇坎坷,文化冲突、价值取向,以及自身的不足之处都会影响传播的进度和效果。分析中国武术在埃及传播中存在的问题,有助于针对这些问题寻找解决问题的策略,促进中国武术在埃及的发展与传播。

(一)中国武术在埃及本土传播过程中存在的问题

1. 埃及武术爱好者对武术文化内涵了解不足

通过调查发现,埃及武术爱好者更喜欢的是武术散打,而非蕴涵了丰富

---

① 马宏武:《开罗中国文化中心武术规范化传播研究》,西北师范大学硕士学位论文,2016 年。

中国文化的武术套路,虽然埃及的散打水平已在非洲首屈一指,但是对于武术文化依旧是一知半解,认知仍然处于初级阶段。在开罗中国文化中心担任过武术教练一职的陈鹏,对埃及的6家俱乐部的178名学员进行了问卷调查,在回收的169份问卷中筛选出了163份有效问卷,对问卷填写结果进行分析之后发现,学员学习武术的动机首先来自武侠作品和功夫明星所带来的吸引力。其次,武术的神秘感也是吸引埃及人学习武术的一个因素,而对于学习中国文化的需求排在末尾(见图4-2)。①

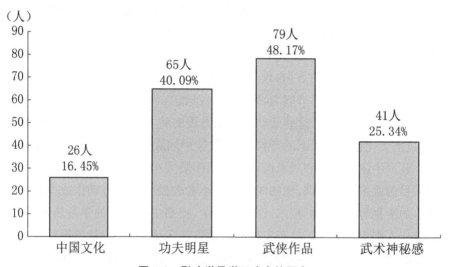

图4-2 影响学员学习武术的因素

通过图4-2可以清晰地看出,功夫电影以及武侠作品对于埃及学员的吸引力是非常大的,他们通过成龙、李连杰等功夫巨星了解中国,成龙和李连杰也是他们最为熟知的中国名人。埃及人对于功夫电影的认知程度也远远超过对中国其他类型的电影的认知。毕竟,功夫片属于艺术的范畴,艺术源于生活,但又高于生活,在表达方式上肯定相对夸张。这也导致了一部分埃及武术爱好者认为习武之人应该都是可以飞檐走壁、拥有绝世轻功的,而且能够刀枪不入,仅凭一人之力就可以抵挡千军万马,也正是这个原因,才让埃及学员充满了学习中国武术的内驱力。这种错误的认知让学员们在真正学习武术后产生了巨大的心理落差,会对后续的学习带来消极的影响。这种现象恰恰说明了中国武术在传播过程中的文化缺失,因为不了解才会产生误解。

---

① 陈鹏:《中国武术在埃及的有效传播研究》,西北师范大学硕士学位论文,2014年。

现今,埃及学员已经不再是通过中国文化认识武术,而是更多地通过武术文化了解中国文化。但现在武术文化的传播力度还不够大,埃及大部分的武术爱好者从事武术运动都是为了强身健体,同样的在陈鹏研究的这163份问卷中,有104人选择学习武术的动机为"防身自卫",无一例外,对武术文化的追求者寥寥无几。中国武术的国际化推广过程中,对于武术文化的传播是必不可少的,它决定了武术爱好者习练武术的境界与高度,这也是中国武术的传播目的所在。

2. 埃及学员了解中国武术的渠道较为单一

埃及学员学习武术主要通过模仿武术老师的动作。因为学习时间有限,学生只能大致地学习一些武术动作,对于细节的掌握不够全面,课后复习时可能会因为对动作的不熟悉而导致练习过程中的错误动作定型,纠正起来会尤为困难,得不偿失。而专业的武术教材不仅可以帮助他们解决这一问题,还能够让学员们建立起一定的武术学习体系,为日后的深入学习创造条件。但是在埃及市场上极少有武术教材的面世,埃及学员了解中国武术的最主要的途径仍然是中国的功夫电影,几乎没有人是通过武术书籍和杂志了解中国武术的。除此之外,还有一部分人是通过朋友介绍的方式认识了中国武术,但这些武术爱好者的水平并不高,对武术的了解甚微,不具备专业性。

在网络遍布全球的时代,我们享有非常便捷地了解世界的渠道,埃及的网络覆盖率已经遍布全国,相信埃及人也与中国人一样通过网络学习了很多新鲜事物。中国武术在全球化的推广中,应该借助网络平台,进行更有力度和广度的宣传。但通过调查研究发现,埃及人很难通过网络等信息化平台了解中国武术。主要原因有二,一是几乎没有面向埃及开放的中国武术类网站,埃及人能够获得的资源少之又少;二是在推送关于武术文化及相关活动的网站上鲜有阿拉伯语,更没有专门的阿拉伯语武术网站。

3. 武术服装的不统一

"武术服装所给人的神秘、悬垂、内敛、典雅、飘逸等美感也不容忽视。武术服装的美起着画龙点睛的效果,同时也具备了美学的价值。武术服装所传达的人文精神,使武术文化增添了特色化和内涵化的品质。"[1]武术服装若能规范化,定能发挥出其应有的文化价值。只不过一直以来,武术习练者并没有统一的服装,不同的武术项目的服装也是风格各异。韩国跆拳道

---

① 李君华:《论新中国成立后武术服装的改革历程》,《体育与科学》2012年第33期。

的服装设计采用纯白色的粗布道服,干净清爽,而且在品势练习中,发力动作通过粗布的传递变得非常有气势,不同的腰带颜色代表着不同的水平和等级,种种细节都体现了跆拳道服饰的独特之处。反观中国武术的服饰,没有规范化的穿戴,使埃及的武术爱好者失去了些许习练的兴致。

其实,武术服装色彩鲜明,样式考究,在演练时飘逸、灵动,能够体现服装的美感,展示出中国武术的民族特色,将中国文化蕴涵其中,极具观赏性。然而,武术服饰多为真丝或者仿真丝材质制成,透气性较差,成本较高,不太适用于平时的训练所需,一般只有在比赛或是参加活动时才会穿上武术服装,这样的服装基本上被称为"表演服",而非"训练服",使武术服装的传播受到了极大的局限性。希望通过各方努力,能够设计出一款既有美感又能体现中国文化,还能满足现代人心理及需求特点的武术服装。

4. 宗教信仰带来的问题

"尽管埃及是非洲武联的总部,但是埃及人的生活习惯宗教信仰更加愿意向阿拉伯国家靠拢,而不愿把自己归入非洲国家的范畴。"①埃及与中东地区的阿拉伯国家交往甚密,忽略了向非洲国家的武术推广工作,这在一定程度上制约了武术的国际化传播。也正是由于浓烈的宗教信仰色彩和严苛的民俗制度文化,以及对待本土阿拉伯女性的态度,使参与武术学习的人员男女比例相差悬殊。埃及重男轻女的现象严重,女性的地位低下,未婚时需要听从父母的安排,结婚后对丈夫也是绝对地服从,若想去参加体育锻炼,必须征求父母以及丈夫的同意方能参加。其实,女性在汉语培训活动中的参与度是高于男性的,只不过参加武术培训的女性比较少,其中部分原因是埃及人对武术有误解,认为武术是一项暴力的运动(习练散打者居多),而且练习的动机大多是想要防身自卫,因此他们不愿意让自己的女儿或是妻子参与其中。种种的原因导致了男女比例的失衡,呈现出男多女少的状态。

5. 武术种类不均衡,教学内容不规范

经调查研究发现,埃及人民无论是从习武动机、习武种类以及习武内容上,都相对倾向于竞技格斗类的武术,尤其热衷于实战性质的武术内容,因此武术在埃及的传播中习武的种类呈现出不均衡的现象。甚至出现有些武术俱乐部对武术的基本功不作过多要求,而是按照国际竞赛套路进行教学。如此一来,学员在学习中仅仅对某一武术套路进行着重练习,却忽略了对武术基本功的练习。通过相关调查发现,一些俱乐部在开设儿童及初学者武

---

① 刘同为:《影响中国武术在非洲传播的主要因素》,《武术科学》2004 年第 1 期。

术课程时,教授的内容不够全面且不标准;开设为有一定基础或年龄稍大一些的学员设置的课程时,武术套路五花八门,但所开设课程的共性是针对武术基本功的练习较少。

6. 用于开展武术的器械较少

埃及虽然是非洲武术开展最好的国家之一,且又是非洲武术联合会总部的所在地,但其用于武术的器械仍然较少,其他武术用品也相对短缺。在武术器械方面,因为刀、剑等铁质器械被视为武器,通常无法通过埃及海关,如此一来,埃及在武术器械的数量方面不足以满足当地习武之人对武术器械的需求。除了武术器械外,武术服装、武术鞋、器械包等相关武术用品同样出现短缺。经济相对落后的非洲国家人均可支配收入较少,而这些武术用品的价格又较高,所以大部分练武之人不能承受武术用品的花销。因此,想要武术在埃及更快更好地传播,首要任务是解决武术器械短缺的问题以及调整武术相关用品的价格。

(二) 武术课堂引入开罗大学孔子学院存在的问题

第一,武术传播者与埃及学员存在语言沟通的障碍。埃及的主要语言是阿拉伯语,在中国,阿拉伯语属于小语种的范围,学习者相对较少,尤其是武术传播者更少接触阿拉伯语。尽管大部分学员会说英语,但受阿拉伯语的影响,埃及人说英语时带有口音,中国的武术传播者在教学时往往听不懂他们所说的英语,与学员交流起来存在障碍。

第二,缺少武术教材,没有规范的武术教学大纲。开罗大学孔子学院主要教授太极拳和长拳,太极拳教学的主要内容是简化的二十四式太极拳,而长拳教学的主要内容是三种长拳,初期学习的是最基本的五步拳。相对来说,武术课堂的教学内容较为单一。而且孔子学院的武术课堂没有专门的武术教材,主要以传授武术技术为主,学生通过模仿教师的动作进行学习,没有将其理论化及系统化,更没有有关武术文化和技理技法的学习。而且在武术课程设置上,也没有教学大纲的编写,教学内容全凭武术教师的选择,他们擅长太极拳就教授太极拳,擅长武术器械类项目就教授武术器械类的项目,有很大的随机性,不够规范,不利于学员的系统学习。

第三,缺少专业的武术教师和完善的基础设施。武术教师在传播过程中起着至关重要的作用,但是,专业武术传播者是极其短缺的。埃及人更加倾向于学习格斗类项目,从埃及散打的高水平可以看出端倪,这也导致武术套路的学习者和武术套路教师较少的局面。目前,埃及有 2 万多人学习武术,但武术教学整体水平较低。在埃及担任武术教学工作的中国教练只有

1名,其余皆是埃及本地的教练,且多从事散打教学。不健全的基础设施也阻碍了武术课堂的开展。学习武术的场地非常不标准,没有专门的武术地毯,训练场所采用"就地取材"的原则,环境相当简陋,再加之武术器械、武术服装、武术鞋等一系列的武术用品的短缺,导致了武术课堂开展效果的不理想。

第四,武术课程的时间难以保障。拳谚有云:"要练惊人艺,需下苦功夫""冬练三九,夏练三伏""若要功夫好,一年三百六十早""鼓越敲越响,拳越练越精",这些谚语无不说明武术的习练是一个漫长的过程,它需要时间的不断累积和大量的精神投入。然而,孔子学院的武术课堂一周只有2—3次,每次1—2个小时,课时安排少,学习时长短。埃及人没有强烈的时间观念,经常出现迟到或学习态度散漫的情况,一节课的时间有限,再加上迟到带来的浪费,有效学习时间所剩无几,这么短的时间难以保障学习效果。

三、中国武术在埃及传播的对策研究

（一）丰富传播内容,加强中埃武术文化交流

中国武术内容繁多,体系丰富,技术复杂,在对外推广中具有很大的难度。目前埃及学员所学习的武术内容都十分简单,几乎没有接触过高难度的武术动作。所以,可以尝试开设初级、中级与高级班,根据学员的水平进行授课,由简入难,循序渐进地推广更多的武术种类。目前,在埃及传播的中国武术主要以武术技术为主,埃及人对于武术文化并不了解。"'武术文化'相较于武术技术而言有一定的特殊性,它是文化的分支。武术文化作为一种带有文化特色的技术语言,与'武术'一词术语本身相比较而言,由于在视域层面和认知角度存在差异,因此存在各有侧重、和而不同的情况。技术是武术存在的现实前提,在普罗大众的认知层面,常常以技击、表演、比赛等形式存在。可以说,'非技术'是武术文化的表现方式,文化体系、艺术审美、价值功能等是武术关注的重点和发展的目标意义。可以肯定地说,把武术当作中国优秀的传统文化进行解读与阐释,比仅仅把武术作为技击和体育来认知,具有更高的高度和更宽的视域,对武术的未来发展有更重要的意义。"[1]武术文化的发展充分体现了文化"走出去"的目的,只不过埃及的武术传播还停留在技术传播的初级阶段,加强中国与埃及的武术文化交流是今后推广的重点。

---

① 郭玉成:《论武术文化的涵义及基本特征》,《搏击·武术科学》2009年第6期。

坚守传统,从传统出发,并在发展中超越传统,实现中国武术的创新性发展与创造性转化是武术文化发展的原则,"中国武术是中华文化的重要因子,在世界文化的大观园中,武术文化在一定程度上代表着中华优秀传统文化的身份,它彰显着中华文化的特征与气质,承载着有别于其他民族(体育运动)显著特性的文化标识"①。因此,武术文化的传播必须"保持传统",保护自身的文化特色,而不是一味地迁就其他文化。要在传统的基础上与埃及本土文化进行融合,最终达到对传统的"超越",实现文化的融合与发展。

(二)输送专业武术人才,形成武术教师教学链

虽然埃及武术爱好者非常多,但水平较低,导致这种现象的最主要原因是没有专业的武术教练。埃及学员对专业的武术教练有着非常迫切的需求。由于中埃两国文化差异,中国的武术教练没有经过培训就直接在埃及投入武术教学中,对埃及的民俗习惯没有充分的了解,在教学中就会出现各种各样的问题。有些培训机构会选择埃及本土的武术爱好者作为武术教练,虽然在文化及沟通方面没有问题,但埃及的武术爱好者不是武术技术水平低就是对中国武术文化不了解,不能将真正的中国武术展现在埃及习练者面前。所以在这方面,中国要多培养可以在埃及进行武术传播的传播者,多输送武术技术高超、文化底蕴深厚、沟通交流能力强的武术教练到埃及进行教学,推动埃及武术的发展。

从中国输送专业的武术教练是解决埃及缺乏武术教练的途径。同时,培养本地的武术爱好者也是解决武术教练缺乏的重要举措之一,培养本土武术教练一方面是对其武术技能的提升,另一方面也有利于培养其武术文化修养水平。孙程在马达加斯加的武术推广对策中提出了"武术专业人才的选拔,要有完善的制度,以高水平武术人才为主要对象,形成武术教师链锁化"的建议,并制定出了详细的武术教练聘用及工作流程,在埃及的武术推广中同样适用(见图4-3)。聘请国内武术专家和选用社会武术人士进行武术教学,可以先签订一份合同(先以一年为期,可以继续连任),对武术学员进行发展方向的指导,并教授武术技能和武术文化课,带领学员参加相关的武术赛事,增加学员的学习兴趣和学习热情,记录学员学习情况并对比赛数据进行分析,最后进行年终总结,选择继续连任或是进行离职前的工作交接,使武术教学的顺利进行及武术教练的聘用步入正轨。

① 王岗、邱丕相:《武术国际化的方略:维系传统与超越传统》,《中国体育科技》2005 年第41 期。

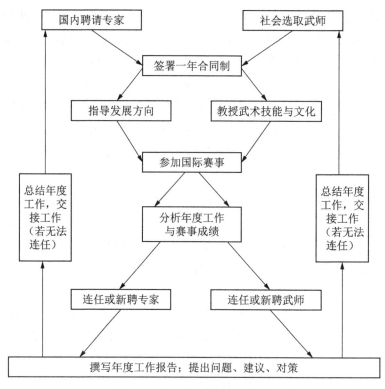

图4-3 武术教师"链锁化"方案

（三）编写武术教材和杂志，实现多途径的武术传播

武术教材是武术传播必不可少的软设备，武术教材的完善与否直接影响着武术的传播。它是学生掌握技术动作、了解武术文化的辅助性手段，学员可以借助武术教材更好地掌握动作细节，理解武术动作所蕴含的文化内涵。针对这一问题可以结合埃及本土的特点编写一本阿拉伯语的武术教材。这本教材可以以阿拉伯语和汉语相结合，方便学生的理解与认知。既然是帮助学员掌握动作细节的教材，建议采用图文并茂的排版方式，使学员能够一目了然地看清动作做法。因为习练武术的学员男女比例失衡，可以尝试根据阿拉伯女性的特点编写一本适合她们习练的武术教材，里面可以是太极拳、养生功法等内容。另外，埃及的俱乐部、孔子学院及文化中心的武术课程内容，基本上都是根据教练所擅长的项目而进行设置的，不够规范，可以根据学员的学情特点、喜好偏向等因素制定一学期或是一学年的教学大纲，有针对性地进行系统化、规范化的教学。再结合专门的武术教材展开课程的开展和推进，相信会取得更显著的传播效果。

有关于中国武术的杂志在一些国家已经发行,"《中华武术》杂志和澳大利亚武术太极学院合办出版,发行了武术英文专业杂志 WUSHUATICHI;巴西出版了一本以介绍搏击艺术为主的专业武术杂志 COMBATSPORT;德国出版的武术杂志 Martial Arts;香港国际武术协会主编了《世界武坛》杂志;意大利佛罗伦萨武术学院主办 WUSHU 杂志;日本武术太极拳联盟主办了《武术太极拳》杂志;美国出版发行的 NISDIEKUNG FU, BLACK-BEIT 和 ATICH 都是以传播中国武术为主的外国杂志"①。这些国家的武术杂志大都涵盖了国际武术发展动态、武术文化、武术技术等内容,有些杂志还包含了太极拳文化等传统武术的内容。国际武术杂志的发行使更多的人多了一种了解中国武术的途径。建议在埃及也开办一家武术杂志社,专门宣传中国武术。除此之外,还要充分发挥互联网的作用,武术网站、电视传媒、手机网络都会成为埃及人获取武术信息的途径。

(四)完善武术用品市场开发,推动埃及武术产业链生产

随着武术国际化传播的不断推进,人们对于武术用品的需求越来越大,通过对关于埃及武术发展的文献资料的分析,发现非洲和埃及的武术用品市场接近于空白,有非常大的开发潜力。例如,练习武术器械时所需要的刀枪棍剑,在埃及的市场上基本买不到,所用的大部分武术器械是由中国武术协会捐赠,或者是中国的武术教练从国内带过来的。但近几年,埃及时局动荡,武术器械被纳入"危险物品"的行列,海关难以通过,不再易于携带出国。因为缺乏武术器械,所以在埃及的武术课程开设时,鲜有武术器械类项目的教学。此外,埃及人去上武术课时一般都是穿着自己的服装,没有统一的、专门用来练习武术的服装。大博文系列的武术运动鞋等与武术休戚相关的服饰,市场上虽然有卖,但是价钱却比中国贵很多。如何增加购买渠道,让埃及人购买到物美价廉的武术服饰,解决武术用品短缺的问题是今后在传播中应该考虑的。完善武术用品市场的开发不仅能够使埃及的武术爱好者拥有更为便捷的购买渠道,还能够带动埃及整个市场的发展,形成埃及的武术用品产业链,带动非洲国家经济的发展。

(五)加强体育院校与孔子学院的合作

缺乏武术教练、没有武术教材、课时无法保障是埃及武术学员面临的主要问题。针对这些问题,"2013 年 6 月,在首都体育学院率先成立了'国家

① 刘勇:《我国武术文化国际传播现状与发展策略研究》,湖南师范大学硕士学位论文,2012 年。

汉办孔子学院汉语推广武术培训与研究基地'后,北京体育大学与其合作院校卑尔根大学签订协议,北京体育大学来负责每年该孔子学院的武术教师。在首都体育学院与北京体育大学这样陆续制定针对性的对策后,再加之对武术师资的培训和管理,为日常的武术教学奠定了坚实的基础,提供了必要的服务,在此基础上,确保了卑尔根孔子学院武术教师的专业性与连续性,从而使得该孔子学院武术课堂得到了稳定的发展,也使卑尔根孔子学院成为世界上第一所以'武术文化'为办学特色的孔子学院"①。

开罗大学孔子学院可以借鉴卑尔根孔子学院的武术发展模式,与中国国内的体育学院以及部分高校合作,联合培养武术教练员、武术教师,在国内接受过系统的学习与培训后,再输送到开罗大学孔子学院的武术课堂中,保证武术课堂的质量;或是选择一部分优秀的武术硕士以及博士研究生去国外的孔子学院进行交流实习,并从国外的孔子学院选取优秀学员作为"交换生"来到中国的高校、体育学院近距离地学习武术,接受更为系统和正宗的武术训练。

第四节　中国武术在非洲传播的策略

一、从"形转"到"心转":强化武术传播的意识

强化武术传播的意识,这个意识包括武术传播过程中的文化"走出去"意识、树立国家良好形象的国家意识,以及能与非洲当地武技完美融合的创新意识。意识具有能动作用,通过强化武术传播的意识,使武术的传播由被动向主动转变,这不仅仅是一项国家的任务,更是对中华武术的一种传承。受儒、释、道哲学思想影响的中国武术具有构建国家形象的文化内涵,武术文化代表的是具有中国特色的文化,也代表着国家的形象。传播者在传承中国武术文化时,应该有构建国家良好形象、注重武术文化"走出去"的意识,将武术领域中的优秀传统文化加以发扬,如武术起源、武术礼仪等,将武术的传播上升到一定高度。

国家形象在和平发展的历史进程中扮演着重要的角色,"从 2009 年'中

① 孙程:《孔子学院在中国馆武术国际化推广中的作用研究——以塔马塔夫孔子学院为例》,宁波大学硕士学位论文,2017 年。

国制造'广告在美国有线电视新闻网播出,到 2011 年初中国国家形象宣传片伴随胡锦涛主席访美在美国《纽约时报》广场播出,再到习近平主席提出的'一带一路'倡议以及'构建人类命运共同体'的战略构想,都预示着塑造国家形象已纳入国家发展战略体系之中。当前我国正努力实现从体育大国向体育强国的转变,并把体育强国的实现作为中华民族伟大复兴实现的标志性事业"①。中国武术在国外有一定的受众基础,成为传播中国文化的重要载体,中国文化的对外传播承担起了塑造国家形象的历史使命,武术文化的传播同样应该担负起重要的传承作用。武术的跨文化传播应该高举塑造国家形象、助力体育强国建设、实现中华民族的伟大复兴的旗帜,同时向世界和非洲人民传递"和平友好"的理念,促进中国与非洲国家的文化交流,"润物细无声"地改善非洲一些地区落后的思想观念。

　　武术在非洲的传播还应该具有创新意识,长久以来的传统体育传播模式已经无法适应文化传播的诉求。在如今和平繁荣、百花齐放的年代,武术的传播不能仅仅局限于以往狭隘的传播模式,应走出以"自我为中心"的狭隘思想,摒弃固化的传播模式,所以,"中国武术的国际化传播应借鉴其他武技传播的成功经验,包容其他文化,坚持和而不同的传播原则"②。但同时也不必盲从,或是与西方体育项目一争高下,而是应取其精华,去其糟粕,改善自身不足,树立创新意识。根据非洲当地的情况选择武术的传播方式和传播内容,不做"假大空"的形式主义,而是真正地从内心提高自身的思想观念与树立国家良好形象的意识,从"形转"到"心转",做到与非洲武技的互利共存。

二、事无制,则不成:加强武术传播的制度建设,建立有效传播模式

　　制度是指大家应该遵守的办事规程和行为准则,任何行业都有其自身的行为规范。"无规矩不成方圆",无制度则无国家,无制度则寸步难行,制度对于一个国家来说非常重要。摩根·丹利前董事长兼首席执行官普赛尔(Philip Purcell)曾经说过,企业管理就是要解决一系列紧密相关的问题。要有健全的规章制度,才能系统地加以解决,否则就会有损失。不完善的制度会造成不健全的管理模式,一家公司尚且如此,更何况是中国武术的国际化传播这种国家层面的文化"走出去"。

---

① 李吉远:《国家形象视域下中国武术跨文化传播研究》,《武汉体育学院学报》2012 年第 46 期。
② 秦子来、王林:《影响武术跨文化传播的障碍》,《体育学刊》2008 年第 15 期。

文化的传播需要建立完善的传播模式。在传播学中"拉斯韦尔 5W 模式"已经深入人心,影响巨大。"拉斯韦尔 5W 模式,是由美国著名学者,新闻传播学四大奠基人之一的哈罗德·拉斯韦尔总结并提出来的一种表述传播过程中各个要素的传播模式,即:谁(who)、说了什么(say what)、通过什么渠道(in which channel)、对谁说(to whom)、最终取得什么效果(with what effect)。"①因为传播的五要素中都包含英文"W",所以这个模式被称为"拉斯韦尔 5W 模式"(见图 4-4)。

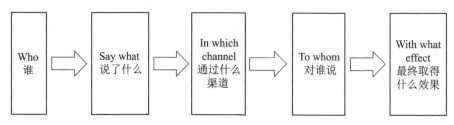

图 4-4 "拉斯韦尔 5W 传播模式"

中国武术的传播可以参照"拉斯韦尔 5W 传播模式"进行规范化传播,那么武术在传播时对应的"5W"分别是"传播者""传播信息""传播媒介""传播受众"和"传播效果"。"传播者"即武术的传播者,处于武术传播过程的主导地位;"传播信息"即武术的传播内容,是由武术传播者筛选、制定的;"传播媒介"包括电影、电视、期刊、杂志、书籍,也可以指孔子学院、武术课堂等一系列的教育机构,是武术传播的载体;"传播受众"则是武术学习者、文化的接受者,就像武术的传播者一样,他们也扮演着非常重要的角色,他们是武术传播内容的直接行动者,武术传播的效果会在受众中得到体现;"传播效果"受前四个因素的影响,只有其他传播环节顺利进行,才能产生好的效果。所以,规范传播模式中的五大传播因素,是武术国际化传播与否的关键。

三、取精华,弃糟粕:优化武术的传播内容

在全球化背景下的今天,西方体育影响着世界体育的发展,中国武术也因此受到了剧烈的冲击。西方体育竞技的理念是"更快、更高、更强",这对中国武术文化产生一定的冲击,使更多中国人选择跆拳道、空手道、拳击等

---

① 王旭东:《非洲各国孔子学院武术课堂开展情况的调查与研究——基于拉斯韦尔 5W 模式》,上海师范大学硕士学位论文,2017 年。

项目,而国外民众自然也会作出同样的选择。另外,非洲人更热衷于田径以及一些更具有身体对抗性的体育活动,这对中国武术来说又增加了其在非洲传播的难度。中国武术有着悠久的历史以及深厚的文化底蕴,其文化的理念是"天人合一",传播中华武术理念能够在一定程度上弥补西方体育的短缺,推动武术文化的国际交流。也正是因为其历史的悠久,导致了部分"糟粕"的存在,比如"博大精深""历史悠久"这些形容词为武术增添了几分优越感,也正是这一丝优越感让武术遭遇了尴尬的境遇,想要"走出去",却始终高昂着头颅,不肯"入凡尘",不愿学习韩国跆拳道、日本空手道等的优秀传播案例,因此增加了遭遇国际化传播的"滑铁卢"的风险。所以,在武术的国际化传播中,要借鉴优秀传播案例,对武术自身的文化与技术进行取舍,取其精华,去其糟粕,优化武术的传播内容,使武术传播的内容能够适应各个年龄段对武术的需求。只有人们意识到武术不是特殊人群的专利,而是人人皆可以学习的大众运动项目,武术的传播才能更加游刃有余。

武术的"入凡尘"与"接地气",固然不意味着要全盘西化,一味地模仿西方体育,但仍需要对西方体育文化持开放态度。现在官方推行的竞技武术是在接纳了西方体育之后,立足于武术传统,融会贯通而产生的中西文化的"结合体",代表了现代武术的精神样貌。尽管存有一些不足,但仍有许多值得传统武术学习的地方。若传统武术仍旧保持"父传子""传男不传女"的陈旧思维方式,注定无法叩开新世界的大门,走向光明的发展之路。

"一个民族要想站在科学的最高峰,就一刻也不能没有理论的思维",这是恩格斯留下来的警世名句。武术在非洲乃至国际的传播都需要理论的支撑、科学的引导。只有在科学的理论支持下,武术在非洲的传播才能够更加合理,当地民众的认可度才能有效地建立,人们对学习武术的意识转变才能更加迅速,因此建立科学的武术理论体系是必不可少的,比如摒弃传统武术中历史所遗留下来的迷信思想和玄幻色彩,以科学的训练方法以及现代的思想观念传播武术,将解剖学、生理学、体育保健学、生物力学、运动损伤与防治等理论知识与武术教学融会贯通,使武术在非洲的传播走上一条科学发展的道路,为非洲国家带来先进的文化与知识,让人们意识到武术内在的价值,真正地造福于非洲的人民,促进中国与非洲国家的友好邦交,构建和谐发展的世界潮流。

四、因地制宜,因材施教:追求"和而不同"的武术传播策略

受中国传统文化渲染的中国武术具有中国哲学的价值观,强调谦让有

礼,受非洲文化影响的非洲武技则野性张扬,热情奔放,注重竞技性。武术在非洲的传播,不是你强我弱、"你死我活"的竞争关系,应该是两种不同的文化的交流与碰撞,两种身体表现形式的融会贯通。这体现了中国武术强大的包容性,吸收非洲文化的优秀因子,学习非洲武技的有利成分,在两种文化的学习与交流中共同进步,攀上更高的山峰,看到更美好的风景,拥有更远大的格局,从而达到更高的层次与境界。

子曰:"君子和而不同,小人同而不和。"中国武术的跨文化传播也是如此。中国武术的在非传播,与非洲武技是一种融会贯通,并不是零和博弈。两种不同的文化相互借鉴相互磨合,使中国武术在非传播能够更好地适应当地的特点,因地制宜地开展武术指导教学,追求"和而不同"的传播策略,也体现了武术的包容性。在与非洲国家的文化交往中,保持一种和谐友善的关系,但也不必过分迁就对方,而丧失了自己的底线,失去了自身的特色与优势。正如有学者所说,"和"是中国传统文化中的典型代表,"和谐""和合大生""中正祥和"等。这也给了传播者一个启示,即在武术国际化发展的同时也要注重武术本土化的建设,中国武术在美国传播就需要"美国化",中国武术在非洲传播就需要"非洲化",因地制宜,因材施教,按照非洲人的需求展开武术教学。受众的文化程度影响着学习武术的不同诉求,比如,文化程度相对低的受众更加倾向于格斗、技击类的武术项目的学习;文化程度相对高的受众则表示对中国的武术文化更加感兴趣。所以,可以根据受众喜好的不同开设不同特色的武术课程:一是注重理论的武术文化课程,二是注重技术的武术技能课程,学习者可自主进行选择,当达到一定的水平之后,再进行综合的授课。毕竟理论和技术不分家,各个课程学习一段时间后总能达到两者的融合,这样一来,武术文化和武术技术都能够得到均衡发展。

王旭东对非洲五国[博茨瓦纳、布隆迪、马达加斯加、刚果(布)、喀麦隆]孔子学院武术课程开设情况进行了调查和研究,在调查"比较感兴趣的武术类型"时,得出了表4-5的数据①,可以看出,这五国的孔子学院的学生对"拳术套路"最感兴趣(55%),其次是"太极拳"(35%)、"器械类"(23%)、"健身气功"(17%)。了解非洲人的需求,是中国武术"非洲化"的前提,只有这样才能够知道他们需要的是什么,可以"投其所好",也便于"对症下药",为武术在非洲的传播打下坚实的基础。

---

① 王旭东:《对非洲五国孔子学院武术课堂开设情况的调查与研究》,《当代体育科技》2014年第4期。

表 4-5 比较感兴趣的武术类型

武术类型	百分比
拳术套路	55%
太极拳	35%
器械类	23%
健身气功	17%

五、武以载道,传承文化:武术文化传播与武术技术传播并重

武术的魅力不仅是"攻防技击"的体育属性以及形式多变的套路演练,更加具有吸引力的是根植于中国传统文化土壤之上的武术文化及精神内涵。武术的学习不仅是身体层面的提升,更是对心智的一种锻炼,其内在蕴涵着丰富的文化价值。传播武术文化本身就是传播中华优秀传统文化的内容之一,因此更要加强对武术文化的传播。文化是国家软实力的重要组成部分,是一个民族、一个国家的灵魂所在,是一个国家最核心、最有力的竞争力。"文化意义上的觉醒才是一个民族真正意义上的觉醒,文化的力量是支撑一个国家长盛不衰的主要因素。"[1]"改革开放以来,我国的经济实力和基建实力得到了全世界的认可,我国业已成为世界第二大经济体。但不可否认的是我国文化产品贸易存在着很大的逆差,世界对中国文化产品的认可度有待提升,与国外的文化产品不能平等对话。西方主流媒体对我国发展的刻意歪曲事实的报道,导致西方人对中国文化产品的误解。另外,西方文化和价值观念对年轻一代的影响很大,因此,维护国家安全文化任务十分紧迫,中华文化在世界上的传播力和影响力还很有限,我们必须加强对外宣传和文化交流,实现文化'走出去'的创造性转化和创新性发展,以此来增强中华文化国际影响力。"[2]可以说,武术文化是中华优秀传统文化的缩影,并在中华民族伟大复兴的进程中占有非常重要的位置,武术文化"走出去"无疑能够带动中国的优秀文化"走出去"。将武术的传播作为"领头羊",在某种意义上也是为其他优秀文化的传播开辟一条新道路。

通过影视作品或者其他媒介,非洲国家的一部分民众认识了武术,并因此爱上武术这一项中国独有的体育项目,所以从技术层面上,武术的传播存

---

① 蔡仲林、汤力许:《武术文化传播障碍之思考——以文化软实力为视角》,《天津体育学院学报》2009 年第 24 期。

② 本书编写组:《解读"十二五"党员干部学习问答》,人民日报出版社 2010 年版,第 173—174 页。

在一定的优势。我们可以将技术的传播作为一个载体,但最终目的必须是中国文化"走出去"。中国武术有别于西方体育运动的很大一部分原因,是因为武术不仅具有体育属性,它还是一种文化、一门艺术。它可以通过身体的运动来展示中国的哲学思想,讲究"内外兼修""天人合一"的习练法则,包含了"五行""八卦""阴阳"等学说体系,有"一阴一阳谓之道也"的说法,注重"伦理道德""礼仪教化"的研习。受儒、释、道等传统文化的影响,中国武术奉行的是止戈为武,是修身养性之术,所以习练武术的过程也是人的和谐发展的过程,一切以暴力为目的的修习,均是"灭武"的行为。因此,只有了解中国武术文化,才能够学到真正的武术技术。现在进行武术的传播时,一般更加注重武术技术的传播,忽视武术文化的传播,武术要想在非洲扎根,就必须以武术文化的传播为主导,做到武术文化和技术的共同传播与发展。

六、水能载舟,亦能覆舟:武术传播者是武术国际传播的载体

武术传播者是中国武术国际传播中最重要的载体,其对武术的传播起到直接的作用。所谓水能载舟,亦能覆舟,而武术传播者对武术的传播也起到相同的作用。通过前文研究,可知中国武术在非洲的孔子学院以及民间进行武术传播出现的最大问题是武术教师的供不应求,而且在非洲教授武术的教练水平良莠不齐。让受众最直观地了解武术文化的方式便是武术传播者的直接介入,其他宣传媒介都是间接作用力,武术传播者与受众面对面的交流带来的则是最为直观的视觉冲击。"武术文化传播者的作用主要体现在可以锁定武术的受众,并在有效的时间内掌握或了解受众最需要的传播内容,使受众提高学习能力,进而达到传播武术的目的。"[①]因此,加强武术传播者的专业培养是促进武术在非洲传播的重要途径。但是,"水能载舟,亦能覆舟",国际武术传播者代表的是国家的形象,其综合素养一定要非常高,非专业的武术传播者会使受众对武术产生误解,甚至会有反感的情绪产生,一旦产生消极的先入为主的印象,再想打开他们的心扉便难上加难了。由此可见,不仅仅需要增加武术传播者的数量,而且更要从传播者的内在素养、综合能力等方面严格把控其专业能力,从而确保每位武术传播者的质量,保证有质有量地完成我国武术国际传播的任务。

"国以才立,业以才兴。这是一个国家亘古不变地培养人才,从而实现

---

① 郭玉成、范铜钢:《武术文化传播构建国家形象的战略对策》,《中国体育科技》2013 年第 49 期。

祖国繁荣昌盛兴旺发达的不二砝码。"①培养优秀的武术传播者能够带动武术的国际化发展进程。可以有针对性地对武术的传播者或者是未来的传播者进行专门培养,他们需要掌握中国传统的武术文化,了解中国现代武术,具有系统的理论知识体系,扎实的武术技术基础,还要具备优秀的沟通与交流能力,最重要的是具有高尚的人格与意志品质,拥有国家意识。有研究显示,在国外进行武术传播的人群主要有高校的学生或者毕业生、退役运动员、传统武术传承人以及武术爱好者,针对有关传播者的现实问题,可作如下设想:

首先,除了高校必修的武术课程以外,还可以增设专门培养国外武术传播者的课程,如传播学、跨文化沟通与交流的方法,以及外语学习(可根据自己的意向进行选择,非洲主要的语言为阿拉伯语、英语、法语、德语等,能进行日常的沟通,掌握武术专业术语的翻译),为武术的国际化传播输送人才。其次,退役运动员、民间武术传播者以及武术爱好者则可通过组织一些定期的培训活动,增加理论知识素养,掌握对非洲进行武术传播的有效技能和有限手段,打造一流的武术传播者。武术传播者是武术传播的主体,是中国武术与非洲受众连接的枢纽,所以,武术的传播者不仅要有数量的保证还要有质量的追求。为了加强管理,提高武术传播者的质量,避免"鱼龙混杂"的现象所造成的不利影响,建议加大武术传播者的监管力度,定期进行专门的对外武术传播的培训与考核,只有通过考核,拿到了"国外教学资格"或相应的资格证书,才能够出国进行教学。待其出国后,有关部门仍要定期对这些传播者进行理论或者技术支持,提供专门人才传授管理方法,对一些民间武馆如何运营与教学提供有效的方案。

七、千树万树梨花开:增加武术在非洲传播的渠道

增加武术在非洲传播的渠道可以通过加强影视对武术在非洲传播的作用来实现。当今世界已进入"互联网＋"时代,即武术可以通过新媒体等方式进行传播。早期,大量非洲人对武术的了解来自中国的功夫片,李小龙、成龙等武术明星的诞生,让非洲人对中国武术充满了想象。中国功夫电影的盛行让我们有理由相信通过影视作品来传达武术精神有利于塑造国家形象。为了促进中国与非洲国家的交流,中国与非洲国家可以共同拍摄一部

---

① 李昆明、王缅:《大国策——通往大国之路的中国文化发展战略》,人民日报出版社 2009 年版,第 369—370 页。

关于中国武术与非洲武技的电影,展示两种文化的碰撞和交流,将两种不同的文化相互融合,相互发扬,改革创新,采用"引进来"和"走出去"的办法,借助电影的宣传发展中国武术,带动非洲文化的进步与经济的发展。

增加武术在非洲传播的渠道可以通过武术舞台剧来实现。近几年,武术舞台剧渐渐盛行,例如,中国第一部以少林功夫为题材的舞台剧《风中少林》,将舞蹈与武术进行了融合,在国内外的舞台上展演,"讲述的是一名少林武僧的传奇故事,演绎了一场正义与邪恶的生死较量以及凄美、壮丽的爱情和如诗如画的中原风情"①。《风中少林》的成功给了我们一些关于武术传播的启示,如"以武术的创造为核心,努力建立一个强大的武术品牌","打破纯语言交际的障碍,建立肢体语言沟通的桥梁","以市场运作方式积极开拓国际市场"。在武术舞台剧取得成功的同时,仍要辩证地看待问题。因为武术舞台剧大多是武术与其他艺术形式的融合表演,因此,樊艺杰认为武术舞台剧的推广应该摆正位置,分清主次关系,"例如:(1)技术表演内容,以武术为主为多,其他艺术形式为辅为少;(2)演员表演动作,观众一看便能分清,武术就是武术,舞蹈就是舞蹈,杂技就是杂技;(3)武术项目特点,突出传统武术拳种、器械项目风格特点,使对练项目动作逼真、扣人心弦"②,盲目夸大,或是过分"舞蹈化"都会适得其反,武术舞台剧在表演时能够摆正"舞"与"武"的位置至关重要。

书籍、杂志等传播渠道也是必不可少的,目前国外发行的关于武术的书籍、刊物、报纸都比较少,增加书籍、刊物、报纸的发行量是促进武术传播的途径之一。书籍、杂志等传播渠道仍然是传播武术的重要途径,可以通过在非洲的一些国家成立出版社或者杂志社,记录和报道国内的武术大事件,以及武术在国际传播的现状、问题以及对策等的专业分析,针对武术对非洲人民产生的积极影响进行重点报道,让非洲人更快更好地接纳中国武术,将武术文化传扬到非洲的各个国家,真正做到掷地有声,落地生根。

当然,值得注意的是,虽然"互联网+"业态具有时效性强、全时性强、传播内容量大的优势,对于武术的国际传播具有强大的推动力,使武术传播打破原有国家和地区的限制,并突破了师徒制教学,但也存在一些弊端,需要给予更多关注并加以完善。首先是缺少统一且有效的管理。武

---

① 王国志:《从舞台剧〈风中少林〉看武术的艺术化之路及国际传播》,《成都体育学院学报》2011年第37期。

② 樊艺杰:《商业化"功夫舞台剧"的传播及传统武术技术发展走向》,《首都体育学院学报》2014年第26期。

术网站种类繁杂混乱，自身独立性强，各个网站之间缺少统一的标准而且没有有效的宣传手段，因此知名度不高，受众市场狭小，传播效率低下，只有武术相关工作者、研究人员和爱好者才会关注。其次是网络上的传播没有办法做到理论与实际相结合，无法对武术学习者进行有效的、针对性的教授。

八、他山之石，可以攻玉：规范武术段位考核制度，打造武术国际品牌

"一个品牌成熟后，就会有固定的消费群体，这种消费群体与市场之间会逐步形成一种较为丰富的无形资产，它直接影响着消费者的购买心理和决策，当然除了购买行为之外，还会给企业带来诸多的利益收入。"①因此，品牌是企业的无形资产，对于中国武术来说，要想走出国门，实现武术文化的"走出去"，树立国家良好形象，则需要树立自身的"品牌意识"。只有树立起"品牌意识"，做成武术精品化的传播，非洲乃至世界的民众才会有"消费"的欲望。打造国际品牌，首先要"以点带面"地进行传播，鉴于武术种类繁多，拳种与拳种之间也存在着一些差异，因此武术的国际化传播不可能将全部的拳种推向国外，无法做到面面俱到。选择具有代表性的武术拳种以及具有民众基础的武术拳种先行走出国门，一部分拳种先"富"起来，先"富"带动后"富"，最终实现武术国际化传播的"共同富裕"。现在，已经有一部分拳种的推行成果较为可观，比如"太极拳""咏春拳""少林拳"等，这些拳种代表的是中国品牌，提到武术，外国人脑中自然而然就浮现出了这些拳种的名称。

打造武术的国际品牌，还应该做到考核制度的规范化。目前中国对于武术等级的考核制度是"武术段位制"考核，"《中国武术段位制》是国家武术研究院和武术运动管理中心制定的一项全民武术锻炼等级制度"，并"根据个人习练武术的年限，掌握武术技术和理论的水平、研究成果、武德修养，以及对武术发展所作出的贡献，将武术段位定为九段"②，包括初段位（一段、二段、三段）、中段位（四段、五段、六段）和高段位（七段、八段、九段），不同段位采用不同的等级标识，分别用鹰、虎、龙三种动物与青色、银色和金色三色来表示（见表4-6）。

---

① 黄合水：《品牌学概论》，高等教育出版社 2009 年版，第 100 页。

② 林大参、张云龙：《跆拳道段位制对中国武术段位制改革的启示》，《首都体育学院学报》2014 年第 26 期。

表 4-6　武术段位、等级标识一览表

武术段位、等级标识								
段位	一段	二段	三段	四段	五段	六段	七段	八段	九段
等级标识	青鹰	银鹰	金鹰	青虎	银虎	金虎	青龙	银龙	金龙

　　韩国跆拳道是东方武技的代表之一,是奥运会的正式项目,其考核晋级制度已经非常完善了。中国的考核晋升的制度可以借鉴其优良之处。跆拳道通过十级九段的方式进行区分习练者水平,从十级到一级水平不断递增,并用不同的道带颜色进行区分,达到一级后才可以入段(见表 4-7)。可以看出,韩国跆拳道的等级划分得更为详细。值得一提的是,中国武术象征等级的标志为带有鹰、虎或龙的胸牌,硬币大小,不太容易识别,除非是近距离地正面观察,才能加以辨认,而且易于丢失。在韩国跆拳道中,等级的标志用腰带进行区分,一目了然,即使在远处,依然能看到白色道服映衬下的不同色彩。相比较而言,韩国跆拳道的等级更易于识别,值得我们学习。

表 4-7　跆拳道级段位、等级标识一览表

跆拳道级段位、等级标识								
级段位	10 级	9 级	8 级	7 级	6 级	5 级	4 级	3 级	2 级	1 级	1—9 段
等级标识	白带	白黄带	黄带	黄绿带	绿带	绿蓝带	蓝带	蓝红带	红带	红黑带	黑带

　　另外,在晋升段位时,跆拳道更加注重"打练结合",而中国武术段位制的晋升,"由于主要通过'练'而获得,脱离武术的技击特点,很难得到武术界内外人士的充分认可,并在传播过程中丧失传播内容,使武术主要体现了'舞'的特点,而非'武'了"[①]。武术在非洲的传播需要规范的考核晋升制度,只有考核制度步入正轨,武术的国际化传播之路才会更加顺畅,借此焕发出非洲学员们不竭的学习热情与不断挑战自我的竞争精神。相信在各方的努力之下,中国武术的段位制能够不断地进步和完善,在武术的国际化传播中发挥出更大的作用。

九、重拾信仰:以学校为主阵地,创办中国武术特色教育

　　文化是一个民族的根和魂,青少年是一个国家的未来与希望。可是,受

---

　　① 郭玉成:《跆拳道、空手道、柔道传播对武术传播的启示》,《上海体育学院学报》2004 年第28 期。

体育全球化的影响，我国的青少年对中国武术兴趣较弱，而倾向于学习跆拳道、空手道以及西方体育项目。中国武术面临着缺乏信仰的问题，中国青少年不学习武术，又怎能做好武术的国际化传播呢？而"对一个国家与民族而言，教育是关系到这个国家、这个民族发展与兴旺的根本大计"①，教育的意义不言而喻，因此，学校应当成为武术教育的主阵地。

"中小学体育教育应适当增加中国武术的内容。"这是中共中央宣传部、教育部在《中小学开展弘扬和培育民族精神教育实施纲要》中提出的明确要求，一系列的武术健身操也已经在中小学推广与实施。解决好武术自身的问题，才能考虑对外传播的问题。因为武术的复杂性，很多学生"喜欢武术，不喜欢武术课"，提到武术就认为很难，还没有开始就已经望而生畏，而深化改革武术的教育内容是解决这一窘境的方法之一。

深化落实国内的武术教育的同时，国外的武术传播则需要借助孔子学院这一平台进行开展。"孔子学院是武术国际化发展的主要阵地和纽带，武术在孔子学院的开展，一方面为武术的对外传播拓宽了思路，扩大了市场，同时也改善了孔子学院单一的教学模式。"②不仅如此，武术和孔子学院的"联姻"能够创建中国文化品牌，提高国家的文化软实力，在这一方面，两者具有共通性，"武术的对外传播以及孔子学院的建设都是以提升中国文化软实力为逻辑前提的。可以说，武术成为孔子学院课程设置的内容之一具有可行性：因为，从文化的耦合性来看，武术与孔子学院有高度的一致性；武术的一些文化理念与孔子的理念有一种重合性，有助于维度阐释'和'的理念，有助于中外文化的交流与融合；外国学生学习中国武术可以起到强身健体的作用，进而提高身体机能、学习兴趣与效率。"③非洲的一些孔子学院也已经开设了武术课堂，这一点充分论证了武术在孔子学院开展的可行性。

武术的对外传播应以各个地区孔子学院为基点，形成"孔子—武术"连线，以特色教育向世界青少年传递武术文化，打造全球武术传承矩阵，借助青少年力量弘扬武术、发展武术。

---

① 王岗、吴淞：《"大武术观"视域下中国武术发展路径研究》，《北京体育大学学报》2013 年第36 期。

② 王学爽、梅航强：《武术进入孔子学院的可行性与对策研究》，国家体育总局武术研究院，中国体育科学学会武术分会，2010 年。

③ 李守培、郭玉成：《武术入驻孔子学院的可行性与策略研究》，国家体育总局武术研究院，中国体育科学学会武术分会，2010 年。

十、星星之火，可以燎原：加快构建非洲各国武术组织

中国武术在非洲传播并非一日之功，武术的在非传播想要打下坚实的基础，离不开非洲各国对中国武术的支持，同时，良好的国际关系也有助于中国武术在非洲的有效传播。因此，加快非洲大陆各国武术组织的构建，并有效地发挥中国武术协会中秘书长的作用，积极配合国际武联工作，将非洲作为中国武术国际化传播的主要阵地之一。同时，非洲大陆各国武术组织的构建也需要中国的大力支持，要充分考虑非洲经济落后的现状，通过特殊渠道和相关政策对非洲进行武术硬件以及软件的输出，比如中国相关组织可以向非洲大陆国家的武术协会组织提供传统武术器械。如此，不仅可以帮助非洲各国武联有效开展武术教学活动，还可以加快传播武术技术和文化内涵。此外，中国武术协会可以向非洲武联提供教练人才培训当地武术教练员，由此可以避免中国武术教练在语言、生活习惯、环境气候以及薪资等方面的不适应。在本地武术教练为当地人民打下一定的武术基础之后，再由中国教练员对其进行进一步更深层次的教学，将会产生更好的效果，也能解决中国武术教练员人才短缺等现象。目前，非洲各国加入国际武联的只有 11 个国家，还有 40 多个国家并没有加入，所以国际武联目前要解决的重要问题就是大量国家尚未加入。为了更好地解决这一问题，可以充分发挥中国驻非大使馆的作用。

驻非大使馆可以助力中国武术的在非传播。国际武联和中国武协应当相互协调，并积极配合中国大使馆，将中国驻非大使馆作为中国武术国际传播的重要环节和平台，通过大使馆协调、联络中国武术教练前往非洲教授和推广武术。通过大使馆特殊的地位，助力非洲各国建立武术组织，吸引当地对武术感兴趣的人们加入中国武术组织，以武术基本教学、武术文化传承、武术团体活动等内容全方位地传播中国武术。因此，首要任务是在非洲各国建立全国性武术组织，不断扩大武术阵地，发展二级、三级武术组织。

星星之火，可以燎原，只有各国构建起一定数量的武术组织，组织之间才能有效开展一系列武术比赛、教学等活动，武术的国际化传播才能更加高效。

综上，武术是中国传统文化土壤中孕育出来的一朵奇葩，它历史悠久，博大精深，内容丰富，是最具代表性的中国传统文化之一。在全球化发展的大背景下，响应国家号召，武术文化"走出去"，不仅能够传播中国文化，弘扬民族精神，还可以塑造国家形象，提高文化软实力。我国与非洲自建交以来

一直保持友好的往来关系,作为发展中国家和发展中国家最集中的大陆,我们与非洲之间拥有很多的共同话题,也有许多让人难忘和感动的事迹流传。将中国武术传播到非洲大陆上,既能实现中国文化"走出去"的目标,又能建构中国与非洲国家交流的桥梁,将中国人民与非洲人民更加紧密地联系在一起。

武术在非洲的传播主要通过四种方式,第一种是在非洲孔子学院武术课堂的传播,第二种是通过民间武术组织进行的传播,第三种是通过社会各界武术爱好者进行的传播,第四种是通过电影、电视剧等影视媒介进行的传播。目前在非洲已经建立了多所孔子学院,有些孔子学院也开设了武术课堂,而且是最受非洲学生欢迎的课程,同时,武术课堂在开展时仍旧面临着专业武术教师的短缺、场地和器材的不足以及武术教材的匮乏等问题;民间武术组织在武术传播中贡献巨大,这也是武术在非洲最主要的传播方式之一,但是,在管理以及授课内容方面还不够规范,传播规模较小;武术爱好者需要具有一定的威信才能达到传播武术的目的,可喜的是有些非洲人也致力于武术的传播;影视媒介是影响最广的一种传播方式,绝大多数的非洲人认识武术的契机便是中国功夫电影以及李小龙、成龙、李连杰等功夫明星所给予的。

这四种传播方式均为中国武术在非洲的传播作出了巨大的贡献,但在跨文化传播中也出现了各种各样的问题:(1)武术传播的社会环境制约了武术的发展,包括武术传播制度的不健全、投入资金的不充足、国际武联不受重视等因素;(2)武术传播的系统性问题,包括庞杂的武术传播内容、缺乏专业的武术人才两大问题;(3)传播过程中的管理不善,传播水平的良莠不齐;(4)功夫电影的传播是把双刃剑,让非洲人认识武术的同时也让他们对武术产生了误解;(5)武术赛事的参与度存在理想的"丰满"与现实的"骨感",让中国武术的传播充满"失落感";(6)中非自身的文化差异限制了武术的传播,包容内敛的中国文化和张扬个性的非洲武技产生了碰撞与摩擦;(7)非洲恶劣的传播环境阻碍了武术的传播;(8)受众的接受程度影响了武术的传播。

针对这些问题,笔者提出以下解决策略:(1)强化武术传播的意识,站在国家层面思考文化"走出去"的问题,从"形转"到"心转",达到质的飞跃;(2)加强武术传播的制度建设,建立有效传播模式,利用"拉斯韦尔5W模式"理论进行武术传播;(3)根据非洲的地域特点和人文特征优化武术的传播内容;(4)做到因地制宜,因材施教,追求"和而不同"的武术传播策略;

(5)以武载道,传承文化,文化的传播才是根本目的,所以应该做到武术文化传播与武术技术传播并重;(6)武术传播者是武术国际传播的载体,应该大力培养武术传播者,向非洲输送人才;(7)增加武术在非洲传播的渠道,让非洲人通过更多的途径认识与了解中国武术文化;(8)借鉴优秀传播案例,规范武术段位考核制度,打造武术国际品牌;(9)以学校为主阵地,创办中国武术特色教育,为中国武术的传播培养后备人才。

在个案研究中,笔者选择了埃及作为武术传播的研究对象,是因为埃及在非洲处于一个非常重要的地理位置,研究埃及武术的发展情况对于武术在非洲国家与阿拉伯国家的传播都有很大的价值。研究从与埃及的渊源关系展开论述,对埃及的武术发展现状做了研究,并针对出现的问题提出了相应的策略:丰富传播内容,加强中埃武术文化交流;输送专业武术人才,形成武术教师教学链;编写武术教材,实现多途径的武术传播;完善武术市场开发,促进埃及旅游业发展;加强体育院校与孔子学院的合作。这些策略都将切实地解决武术传播中出现的问题,为武术在埃及的传播指明方向。希望借此研究能够为武术在其他地区与国家的传播和发展提供一定的理论与实践基础,也希望中国武术走出国门,带动中国文化的传播,让中国成为"体育强国""文化强国",为树立良好的国家形象而不断努力。

第五章　中国武术在美洲传播的
问题分析与策略研究

伴随着全球化浪潮的持续推进与不断深化,国家间的竞争越来越强烈。人们逐步发现综合力量才是一个强大的现代化国家维持地位所需要的力量。这种力量不仅包括政治、经济、社会和制度力量等,还包含了先进的、强有力的文化力量。①文化是一个国家人民的精神内核,它代表的是一个民族的底气和人民内心的归属,更是一个民族和一个国家长久发展的强大动力。要实现中华民族伟大复兴的中国梦,必须大力继承、发扬、传播中华优秀传统文化。近年来,随着国家建设"文化中国"、实现"文化自信"与"走出去"的提出与开展,中国武术作为中华优秀传统文化的杰出代表,是一种能够很好地向世界诠释中国声音、中国形象和中国文化特质的极具辨识度的文化符号,通过特有的武术"语言"和意境向世人展现圆融和合的中国哲学境界。

因此,让中国武术走向世界,是实现中国文化"走出去"的必不可少的一项内容。中国武术在我国的文化软实力中占有重要的地位,在构建人类命运共同体进程中产生了很大的影响。中国武术走向世界成为让世界人民全面地了解中国、感受中国、喜爱中国的有效途径,也成为树立良好国家形象的重要举措。美洲,这个现拥有约 10 亿人口的广袤土地,诞生了一大批如美国、加拿大、巴西、阿根廷、古巴等对当今世界政治、经济、文化、军事产生重大影响的国家和地区,自然是中国武术国际传播不能也不应该"缺席"的重要区域。本章节的研究主要以这些美洲具有代表性的国家为调查对象,探寻武术在美洲传播的历史脉络,揭示武术国际化传播的内在规律与现实挑战,提出武术在美洲进一步发展的建议与策略。

---

① ［挪威］托马斯·许兰德·埃里克森:《全球化的关键概念》,周云水等译,译林出版社 2012年版,第 1 页。

第一节　中国武术在美洲传播的现状

武术是中华文化中独特的民族文化符号,它凝聚了中国各民族的智慧和特有的文化基因,也是中国特有的传统体育文化项目。[①]从最早的"淘金热"时期第一批华人劳工首次登上美洲大陆,到中国面向世界全方位的改革开放,中国在向世界诉说自己故事的同时,也让世界更加深入地了解自己。在此过程中,中国武术以其独特的魅力出现在世界历史舞台上,通过中国武术,美洲人民有机会了解中国、喜爱中国,塑造了良好的国家形象,促进了美洲与中国人民之间的友好情谊。

一、官方武术机构在美洲传播武术的情况

（一）国家武管中心在美洲开展武术传播的情况

国家体育总局武术运动管理中心及各个省市的武术管理中心,以其官方身份使得他们在进行武术对外国际传播活动时更易于整合各方面资源与力量,在长期的对外武术交流与传播过程中发挥了巨大的作用。在现实社会中,任何事业的发展都必须得到国家的支持与指导,中国武术的对外交流与传播发展更是如此。为了使武术得到更好的发展,国家体育总局成立了武术运动管理中心,设置合理机构,完善工作制度,制定武术发展规划,其中外事部是武管中心的重要部门,它的主要职责是负责国际武联秘书处的工作、负责中心外事工作以及组织开展与国际体育组织和各国（地区）间的武术交流与合作。为了让中国武术在国际之间能够进行有效的传播和发展,在1982年全国武术工作会议上,经过缜密的交流与沟通,明确了武术对外传播的战略推广方针,随后对于武术的国际化传播制定了详细的推广计划和步骤,为武术"走出去"奠定了扎实的基础。多年以来,国家体育总局武管中心举办了多种赛事活动,他们会不定期地举办世界级武术比赛、集中多方力量在世界各地组团进行演出,他们也会在国内培养优秀的武术教练员然后将他们派遣到世界各地举办武术相关的各类培训班。通过这些方式,中国武术在世界范围内得到了有效的传播与推广,与此同时,在全球化背景下,是中华优秀传统文化宣传的闪亮名片。2013年伊始,武术管理中心非常重视武术的管理规范工作,强化武术的日常管

---

① 　于文谦、戴红磊:《中国武术对外推广的战略思考》,《首都体育学院学报》2016 年第 1 期。

理工作,并在大武术观的指导下,认真制定落实武术传播与发展的标准化、规范化、国际化的工作方针。同时加强武术对外传播的宣传工作与交流方案,完善武术发展的内外环境,使武术得到科学的可持续发展,加大武术团体出访五大洲国家,提升武术的海外影响力。在此指导方针的指引下,国家武管中心通过扎实有效地工作,成绩斐然,仅以在美国的情况为例(见表5-1)。

表 5-1　国家武管中心在美武术传播活动一览表

时间	事件
1974 年 6 月 3—7 日	中国武术代表团受邀去美国访问
1995 年 8 月 17—22 日	美国巴尔的摩成功举办了第 3 届世界武术锦标赛
1997 年 4 月	参与指导全美世锦赛选拔赛,派遣武术表演团访美
1999 年 12 月	在美国拉斯维加斯举办中国功夫—美国拳击争霸赛
2000 年 7 月	在中国广州举行了中国功夫—美国拳击争霸赛
2002 年 4 月 10—13 日	中国体育科学学会和中国武术协会代表团被邀请参加全美体育、健康、舞蹈展览
2002 年	对广西太极拳代表团访美交流进行审批准许;山东武术队赴美参赛交流
2003 年下半年	国际武联教练员、运动员培训班在美国举办
2004 年 7 月	参与华盛顿泛美武术锦标赛、美洲武术技术培训班
2007 年 7 月	在休斯敦参与指导全美武术锦标赛
2009 年 11 月	在广州举行"蓝带杯"中美武术散打对抗赛
2010 年 10 月	在华盛顿创办美洲青少年武术培训班
2011 年 8 月 18 日	中国武术协会代表团在纽约联合国总部举行主题为"和平、友谊、健康"的武术专场表演

(二)孔子学院在美洲的武术开展情况

汉语在世界范围内受到越来越多人的欢迎,形成了"汉语热"现象。教育部中外语言交流合作中心借此机会进行了大力推广,使得孔子学院在世界各地建立,并如雨后春笋一般苗壮成长,而今孔子学院已经成为中国文化"走出去"的重要品牌。①根据相关资料可知,目前中国在美洲所建立的孔子学院已经达到了 157 所,中小学孔子课堂也有 544 个。这些学院和课堂针对武术组织开展了多种活动,包括武术的教学、举办武术专家讲座、进行武术表演和组织武术竞赛等,这些活动大大提高了武术在美洲的认识度和知

---

① 李颖:《孔子学院武术发展策略研究》,《体育文化导刊》2012 年第 9 期。

名度。在国家文化"走出去"的背景下,孔子学院和武术国际化传播有着共同的文化使命,即向全世界传播中国优秀文化,促进不同民族、国家、地区人民间的友好交流。因此,要想使武术在美洲大陆得到有效的传播,我们必须首先对汉语进行广泛推广,将孔子学院和孔子课堂打造成武术在美洲推广的主要力量,使其成为促进武术对外传播与发展的必不可少的平台。可以说,武术在孔子学院的设立不仅有利于孔子学院的发展,而且对武术自身的国际化而言也起到了积极的作用。但是,在这个让人惊喜的局面之后却出现了让人困惑的问题。汤一介先生曾开宗明义地指出,孔子学院不能单纯地以教授语言为其根本目的,最主要的是要加入对文化的教学。①不得不承认的是,事实正如汤先生所说的那样,孔子学院在美洲大陆的创办对中国文化和武术的传播都产生了很大的作用和影响,但是在孔子学院的教学上,确实过多地强调对汉语的传授,而忽略了通过对中华优秀传统文化的传播,从而使得世人难以感知中国独有的文化魅力。

此外,目前武术在美洲孔子学院的传播还受到其他一些因素的制约和影响,比如武术信息与教学普及资料的不足,缺乏具有国际视野素质较高的武术传播人才,由于文化视野上的不同所引起的观念和认知差异,以及不同民族之间多元文化交流、碰撞、融合过程中所产生的阻碍,等等,都在较大程度上限制了武术教学在孔子学院的有效开展。为解决这些问题,在美洲孔子学院开展武术传播应该凸显武术的强身健体和陶冶性情的功能,建构完善人格的良好形象,这样有利于形成共同的文化和价值共识;深度发掘武术在美洲孔子学院的传播渠道,将美洲各武术组织团体和孔子学院以及孔子课堂有效地整合起来,形成合力;应充分利用孔子学院在美洲大陆已经形成的品牌效应,丰富武术传播渠道,增强网络传播平台的建设,应特别重视通过网络社交媒体尤其是各种自媒体的渠道来推广传播中国武术,从而实现中国武术在广大美洲地区的广泛传播和深度发展。

二、民间武术馆校在美洲的武术传播情况

(一)美洲民间武术馆校概况

美洲的民间武术馆校是指由美洲普通民众(包括美洲当地人、美洲移民等)自发组织的,以教授中国武术为主要内容,营利或非营利的各种非官方

---

① 郭玉成、李守培:《武术构建中国国家形象的定位研究》,《北京体育大学学报》2013年第9期。

的武术组织团体。美洲民间武术馆校会根据武馆创办人的经历不同对武馆进行分类，主要分三类：以竞技武术套路为主、传统功夫为主以及少林武术为主的武馆。第一类武术馆校主要是以竞技武术套路，也即武术比赛套路为主要教学内容，缺少技击的教学，但会涉及套路中的招式教学，如被人们所熟知的张桂凤老师的美国武术学院（US Wushu Academy）、张红梅老师的斯坦福大学武术训练中心等，他们移民至美洲然后创办了属于自己的武术学校，是比较早的一批作为北京武术队先锋的知名运动员。第二类武术馆校的创办人多是在早期移民到美洲的以教授传统武术为主的武术传播者，例如陈培大师美国华林寺、钟永寄师父开设的少林功夫学院以及孟庆丰老师开办的黑旗门咏春学院等。第三类武术馆校主要教授少林武术，这里的创办者大多是少林寺的入室或者俗家弟子，比如张本学老师创办的武林寺就是以少林功夫为主要的教授内容。

（二）民间武术馆校在美洲传播武术的主要方式

影视剧行业的兴起，中国武术有了新的传播途径，由功夫巨星如李小龙、成龙、李连杰、甄子丹等出演的有关中国功夫的电影在国外的火热传播，让很多人了解了中国武术。加之中国国家综合实力的极大提高，这使得中国武术在美洲大陆有较高的知名度，成为一种开展比较广泛、习者众多的体育项目。但与跆拳道和空手道等国际化的体育项目相比，中国武术馆校无论是在数量上还是在规模上都还存在着较大的差距。由于中国武术馆校和美洲其他体育项目之间存在竞争，中国武馆之间也不可避免地会有一些内部竞争，这就对中国的武术馆校在美洲的生存和发展造成了一定的困难。而且中国的武术馆校在美洲分布的位置不同，所招收学生来源也会有所差别，有的甚至招收了越南、韩国和中国等国家的人。从以上情况可以看出在各个武术馆校学习武术的大多数是亚裔，这在一定程度上说明了中国武术在美洲推广以来还没有融入美国，没有完全被当地人民所接受。[①]

为了寻求自身的生存与发展，美洲的这些武术馆校在面对一些较难解决的问题时，没有回避和退缩，而是积极创新，寻求破解之道。其中较为有效的方法，一是参考中国武术段位制和世界其他武道的段位制实施的成功经验，创造性地建立了适合美洲武术传播与发展的"美洲武术段位制"，这种

---

① 孟涛、周庆杰、裴康凯：《中华武术在海外的传播与发展研究》，《成都体育学院学报》2012年第5期。

"美洲武术段位制"与国内实行的武术段位制评价标准会有所差别,它的武术晋级标准是以其他各国武术馆校的教学内容和自身实际情况为基础制定的,大多数武术馆校主要通过腰带的颜色来区分武术的技术等级。这种既有自身特色又符合国际通行标准的"美洲武术段位制"实施以来,获得了广大习武爱好者的认可和喜爱。不容置疑的是,这种"美洲武术段位制"对于中国武术在美洲的可持续发展起到了重要作用。二是"After School"的出现给美洲武术馆校经营范围和教学方式带来了一个新的突破口,"After School"的意思是放学以后的学校,这就与中国国内的一些课外辅导班有很多相似之处。需要强调的是"After School"不仅仅教授武术内容,而且还开设各种文化课和兴趣班,教学内容丰富多样,以满足不同消费人群的需求。这种"After School"模式主要针对在校的中小学生,尤其是小学生居多。因为在美洲的很多国家中小学放学时间都比较早,而家长又忙于工作没有足够的时间照看孩子,因此这种类似课外辅导班的"After School"就比较受到学生家长们的欢迎,这从客观上有利于中国武术在美洲的传播发展。

三、功夫电影对武术在美洲传播发展的影响

（一）功夫电影与"世界电影帝国"好莱坞的融合对武术在美洲传播的影响

功夫电影是中国武术与电影艺术完美结合的杰出典范,它在世界范围内极大地拓展了中国武术的国际知名度,为中国武术的国际化进程增添了巨大的推动力。功夫电影借用好莱坞的地位优势,很好地为中国武术的海外传播起到了推波助澜的作用,同时功夫电影也成了最为成功的商业电影之一。这对中国武术在美洲乃至全世界的广泛传播起到了难以估量的促进作用。功夫电影在美洲地区的巨大成功通过几位具有代表性的功夫巨星的电影票房可以略见,因为电影票房是最能够准确地检验出一部电影的传播范围和影响力度的最佳途径。据统计,由李小龙所主演的功夫电影在全球范围内获得了极高的评价,比如《唐山大兄》《精武门》《龙争虎斗》《猛龙过江》和《死亡游戏》等电影到目前为止在全球累计票房已经达到100亿美元以上,由此可见李小龙的功夫电影影响之大、之深远。继李小龙之后,功夫巨星成龙、李连杰等相继勇闯好莱坞,他们在功夫电影方面的成就,通过电影票房可以清晰地说明(见表5-2、表5-3)。

表 5-2 成龙进军好莱坞的主要成绩

时间	片名	北美票房（美元）
1996 年	《红番区》	3 200 万
1997 年	《一个好人》	2.0 亿
1998 年	《尖峰时刻 1》	1.4 亿
1999 年	《我是谁》	2.1 亿
2001 年	《尖峰时刻 2》	3.4 亿
2007 年	《尖峰时刻 3》	5.0 亿
2008 年	《功夫之王》	12.0 亿
2010 年	《天降雄狮》	6.2 亿

表 5-3 李连杰进军好莱坞的主要成绩

时间	片名	北美票房（美元）
1998 年	《致命武器 4》	285 444 603
1999 年	《黑侠》	23 626 931
2000 年	《致命罗密欧》	91 036 763
2001 年	《龙之吻》	78 794 561
2001 年	《救世主》	72 689 126
2003 年	《致命摇篮》	56 489 558
2004 年	《英雄》	127 394 432
2005 年	《猛虎出笼》	50 871 113
2006 年	《霍元甲》	70 400 000
2007 年	《游侠》	40 452 643
2008 年	《功夫之王》	127 980 002
2008 年	《木乃伊 3》	401 128 139
2010 年	《敢死队》	274 470 394

（二）功夫电影在美洲传播中国武术存在的问题分析

马克思主义唯物辩证法教导我们，在认识分析某一事物时应采取"一分为二"的辩证主义立场，客观对待事物的利与弊、得与失，唯有以马克思主义唯物辩证法的观点去看待、分析问题，方能较为客观准确地透过事物的层层表象，从而把握事物的本质内涵。在理性看待和评价功夫电影对中国武术实现国际化过程中所起到作用时，也应该采用马克思主义唯物辩证法的观点。如李小龙的《猛龙过江》《唐山大兄》，或者是李连杰的《少林寺》《黄飞鸿》这样原汁原味地展现中国功夫的电影，抑或是像《功夫熊猫》《花木兰》

《功夫梦》这样的好莱坞式的功夫电影,这些功夫电影本身所特有的动作语言可以突破由于语言差异导致的观众的理解障碍。同时,功夫电影的动作语言本身极具观赏性,甚至可以让观众在不了解故事结构的情况下,仅凭着美妙绝伦的武术动作打斗场景就产生愉悦的视觉和情感体验。这正是中国功夫电影的"独门绝技"。因此,不可否认的是它们在很大程度上对推广中国武术的世界性传播起到了无法替代的关键性作用。

虽然功夫电影对中国武术在美洲的传播起着积极的促进作用,但在肯定其巨大的积极意义的同时,也应该清醒认识到功夫电影毕竟是电影,它是一种将武术艺术化的视觉表现形式,和真正的中国武术相比还是会有很大的出入。拿《卧虎藏龙》来说,这部电影在当时享誉全球,但是在这部影片中,电影制作者为了使电影呈现更好的效果,把电影技术当作创作重点,这在一定程度上反而会掩盖武术本身的重要性,显得中国武术是为影视技术作陪衬而存在。在追求艺术效果和唯美意境的要求下,中国武术的动作风格转向了流畅与飘逸,以意境之美代替了武术的暴力美学。这种飘逸和流畅的艺术表现形式类似于中国古代的武舞,舞蹈元素贯穿于影视之中,武术技击以舞蹈形式展现,因此武舞不分的艺术手法将中国武术艺术化、舞蹈化的电影表现方式在《英雄》《太极》等国际商业大片中。这些投资巨大、美轮美奂的国际商业功夫大片不再关注武术本身应有的本质要义。这样的"玄幻武术""魔幻武术"电影自然不能使观众对武术产生真正的情感共鸣,更不可能亲自进行这种不可能达到的武术实践。当然,功夫电影对中国武术在美洲的传播所发挥的作用,总体而言是利大于弊的。因此,亦不必过于奢求功夫电影这种艺术形式忠实地呈现中国武术,应以功夫电影为契机和途径,让武术爱好者了解现实意义上的中国武术,多渠道、全方位地促进中国武术国际化推广与传播。

四、武术舞台剧对武术在美洲传播发展的影响

(一)中国武术舞台剧概述

中国武术舞台剧是指取材于武术,将武术的各种技术要素根据特定的舞台剧情需要,进行适当的艺术改造与创作而形成的一种具有鲜明武术特色的舞台表演类型。随着人们精神需求的不断提高,以及舞台表演方式的多样化,中国武术舞台剧这种艺术表现形式得到了海内外广大观众的热烈欢迎和高度评价,其本身的武术传播价值得到了普遍认可。

中国武术舞台剧这种艺术表现形式古已有之,只不过在不同的历史阶段其称谓不同,大致可以划分为两种不同类型的表演形式,其中一种表演形

式主要展示的是武术技艺,可以看作是现代中国武术舞台剧的开始。这种表演形式最早可以追溯到汉代,如《汉书·哀帝纪》记载,汉哀帝"时览卞射武戏",这就说明了以武术技艺为主的表演形式在该时期就已经出现了。同样的,在《魏书·奚康生传》中提到了"正光二年三月,肃宗朝灵太后于西林园,文武侍坐,酒酣迭舞;次至康生,康生乃为力士舞,及于折旋,每顾视太后,举手踏足,目真目额首,为杀搏之势"①。可以看出,在这个时期武术技艺表演形式已经初步形成,但是在表现形式上比较简单,没有复杂的动作和声乐的配合。马文有在文章中提到,宋代城市的繁荣昌盛加之黎民百姓生活富裕,在比较繁华的商业地区便出现了之前从未有过的游艺场所——瓦子勾栏。时而有人"作场相扑""使棒作场"。②从中可知,到了宋代,武术的表演出现了变化,开始有了专门的场地。

　　另一种是突出故事情节、凸显特定文化主题的中国武术舞台表演形式。在社会发展日新月异的当下,那种单一的甚至是武术动作和音乐简单"拼凑"的武术表演形式早已不能满足人们的审美要求,这需要中国武术舞台剧及时地进行自我改造和自我创新。当历史的步伐迈进21世纪,中国武术在舞台表演形式上出现了巨大的改变和创新,这是让人为之欣喜的改变。这个改变表现在先后出现了一批具有鲜明时代特征、能够表现时代风貌的舞台剧,比如《功夫传奇》《少林武魂》《风中少林》《少林武术音乐大典》《中国功夫》等。这些优秀武术舞台剧的惊艳面世,标志着中国武术国际化传播新的里程碑。通过这些中国武术舞台剧,海内外的广大观众们不但较为充分地领略了中国武术精彩绝伦、令人叹为观止的高超武技,更为重要的是感悟了来自遥远东方的文明古国那博大精深的"一天人,和内外"的智慧文化。现代中国武术舞台剧已经成为将中国优秀文化和舞台艺术完美融合的成功典范,是向世人表现中国精神和神韵的文化盛宴。著名导演都晓曾指出:"对于外国人来讲,他们无法理解中国文化为何以博大和精深来加以形容,他们也不会理解中国文化博大在何处,又精深在哪里。但功夫在国外很受欢迎的主要原因是:功夫只要去看就能感受到这种力量和技巧所带来的美感。他们认为中国功夫就是中国文化的典型代表,是中国文化的符号文化。"③因此当下的武术舞台剧不仅在向外国人表达中国武术的技艺、展现武术的魅力,更是在对外传播中华优秀传统文化(见图5-1)。

①　旷文楠:《两晋南北朝武术的娱乐性发展》,《成都体育学院学报》1994年第20期。
②　马文有:《套子武术最早出现在宋代的社会学阐析》,《浙江体育科学》2008年第5期。
③　曾庆瑞:《超越武侠:"新功夫剧"崭新崛起》,《中国艺术报》,2011年6月1日。

图 5-1　《中国功夫》剧照

（二）中国武术舞台剧对武术在美洲传播的影响

在中国武术舞台剧进入美洲大陆的早期，主要以展示武术高超技艺的舞台表演为基本形式，这种舞台表演形式更具有真实性，可以更加真切地展现出武术的真实面貌，在一定程度上可以促进武术表演者与观众之间的良好互动。武术舞台剧以现场的高度感染力给予观众强烈的震撼，与在电影院看功夫电影是有区别的。武术舞台剧也以高超的武术技术来达到震撼的效果，醉拳、长拳、南拳、太极拳等不同风格的拳种把中国武术的精华体现得淋漓尽致。早期的、以展示武术高超技艺为主的中国武术舞台剧，基本上以武术套路表演为主，内容丰富、风格各异、流派众多、异彩纷呈，虽然在舞台的灯光、舞美、故事情节等方面显得有些单薄，但它们的可贵之处是在于能够较为真实全面地反映中国武术的原有风貌，表现中国武术独特的精神气韵。这极有利于帮助美洲的观众建立正确的武术基本观念，使他们有参与武术习练实践的兴趣和可能。

随着社会经济的飞速发展以及科学技术的不断进步，武术舞台剧的技术表现手法也不断改进。以突出故事情节，凸显特定文化主题的中国武术舞台表演形式，在舞台表现方式、舞美灯光、气氛营造以及造型设计等众多方面，都较早期的武术舞台剧有较大改进和发展。美洲地区尤其是以美国为代表的发达国家，有着需求巨大和消费旺盛的演艺市场，这就为中国武术舞台剧在美洲地区的发展提供了广阔的施展舞台。以《少林武魂》和《功夫传奇》为例，《少林武魂》在美洲各主要国家一经上映便引起了巨大反响，特别是在美国连续演出近半年的时间，有 150 多场次，美国的 BBC 电视台、哥伦比亚广播公司等都对此做了大量报道，被美国媒体称为"震撼的表演"。当时，《少林武魂》这部舞台剧因为过于火爆，而在纽约连续演出 24 场，同时它也成功地走进了美国的最高演艺殿堂百老汇,在那里连续进行了 7 场演出,而每一场都达到了火爆的程度,即使每场有 1 600 多个座位,票也是供不应求,在那一时间段《少林武魂》的票房就达到了 165 万美元。而在 2004年推出的舞台剧《功夫传奇》,自从推出以来在北京红剧场连续演出十余年。至 2005 年,这部舞台剧在北美也已经巡演了 150 多场,至今国内外演出已超过 1 万多场,并且收到观众的热烈反响,观众认为武术舞台剧既有东方的古典诗意,又有现代的创新手段,是一种对中国武术文化的完美展现。同时,《功夫传奇》也在美国驻场演出,每场演出的观众达到了会场的 70% 以上,票房的收入也达到了制作团队的预期。从中可以看出,中国武术舞台剧的成功发展,不但可以影响经济的发展,也会对中国武术的传播推广起到一定的作用,它不仅拓宽了武术传播的途径,也提升了中国武术在国际上的地位和影响力。社会不断发展,经济水平也在不断提高,人们对于艺术和美的欣赏水平也在逐步提升,这就使得他们对于艺术品质的要求变高。中国武术舞台剧作为一种艺术形式,就需要打造内容更加丰富的经典剧目来满足人们的需求,同时能够真正诠释中国武术的深邃内涵,将中国武术丰富的文化元素更全面地展现出来,让那些具有时代感、不失武术本真的经典作品展现给更多的人,让全世界的人们都能领略到更为纯粹的中国武术魅力。

第二节　中国武术在美洲传播的问题分析

随着中国综合国力的显著增强,以及文化"走出去"的不断深入实施,中国武术在美洲大陆的传播和发展取得了令人可喜的成绩。中国武术在国家体育总局武管中心的统一领导下,采取各种有效途径和办法促进武术的国际化传播。尽管在美洲的传播效果呈不均衡分布,主要是北美洲的美国、加拿大等发达国家武术的传播普及程度要远远高于南美洲的发展中国家,但就总体而言,中国武术在整个美洲地区已经基本形成了较为完善的立体传播网络。成绩是显然的,但问题也是明显与突出的。

一、促进中国武术在美洲传播的积极因素分析

(一)中国武术的特殊功能和内在价值与时代特征的高度契合

进入 21 世纪,人们畅想着、祈祷着从此世界和平,人类不再受到战争的

煎熬,从此过上幸福安康的平静生活。但是事与愿违,世界各地大大小小的战争和冲突总是出现在人们眼前。尽管如此,当今时代的主题依然是"和平与发展","谋和平、求合作、促发展"已成为世界所有爱好和平的人们的共同愿景。随着世界经济、文化、社会、军事以及政治形势的不断变化,全球化的步伐不可阻挡,世界各国在这种全球化浪潮的推动下,逐渐形成了"我中有你,你中有我"的、非常紧密的关系和格局。世界各国也在这种全球一体化的紧密联系中获益匪浅。但人们也应清醒地意识到,当下世界范围内人们受到的传统和非传统威胁的形势依然严峻,比如恐怖主义活动、跨国犯罪、毒品走私、严重传染性疾病、重大自然灾害、地球温室效应、网络安全问题、环境污染等都是整个人类社会必须共同直面的重大问题。在面对这些关系到人类生死存亡重大的问题时,人们不仅需要科技的强有力保障,也需要来自精神上的心灵慰藉。中国武术以其特殊功能和内在价值,恰恰能够做到这一点。

中国武术是中华民族对于搏击之术的特有理解的凝练,汇集了民族独有的性格和气质。经过千百年中国传统文化的滋养,中国武术早已不再是残忍的杀伐之术,而是形成了以技击为本质属性,兼具技击性、养生性、修身性、防身性等特性为一体的独特的东方文化现象。而德艺双修、止戈为武的理念也一直以来被古往今来的武术习练者们所信奉与实践。中华武术也诠释着中华民族人民自强不息、厚德载物的核心价值观,中国武术以武术技术以及技击理念诠释着中国人的身体文化和为人处世之道,这是中华武术对中华文化独有的传承。"武"是由"止"和"戈"两个字构成的,人们常常以"止戈为武"来阐释中国武术的技击理念,解释中国武术的精神内涵。我们也常说,中国武术的终极目标不是追求战胜,而是追求不战、追求和平,也是对儒家"致中和"以及道家"无为无不为"精神的完美解读。① 因此,对于身处纷扰杂乱的环境中的当今世人来说,学习中国武术,体会中国文化,未尝不是一种很好的生活方式。中国武术要想进行国际化传播,就应该牢牢抓住这不可多得的机遇,借此机会让中国武术在广袤的美洲大陆以及全世界范围内广泛传播,造福于世界人民。

(二)中国综合国力的增强和国家战略的需要

一个国家的实力可以分为"硬实力"和"软实力"两种。"硬实力"主要体现在这个国家的经济、军事、自然资源以及人力资源等要素上;"软实力"在

---

① 《武术文化:中原文化的鲜明特色》,http://www.dahe.cn/x。

很大程度上是要通过这个国家的文化影响力来展现的。经过 40 多年的改革开放,全国人民同心同德,抓住重要的战略机遇期,在党的坚强领导下艰苦奋斗,使得原来积贫积弱、一穷二白的中国发展成为繁荣富强的社会主义强国。

中国的综合国力逐步提升,一边加快经济建设,一边提升我国的治理能力,完善我国的治理体系,为中国文化"走出去"奠定了坚实的基础。稳定的经济基础和强大的文化制度以及政治体制都是中国文化对外传播的重要因素和强大的推动力。2012 年全国体育局长会议中刘延东明确指出:"全球孔子学院是中国文化'走出去'的重要阵地,它对中国文化的对外传播起着不可估量的作用。中国武术是中国文化不可或缺的重要组成部分,因此孔子学院的课程设置要加入中国武术文化的内容……体育部门要鼓励多办武校,但要规范管理。"武术文化的推广工作一直是党和国家都非常重视的事务,中国各级武术管理部门必须予以重视,严格贯彻落实国家制定的关于武术发展的一系列政策方针,因地制宜,发挥优势,抓住难得的发展机遇,肩负起让中华文化"走出去"的历史重任。

二、阻碍中国武术在美洲传播的因素分析

（一）异域文化差异对中国武术在美洲的传播产生文化阻碍

在古老广袤的美洲大陆,国家众多、民族各异,催生了异彩纷呈的美洲地域文化。既有古老的美洲印第安原始部落文化,也有来自欧洲的盎格鲁-撒克逊文化等,这些文化就其本身而言存在着巨大的差异,来自东方文明古国的中国武术在美洲大陆上传播所需面对的文化困难可想而知。今日之中国,其综合国力和国际地位为世人所瞩目,中国在这短短的数十年里所取得的辉煌成就,受到世界的赞叹。但世界总是多元化的,有由衷的赞美,就有别有用心的诋毁。面对中国的和平崛起,一些不怀好意的反华势力担心中国的强大会对他们造成一定的威胁,于是各种怀疑、担忧、恐惧的声音不绝于耳,"中国威胁论"层出不穷。文化学者余秋雨先生为了考察中西文化曾走遍欧洲 96 座城市,他指出:"我们对西方的了解,远远超过西方对我们的了解。"①一些发达国家和地区在文化传播方面有着先天的环境优势,也是文化对外传播的集中地。因此要从跨文化传播的角度考虑,抓住在发达国家的发展机会,让武术文化的传播占据优势。西方体育为了使自身成为全

---

① 余秋雨:《中华文明的精髓否定了"中国威胁论"》,《天天新报》,2008 年 12 月 5 日。

球体育文化的主流,其中某些势力不断地实行着体育霸权行为,抵制一些国家的本土民族体育文化。当中国武术在美洲大陆传播发展时,中国武术就自然而然地成了一种他者文化,面对着几乎所有本地文化在与异族文化进行交流时本能采取的自我防卫行为。中国武术作为一种外来文化,注定了其在美洲的传播不可能是一帆风顺和一蹴而就的。还有一点值得关注的是,中国武术在美洲多数是以私人武馆的形式传播和发展的,没有统一的开馆模式和管理制度,而且传播者的文化背景和价值观念也不尽相同,因此想学习中国武术的外国友人对其评价也参差不齐,对真正的中国武术也没有正确客观的全面认知。这就对中国武术的传播造成了一定阻碍。

(二)流派众多、拳种庞杂使受众对中国武术产生了理解障碍

中国武术体系博大精深,绝非几个著名的拳种派系所能够概括的,也不是将中国武术简单地分为竞技武术和传统武术就能够解决的。"教什么"的问题是武术对内传承发扬,以及在美洲传播发展时都需要面临的重要问题,也是主要难题之一。在考虑"教什么"的问题时,还应注意从武术的文化层面和技术层面统筹考虑中国武术在美洲的传播问题。武术从来都是具体的实践过程,而不是空洞的概念游戏。因此,要想让美洲人民较为全面准确地了解中国武术,接受和喜爱中国武术与中国文化,武术的传播内容是关键因素。

目前,传播者的人员层次不同,武术水平参差不齐,对武术的理解也存在差异,这就造成了中国武术在美洲的传播存在一些不尽如人意的情况。中国武术是经过官方渠道筛选进入美洲的,主要是以经过多次改造形成的现代竞技武术为主。大多数美洲人对于武术的概念和认知至今仍不是特别清晰,主要原因是我们在传播模式、传播内容、宣传等方面仍然存在很多需要改进的地方。而在美洲开办的民间私立武馆武校是中国武术在美洲传播的主力军,但它们没有官方的资源优势。因此,从武术馆校自身的生存问题出发,只要能吸引到生源就是成功的第一步。在现实的生存压力下,民间私立武馆武校通常会利用少林、峨眉、武当等传统武术流派的品牌效应来吸引学员。一时间,各色某某少林、峨眉、武当等武术馆校如雨后春笋般地在美洲大地不断涌现,令人眼花缭乱。难道中国武术就分为少林、峨眉、武当三大派?从目前武术在美洲传播的现实情况来看,虽然在内容上中国武术拥有庞大的技术体系,其拳种流派和教学内容也十分丰富,但庞杂而丰富的武术技术体系和技术派别,对美洲人客观地了解中国武术是有一定难度的。因此,我们应该有不同的教学方法和不一样的教学模式,这是相当重要的,

因为这种情况若长期得不到解决，必然会对中国武术在美洲的进一步传播和发展产生非常消极的影响。

（三）顶层设计的缺失使中国武术在美洲传播缺少坚强的领导

"中国武术对外传播要坚持整体性原则，目的是让外国人对中国武术有一个全面的了解与认知，但中国武术同时具有拳种流派的多样性特点，这就要求相关部门必须规划出科学的'整合'战略。"①目前，美洲地区的中国武术传播组织结构主要还是依靠民间武术从业者开办的各种武术馆校，但仅仅依靠他们的力量是远远不够的。中国武术要想实现在美洲地区的广泛而深入的传播，必须站在国家和民族的高度进行顶层设计。目前，恰恰由于顶层设计的缺失，导致中国武术在美洲的传播中，在组织领导方面产生一系列问题。

首先，官方与民间武术组织结构各行其道，合作不紧密，没有形成合力。从表面上看，在美洲地区的中国武术各种组织结构，不论是来自中国的、以国家体育总局武管中心为代表的中国武术官方组织，还是美洲各国内部的国家武术机构和当地的民间私立武术馆校，都在为中国武术在美洲的传播进行辛勤的付出。但是，令人遗憾的是，到目前为止还没有一个组织能够统筹管理中国武术在美洲的传播发展。

其次，中国武术在美洲缺乏统一标准的段位制度，造成管理和相关认证的混乱。中国文化本身就呈现出百家争鸣、百花齐放的特点，中国武术由于受到中国文化的深刻影响，不同的人对武术的理解又各不相同，因此，中国武术在这样的文化背景下产生了众多的武术流派。这一方面造就了中国武术极其庞大复杂的武术技术体系和灿烂辉煌的武术文化体系，这是中国武术与其他国家武技的本质区别所在。但另一方面，中国武术这种特征使得中国武术在走出国门进行国际化传播时，出现一系列重要的问题，也就是"中国武术到底以传播什么内容为主？其考核鉴定的标准如何确定？"，等等。这些问题得不到解决，中国武术在美洲的国际化传播发展就不能很好地开展下去。目前，美洲地区的武术段位制都是各个武术馆校自己根据自身的实际情况自主制定的武术段位考核标准，没有全美洲地区统一的中国武术技术等级鉴定标准体系，这会造成在同一级别的不同武术馆校内，学习武术的学员在练习内容上会有很大的不同，武术的练习水平也会出现差别，武术的段位制若没有统一的评价标准就会给美洲的广大武术练习者造成困

---

① 申国卿：《21世纪中国武术发展的文化学分析》，《体育科学》2007年第5期。

惑,在武术管理认证上也会有一定的困难。当下跆拳道和空手道的国际化认可度比较高,可以说标准化的段位体系在国际化进程中发挥着一定的作用。因此,要加强研究和规范中国武术段位制的评价标准体系,使中国武术段位制在美洲地区乃至世界范围推广并为大家所公认,为武术以后的国际化、社会化以及市场化推广提供科学规范的技术支撑和依据。

第三节 个案研究:中国武术在美国的发展

从历史的角度来看,武术在美洲的传播总是在当时的时代语境中,以其自身的技击实用性与文化生活性,紧密结合当时美洲的政治、经济、文化,逐步呈现出一种跨民族、跨文化的文化现象。研究武术在美洲的传播需要考虑到一种显著区别于武术在亚洲传播的特殊历史特征,就是在近代二三百年的时间里,随着美洲民族独立运动的兴起,诞生了如美国、加拿大、古巴等许多年轻的新兴国家,中国传统文化在此之前由于地理位置的天然阻隔,从未触及这块广袤的土地,和中国传统文化自古以来在亚洲的广泛传播和深刻影响不可同日而语。考察武术在美洲各国的传播,美国无疑是最具代表性的,也是最具研究价值的。

一、中国武术在美国传播发展的时代语境与风雨历程

(一)"淘金热"时期武术在美国的传播

1."淘金热"时期的华人移民和武术流派

西进运动指 18 世纪末至 19 世纪末 20 世纪初,一批又一批的美国冒险家从密西西比河不断向太平洋西岸探索,使得美国边疆土地向西方开拓。19 世纪 40 年代末,抵达加利福尼亚的人们在这个地区发现了金矿,这条消息瞬间在全球引起轰动,普罗大众纷纷成为淘金者,一些资本家注入大量资金,成立各种公司,这便加速了"淘金热"的空前升温。[①]美国是一个移民国家,华人移民是美国外来移民的一部分。据考证,早期移民美国的华人主要是来自广东省珠江三角洲地区。目前学界普遍认为,于 1848 年左右怀揣着淘金梦前往加利福尼亚的中国矿工将中国武术第一次带入美国。[②]

---

① 潜堂:《图说天下:美国》,吉林出版集团有限责任公司 2008 年版,第 86 页。
② 王开文:《中华武术在美国的传播与发展》,《体育文化导刊》2002 年第 6 期。

尚武崇文自古就是中华民族的传统精神。习练武术更是古代中国人尤其是底层人民用来防身自卫、保家卫国的重要手段。按照武术流传与发展的地域分类,可将中国武术分为"南派"和"北派"。两派武术技术技法特点分明,自古就有"南拳北腿"之说。广东武术就是"南派"武术的杰出代表。清朝初年,清政府出于封建统治的政治需要,禁止民间私藏兵器和习练武术,但是像洪门、白莲教等这些反清秘密组织在广东各地暗中广泛传播武术。1841年在广州爆发的三里元抗英斗争取得胜利后,民间习武热情高涨,到处可见百姓习武场面,一派全民皆兵的现象,提升了人们的士气,张扬了爱国热情,于是清政府禁武的决定也不再坚决,使得民间习武蔚然成风。不仅如此,当时清政府为了培养出更加优秀的军事武备人才,在各方的共同建议与努力下开设武校,以便提高军事作战能力。这在一定程度上有力地促进了武术在广东地区的传播与发展。广东的传统武术,主要以短桥硬马、刚健勇猛的南拳为主,具有代表性的有洪、刘、蔡、李、莫五大门派。早在200多年前,在广东的武林人士渡过海洋以维持生计,在这过程中把南拳传播到了世界各地,为今天中国武术走向世界打下了坚实的基础。

据资料记载,在"淘金热"期间赴美谋生的华人当中,不少人为武术习练者,但是由于当时华人在美国谋生时做的工作主要是体力劳动,社会地位低下,这使得他们不可避免地会时常受到美国社会的歧视和打击。在这种情况下,为了尽可能地维护自身利益,通过习练武术来强健体魄和防身自卫便成了早期华人移民的必然选择。不仅促进了武术在美国华人圈的传播,更促进了武术在美国的初步传播。正如《中国人在美国的发财史》中所记载的:"在弗吉尼亚城的一次争端中,一位中国人通过武术将一位白人制服,让别人刮目相看,从此以后,中国人的地位得到相应的提升与尊重。"①广东、福建等南方地区的南派武术在"淘金热"期间是中国武术传入美国的主要代表。

2.武术社团的出现奠定了武术在美国传播发展的组织基础

在半殖民地半封建社会时期的中国,一些商贸企业一直以来都有练习武术的传统,这些商贸企业分布在漕渡、粮行、茶叶水果等行业,他们共同构成了各种帮会组织,练习武术也成了他们必须做的事。而在美国,宗亲会、会馆(同乡会)以及堂会(帮会或者商会)是唐人街最大的三类社团组织。这

---

① 彼得邝:《中国人在美国的发财史》,江苏人民出版社2012年版,第4页。

些社团的产生是以维护华人的商业利益为前提的,社团里面免不了有许多会武术之人,这类人也常常受到社团的欢迎。这些会武术的人常常作为社团的主要力量对抗其他损害华人利益的集团,起到与外国资产相互抗衡的作用,同时对内防止同行业内的不必要的争端,有时也会担当划定物价、调节商家之间的交涉与纠纷的职责。①中国的历朝历代都有着较为秘密的社会活动,每个政治集团恐于这种活动会对社会造成危害,所采取的态度都是严厉打击。在东南沿海曾经盛极一时的洪门,以反清复明为主要目标,受到了当时清政府持续不断的打压,最终将此组织遣散,组织成员移民海外,并以其他形式参与反清活动。著名的华侨领袖司徒美堂先生就曾加入洪门致公堂,并成为其旗下的安良总堂的总理。司徒美堂出身贫寒,家徒四壁,后来为了生计经过老乡介绍,来到美国求生,由于不同的文化背景,其一开始的生活并不如意。但值得一提的是,司徒美堂自幼习武,身手不凡,胆识过人,有着以一敌十的本领。②黄三德,广东省台山市人,与司徒美堂有着相似的家庭背景。同样的,为了生计,他在 1878 年漂洋过海,赴美闯荡,其间遭受过外国人的欺凌,为了自保以及在国外能有尊严地活着,黄三德想学习中国武术。毕竟自己强大了,才能保证自己的人身安全和财产安全。几经周折,他主动拜华人武师学习,练就了一身精湛武艺。1883 年,黄三德加入洪门致公堂,并在短时间内快速成为美洲洪门中的实权人物。③根据如今美国武术圈中的老前辈们回忆,他们当年初到美国谋生时通常都是在中餐馆里打工,常常遇到吃“霸王餐”的当地地痞流氓,为了保护餐馆的利益和自己的工作,不得不和这些恶棍大打出手,这时武术就成了他们最好的反抗武器。很多时候,当时初到美国的中国人只生活在唐人街里,从不走出唐人街,因为只要离开唐人街到其他地方去,就会受到其他族群的欺负,如果不得不出去,就只能全力迎战了。从一定程度上讲,武术是当时的中国人最重要、最有效的武器,因此,武术只在华人群体间传习,绝不外传。

从今天看来,早期在美国出现的武术社团,初步奠定了武术得以在那个艰难困苦的时代在美国传播的组织基础,这使武术以及以武术为载体的中国传统文化在美国乃至美洲的传播与发展成为可能。从这个意义上讲,早期赴美华人不论是出于维护自身利益原因还是其他原因所建立的早期武术

① 赵欣:《近代旅美华侨华人与中美文化的双向交流》,《史学集刊》2007 年第 4 期。

② 孟涛、蔡仲林:《传播历程与文化线索:中华武术在美国传播的历史探骊》,《体育科学》2013 年第 33 期。

③ 孙昉、刘旭华:《海外洪门与辛亥革命》,中国致公出版社 2011 年版,第 11 页。

社团,都不可否认地对今日武术在美国和美洲大地的广泛传播起到积极的作用。

(二) 20 世纪下半叶武术在美国的传播

20 世纪下半叶,中美之间存在着巨大差异,在社会制度上迥然不同,意识形态东趋西步,价值观念格格不入,经济水平相差甚远。中美两国这种全面紧张对抗的状态一直持续,直到 60 年代末才得以缓解。

20 世纪 60 年代末,由于国际局势和中美两国国内政局的变化,中美两国的关系由一触即发的紧张状态开始走向缓和。当时美国深陷越南战争,苦不堪言,加之美国在全球各地驻军,使得美国的军事实力和经济实力大幅度下滑。随后,苏联加紧研发洲际弹道导弹和战略轰炸机,军事力量一时间可以和美国相对抗。日本和欧洲的经济也在飞速发展,科技不断创新,美国的军事优越感和霸权地位受到威胁,使其国内反战运动声势浩大。[①]在急剧变化的国际和国内政治局势下,时任美国总统尼克松 1969 年 7 月 25 日在访问亚洲的途中提出了"尼克松主义",下定决心要尽快从越南撤兵,调整美国的外交方针,尤其是调整与中国的外交关系。

1967 年以后,香港武侠电影正式迈进黄金年代,这时李小龙回到香港并参与了具有革命性的功夫电影的拍摄,一举获得巨大成功。由于李小龙的功夫电影在香港及东南亚地区的巨大影响,引起了被誉为"世界电影工厂"美国好莱坞的关注,随后李小龙和好莱坞合作拍摄了一系列如《龙争虎斗》等精彩的功夫电影,极大地拓展了他在世界范围内的知名度和影响力。可以说李小龙是功夫的代名词,正是李小龙的功夫电影让外国人认识了武术,并产生了浓厚兴趣,为中国武术"走出去"打开了国际大门,也是由于李小龙的存在,"Kung Fu"(功夫)一词才在英语词典中出现。李小龙具有广阔的国际视野,是他首先开创了华人公开教授外国人中国武术。在他看来,武术的真谛就在于没有任何羁绊地、无限制地表达自我,武术不应该囿于狭隘的民族主义的观念内,而应该为全世界人民所分享。正由于李小龙海纳百川、有容乃大的非凡气度,才使得武术通过他的功夫电影广传于世。武术是中国传统文化的优秀载体,在李小龙的功夫电影中无处不渗透着中国传统文化的影子,这在一定程度上极大地促进了世界人民对中国传统文化的好奇和向往,有利于中国传统文化在世界范围内的广泛传播。

---

① 郑剑等:《跨越太平洋——中美首脑外交 50 年》,世界知识出版社 1998 年版,第 38 页。

（三）中国武术在中美建交与改革开放时期的迅猛发展

20世纪70年代中国改革开放政策的推出，为新中国的建设注入了新鲜血液，使得新中国经济飞速发展。此时也正值新中国成立后相互隔绝的局面被打破，正式建交之时。在这种良好的国际政治关系和国内政策的背景下，中国人有了接触和了解外面世界的机会。具有武术技能的人为了实现心中梦想和谋求更好的事业发展，坚定地走出国门，迈向世界，其中有相当一部分的人来到美国，他们主要以教授外国人武术为生存手段。

传播学原理认为，任何不同文化之间的相互交流、激荡、融合、发展与传播，其核心因素是人的活动。因为人是文化最鲜活、最生动的载体，没有人之间的交流是不可能实现文化的交流与发展的。中国武术是集中国古代哲学、医学、兵学、美学、养生学等于一身的中华优秀传统文化，是实现中西方文化交流与发展的有效方式与途径。李小龙主演的功夫电影《猛龙过江》在美国获得了极大的成功，它掀起了世界范围的"武术热"的浪潮。李小龙的个人魅力不仅体现在他卓越的功夫和坚韧的精神品质上，而且他对中国传统哲学和西方哲学有着浓厚的兴趣和深邃的见解，这也是他对武术有着极为深刻理解的文化基础。《黑带》杂志是当时较为著名的杂志，李小龙被这个杂志评为全世界最有影响力的武术家之一，也是唯一一位入选该杂志的中国人。众所周知，李小龙英年早逝，全球的功夫爱好者为之惋惜。因此，美国、日本、英国及中国香港、中国台湾等国家和地区出版和发行多本杂志以示对李小龙的纪念，同时李小龙被称为"发扬中国武术最有成效的人"。毋庸置疑，由李小龙所引起的世界武术热潮，在世界通过武术电影了解武术的同时，也极大地带动了武术在美国的传播与发展。让世界通过武术这一途径，了解到中国文化的绚烂与深邃，有利于中国良好国际形象的建立。

二、中国武术在美国的传播发展现状

（一）中国武术在美国传播发展途径和方式比较丰富

目前，根据调查可知（本次调查以中国武术国际化传播时的官方称谓即"中国武术"而不是"中国功夫"为调查对象，因为"中国功夫"在美国的知名度极高），中国武术在美国的国际化传播与发展途径和方式，呈现出比较多元化的趋势，主要有以下几种传播发展途径（见表5-4）：

表 5-4　美国人对中国武术认知调查情况(N＝1 000,单位:人)

问题	选项及结果					
是否知道中国武术	知道 965			不知道 35		
了解中国武术的途径 (可多选)	影视报刊 941	网络传媒 657	演出、比赛 412	朋友介绍 103	学校课程 156	其他 102
了解和练习中国武术的意愿	愿意 659			不愿意 341		

其一,在全美各大电影院和电视台播放的有关中国武术的电影、电视,在"Facebook"等各大社交媒体上传播的中国武术的网络视频,以及在全美地区都能够见到的且受到热烈欢迎的《功夫》等武术搏击类杂志,这些途径和方式是美国人了解中国武术、获取中国武术信息的最重要的资源。

其二,从早期第一批身怀武术技能的华人劳工登陆美国以来,在以后的100 多年里,大量的华人为了生存和发展不断地来到美国,这就产生了大量的以教授中国武术为主要内容的武术馆校。根据美国武术功夫联合会的不完全统计,目前在美国注册开办的中国武术馆校至少有 5 000 多家,这些风格各异的武术馆校广泛地分布在美国的全国各地,招收了大量的武术爱好者,为传播中国武术和中国文化作出了不可替代的重大贡献。这些口耳相传的武术馆校业已成为中国武术在美洲的国际化传播的主力军。

其三,从中美两国正式建交到中国实行全面的改革开放,特别是当中国的综合国力和国际地位显著提高,来自国内外的各种武术团体纷纷来到美国,进行各种武术商业表演或公益演出,积极开发和抢占美国这个巨大的文化演艺市场。比如,来自国内的武术团体所开展的《风中少林》《中国功夫》《太极雄风》等优秀武术舞台剧在全美各地进行数十场的巡回演出,获得了巨大成功,受到了广大美国人民的欢迎,极大地提高了中国武术在美国的知名度和美誉度。

其四,自中国武术协会和国际武术联合会成立以来,每年都会在美国组织各种级别的中国武术比赛。除此之外,美国当地的武术团体组织为了扩大武术的影响力,传播武术文化,也会自主展开各种类型的中国武术比赛。当地的武术协会、国际武术联合会、民间武术团体协会都纷纷组织起中国武术比赛和其他武道比赛,同时加强中国武术与世界其他武道的交流与学习,极大地推动了中国武术在美国的传播。

其五,随着中国文化国际影响力的不断提高,以及孔子学院在美国的成功实践,让中国武术逐渐被美国的各大中小学接受,陆续开设了教授中国武术和介绍中国武术文化的课程。以中国武术为载体来展示中国的传统文化、价值理念、民族精神、中国故事、中国声音等是最佳的选择。除了开设武术课之外,在斯坦福大学、华盛顿大学、纽约大学等学院内,武术还作为课外活动的内容。①中国武术在美国各大中小学的开设有力地促进了中国武术在美国的传播发展。

(二)中国武术在美国的传播发展还处于初级阶段,组织制度尚需完善

从对目前在美国开办的武术馆校的经营状况以及各武术馆校相互之间的合作关系等因素的调查分析可知,中国武术在美国的传播发展还处于初级阶段,组织制度尚需完善。表面上看,目前在美国注册开办的武术馆校多达5 000多家,但是他们彼此之间的关联度却不强,尚未形成一股中国武术国际化传播的强大力量。在调研中还发现,不少武术馆校的部分武术教学人员和学员之间存在着一种相互否定、相互排斥的现象出现。这种各自为政、单打独斗的情况又造成了中国武术在美国武道经营市场上松散的、无序竞争的恶性循环。(见表5-5)

表5-5　中国武馆经营情况(n＝100,单位:国家)

问题	选项及结果				
武馆的经营年限	新开业 10	1—3年 19	4—5年 39	5—10年 18	10—20年 12	20年以上 2
武馆主要教学内容 (多选)	防身术 72	自由搏击术 49	中国传统拳术 90	非中国传统拳术 77
目前学员数量	20人以内 6	20—30人 17	30—40人 30	40—100人 37	100人以上 10
与其他武馆合作的情况	无 29	一般 47	比较密切 14	很密切 10
招生途径(多选)	网络媒体 71	朋友推荐 61	武术表演 56	其他 27

从对以上各武术馆校经营的场所、规模以及学员数量结构等因素的调查分析可以看出,目前在美国开办的中国武术馆校的发展状况比较糟糕。在所调查的武馆中发现,中国武术馆校的机构名称不够明确,有误导成分,而且有些武术馆校的教学内容根本未能体现出中国武术的特色,甚至根本

①　吴文峰、薛红卫、张晓丹、徐宇浩:《中国武术在美国传播现状解读》,《体育文化导刊》2017年第3期。

就不是中国武术,出现了"挂羊头卖狗肉"的现象。例如,一些武馆除了教授一些简单的中国传统武术拳术外,主要教授跆拳道、空手道等技击术,这种传授内容的多元化,虽然容易造成美国的武术爱好者们对中国武术的认知混乱,但这主要还是为了更好地在美国激烈竞争的武道市场上生存和发展的不得已之举,这些情况的产生,从另一个侧面也恰恰反映了中国武术馆校在美国这个竞争激烈的市场中缺乏较强的品牌竞争力。总而言之,中国武术在美国的传播发展还处于初级阶段,组织制度亟待完善。

（三）中国武术在美国社会存在着概念不清、理解偏差等问题

在对中国武术在美国的国际化传播的调研中得知,受调查访问的美国民众中,绝大多数美国人都听说过"中国武术"这种武术形式,这主要和多年来中国武术在美国通过各种途径所进行的有效地传播所导致的。但在调研中也发现一个有趣的现象,就是当问到"你知道和了解中国武术吗?"时,不少美国人都会很快地反问:"你说的是'功夫'吗?",这一方面说明了以李小龙先生为代表的"功夫电影"在美国的巨大影响力,另一方面,说明在美国社会对中国武术的认识还存在着概念不清、理解偏差等问题,还不能够全面准确地了解中国武术所蕴含的本质特征和核心价值。

产生这种现象的主要原因是广大的美国民众受到了中国功夫电影的深刻影响。美国民众最先开始了解中国的途径之一就是电影,尤其是中国功夫电影,在中国功夫电影中的精彩绝伦的武术打斗场景让喜欢冒险刺激的美国人大呼过瘾,进而希望进一步了解这种神秘高深的中国武术。但是,电影毕竟还是艺术的加工创造,中国武术在电影中通常是被用来塑造人物性格和推动剧情发展,它是电影的一种艺术表现手法,和真正的中国武术还有较大的差距。在电影中所展现的中国武术自然不能够全面真实地表现中国武术。美国民众对中国武术产生概念不清、理解偏差的问题也就再自然不过了。

三、中国武术在美国传播现状形成的原因分析

（一）中国武术在美国的传播缺乏统一的管理,应该制定协同创新机制

传播是借助符号和媒介交流信息来获得相应变化的活动。[①]中国武术在美国传播务必明确其传播目标和传播理念。中国武术对外进行文化传播主要是想达成两种目的:第一种是对外进行文化的输出;第二种是在国外寻

---

① 黄玉霞:《〈论语〉外译的传播学视角研究》,《太原师范学院学报(社会科学版)》2015 年第 14 期。

求文化的认同感①,这两者也是中国进行对外文化传播的主要原因。中国武术在美国的国际化传播与发展最终目标主要是为了向美国当地的民众宣传和推广中国武术和中国文化,以期待能够实现中美文化之间的相互交流、彼此借鉴、共同促进和发展。

从传播学角度来看,任何事物的传播与发展归根结底是传播目的影响和制约。换言之,结果决定过程的实施以及方式方法的采用。但不同的传播主体,其所要达到的最终目的也不一样。目前,在美国影响力较大的是中国官方创办的孔子学院以及孔子学堂,在国家"走出去"的指引下,其最终目的是传播中华优秀传统文化,实现中美两国之间人文交流与合作。此外,国家武管中心举办或资助的中国武术表演和各种类型和级别的武术竞赛,其主要目的也是为了实现中美两国的文化交流,促进中美两国人民的友好往来。但是,对于在美国以私人资本开办的各种冠名为"武术"的馆校、各种武术商业表演、影视传媒公司等传播力量来说,在美国进行武术各种活动最重要的是为了实现经济利益最大化,但这也是市场规律所决定的,无可厚非。但是,他们的这些商业行为又是一把"双刃剑",一方面这些商业行为的的确确在增大武术知名度上成效显著,另一方面也客观上造成了中国武术一定程度上的"虚无主义"倾向,使得武术更加神秘和不接地气,让美国人对中国武术的认知产生了偏差,造成了一定的误读,不利于中国武术在美国的传播与发展。

目前在美国武道市场和文艺演出消费市场上,各国武道以及各种形式的文艺表演竞争异常激烈,以中国武术为主要内容和卖点的各种商业演出、武术馆校或者培训班等,其受众人群、举办规模、辐射范围都显得较为不足。中国武术电影和电视剧虽然影响广泛,但又受制于影视艺术的改造,甚至是歪曲。武术进入美国学校也是很好地推动武术在美国传播的主要途径,但尴尬的是,有些学校开设了武术相关课程,却没有学生选课。再者,外文的武术教材跟不上武术课程的设置,这便造成了武术教育水平普遍较低。②国家体育总局武管中心以及相关行政部门需要加强对一些方面的工作的管理,比如相关国家政府部门应当积极主动地对在中国武术进行宣传,有效整合相关资源。③而且,虽然在美国也有武术协会、联合会等的组织,但是这些组织只

---

① 吴格言:《文化国防战略研究》,中国宇航出版社 2010 年版,第 128 页。

② 吴文峰、薛红卫、张晓丹、徐宇浩:《中国武术在美国传播现状解读》,《体育文化导刊》2017 年第 3 期。

③ 《在海外叫好不叫座中国武术的喜与愁》,http://www.china.com.cn/aboutchina/zhuanti/wsdg/2008-07/22/content_16049921.htm。

能够举办一些规模较小的赛事,影响力还远远不够。再者,当地的武术协会与其他社会组织未能很好地结合起来,缺乏沟通,甚至"各为其政"不能形成更大的武术团体,这就在一定程度上使中国武术在美国的传播处于"群龙无首"的尴尬境地之中。这种局面对中国武术的传播造成了一定的困难,丰富的传播渠道资源无法得到有效的整合,美国市民对中国武术概念的理解也不清晰完整,进而对中国武术在美国的国际化传播和发展产生了消极的影响。

(二)中美文化之间的差异性,造成了武术传播的文化困境

中美两国在民族性格、文化传统、意识形态等方面的差异,使中国武术在美国国际化传播和发展过程中遇到了一定程度上的文化怀疑和文化抵制,造成了武术传播的文化困境。众所周知,美国是一个移民国家,因此他们的文化具有多元性,不同文化相互交流融合后形成具有个性的文化,诸如对个人主义、实用主义的推崇,以及具有冒险精神等特性。[1]反观中国社会形态及文化,中国武术是农耕文明的产物,它本身具有一定的保守性和传统性,也有学者将其归纳为"保守性、封闭性、门户性、国粹意识与民粹精神"[2]。这就从文化学的角度较好地解释了在美国的中国武术馆校之间彼此关联不够紧密、竞争相对混乱的现象。具体来讲,一方面,现实的生存压力迫使他们必须尽快地适应和融入美国主流文化,成为其中的一分子;另一方面,中国与美国的核心价值观之间存在强烈的文化冲突,导致美国人很难真正地深入了解中国武术和中国传统文化,长此以往,便造成了美国文明对中国武术的疏离感。中国武术是一种将显性文化与隐性文化融合在一起的复杂的文化系统。以武术技术动作为核心的精气神、服装器械、礼仪规范等都属于外在显性文化;以武术理念文化为核心的价值追求、思想道德精神等属于隐性文化。[3]可以说,中国武术不光是技术动作的串联,更多的是表现为一种文化形态。习练者如果对其文化意蕴和内涵不够了解,那么学起武术来也是比较困难的。而美国文化是一种较为直白的文化,也可以理解为是一种低语境文化,深受低语境文化影响的美国人,在面对中国武术时无法轻易地理解中国武术文化的本质。在这种情况之下,一向以高效率、高产出为目标的美国人通常会选择能够让自己快速进入实践的武道,而对自己需要进行深入了解的中国武术文化则选择放弃。

在美国,由于中国武术独特的表现形式和迷人的魅力,很多美国人初次

① Larry A. Samover, Richard E. Porter, *Intercultural Communication*, Belmont, CA: Wadsworth Publishing Company, 2000, pp.414—424.

②③ 郝勤、龚茂富:《论武术和武术文化形态》,《中华武术》2012年第1期。

接触武术后都有习练的愿望,但是却没有几个美国人能够坚持深入地学习中国武术,这是由截然不同的文化背景所造成的,并不能说明他们"笨""懒"或者"不能吃苦"。作为中国武术的传播者和推广者,在面对美国学生时要学会适度的角色转换,教授时不能带有极度保守的思想,而应该试着接受他们的文化,以更加开放的心态与方式传播武术,这样就会避免一些不必要的文化层面的冲突。此外,值得重视的是,在武术师资水平方面,在美国的武术教练综合素质参差不齐,有的技术好而文化底蕴不足,有的文化学历较高而技术欠佳,还有的技术好、学历高,但口头语言表达能力较弱。这些因素都制约了中国武术在美国的国际化传播和发展。同时,在对美国武术学员进行实际武术传授时,绝大部分教练只注重武术技术技能的传授,对以武术为载体的中国文化的介绍和阐释比重很小,这说明中国武术传播过程重形式、技术而轻文化,这在很大程度上限制了中国武术和中国文化在美国的有效传播和发展。

(三)造成中国武术在传播过程中美国民众无法准确全面理解的重要原因是文化误读

"心理防御机制"是人自然的心理反应,可以指当人突然接触到异质文化时,他会本能地加以防御。[1]"文化防御"的"应激反应"包含否定、歪曲、抑制等行为,但是这些行为如果真实地发生在对异质文化的处理上,就会造成"文化误读"。[2]长期以来,中国武术就存在被美国人误读的现象,其中一类是对中国武术的故意贬低,从而抵制中国文化在美国的传播。这主要是因为当前在美国流行的自由搏击、拳击、跆拳道、空手道、柔道等众多武技,技击性很高,简单实用且易学易练。同时,中国武术在美国很多时候以舞台表演为呈现形式,即使是格斗对抗也都是点到为止而已。中国武术真正的技击格斗功能,美国民众很难深入接触到。因此,不少美国民众就会片面地,甚至是歧视性地认为中国武术的艺术表演性强,而实战搏击性较差。另一类是无意误读,这主要和美国民众对中国武术以及中国文化的知识积累程度有关。由于中美两国在文化制度、风俗习惯、意识形态等方面的巨大差异,普通美国民众很难对本身就比较内隐含蓄的中国文化有深入的理解。因此,在这样的文化差异背景下,美国民众对中国武术产生一定程度的误读是完全可以理解的。比如在周星驰导演并主演的《功夫》中,大多数美国人看到的是中国武术

---

① ［美］戴维·迈尔斯:《普通心理学》,黄希庭译,人民邮电出版社 2014 年版,第 562—571 页。
② 邹威华:《跨文化语境中的文化误读与文化宽容问题》,《江西社会科学》2007 年第 5 期。

是一种神秘的东方力量,而周星驰是想表达的是中国武术以"点到为止""不战而屈人之兵"为追求,常怀包容感激之心,并非要把对手置于死地。

在对中国武术在美国国际化传播的调研中可知,由于中国武术的技术体系庞大,武术派别众多,再加之没有统一的管理和协调机构,因此中国武术目前在美国的国际化传播过程中需要解决传播主体不清、传播概念混乱等问题。但无论如何,中国武术在美国的国际化传播整体上也取得了相当显著的效果,武术文化活动越来越多,也相当精彩,呈现方式也多种多样,深得当地一些武术爱好者的追捧。但是中国武术在美传播也不是一蹴而就的,也会经常出现"叫好不叫座"的尴尬局面。①中国武术作为中华优秀传统文化的符号之一,深刻映射出国家形象和民族精神,其文化内涵符合社会主义核心价值观的整体诉求,也会为中华民族的伟大复兴作出应有的贡献,只要外国人看到中国文化的魅力,自然会接纳中国武术。②为了实现这一艰巨的目标,迫切需要进行科学的顶层设计,确定武术传播主体,明确武术传播内核,拓展武术在美国的国际化传播发展的途径和方法,将在美国经营的与中国武术有关的各种传播资源有机地整合起来,形成协同效应。同时,应大力改变美国普通民众对中国武术和中国文化的"文化防御"心理和"文化误读"现象,以"求同存异"的博大胸怀和思维理念,促进中国武术文化与美国主流文化与核心价值观的和谐共存,从而为中国武术在世界范围内更加深入和广泛的传播积累宝贵经验。

四、中国武术在美国传播的对策

（一）加强武术传播的顶层设计,实施武术国际化传播的"顶天立地"工程

中国武术在美国乃至世界范围内的国际化传播,是关系到中国武术和中国文化成功走出国门,面向世界,成功实施国家文化"走出去"的全局性环节,具有重大意义。因此,必须从国家层面对中国武术的国际化传播发展进程进行具有全局性和科学性的顶层设计,从中国武术国际化传播发展的指导思想、目标价值、核心理念、重点难点、制度流程、方法手段、实施步骤、危机公关等方面,进行全局性的统筹设计。此外,要建立制度完善、组织健全、

---

① 刘红军、王坤、倪鹏:《影响我国传统武术传播的因素分析》,《搏击(武术科学)》2013 年第 4 期。

② 孟涛、蔡仲林:《传播境况与因素解析:中国武术在美国传播的动力与阻碍》,《天津体育学院学报》2013 年第 28 期。

管理规范的专业武术对外传播推广机构,制定出科学合理、切实可行的中国武术在美国国际化传播发展的近、中、长期规划,实施武术国际化传播的"顶天立地"工程,制定出在各自发展阶段的目标任务、实施途径、操作步骤和具体方法,并要使不同的规划和传播阶段之间的衔接合理、顺畅,使各项规划都能够真正"落地",而不仅仅是一纸空文。唯有如此,才能逐渐改变中国武术在美国国际化传播和发展时所遇到的困境,促进武术在美国社会健康稳步发展。

(二)深入挖掘中国武术自身资源,细化产品分类,进行充分的市场产业布局

中国武术源远流长、博大精深的鲜明特征,在很大程度上表现在中国武术千百年来在中国传统文化的深刻影响下所形成的庞大的技术体系和理论体系,它是名副其实的技击格斗宝库,是独具魅力的中国身体文化。目前,对于中国武术的发掘整理,除了 20 世纪 80 年代进行的一次全国性的武术普查外,还没有在全国范围内对武术进行系统性的挖掘整理工作。可以说,对中国武术资源的开发整理工作是远远不够的,很多独具魅力和文化内涵的优秀拳种尚未被世人所知。因此,国家应根据中国武术在美国国际化传播发展的实际要求,以及美国民众对武术的内在需求,加大对武术资源的开发利用工作,并进行既具有世界性特征又具有美国特色的改造,以满足美国民众对武术的不同需求。

按照市场营销学的理论,一种产品获得市场认可的两大因素在于:一是产品具有较高的品质和市场认可度;二是根据市场供求关系进行科学精密的产业布局。因此,应在科学分析当前中国武术在美国传播和发展的现实状况,准确把握中国武术在美国传播发展的优势和劣势的前提下,有针对性地制定出中国武术在美国国际化传播和发展的方针政策,提高武术文化产品的品质和市场认可度以及美誉度,细分美国武术产品类型,采用全面推广、重点推进的策略,有计划、有步骤、分层次、分批次对美国的不同地区开展中国武术的传播推广活动,完成有针对性的美国武道市场的产业布局,及时抢占美国武道和演艺文化的市场份额,为中国武术在美国的国际化传播奠定坚实有力的市场竞争环境。

(三)整合一切有利于武术在美国国际化传播的积极因素,建立中国武术国际顾问委员会

中国武术在美国以及世界范围内进行的国际化传播发展,是一项艰巨的系统工程,不是仅仅依靠国内的某个组织机构或是公司个人就能够完成

的,应该集思广益,调动和整合一切有利于武术在美国国际化传播的积极因素才可能实现。为此,应该广泛听取美国以及世界各的武术传播者的观点和建议,充分调动他们的主观能动性,激发他们支持中国武术在美国进行国际化传播和发展的热情,给予经济物质条件和资源政策在资源政策方面的大力支持。这对于中国武术在美国国际化传播和发展必定会起到显著的促进作用。同时,还应重视海内外广大的武术专家、体育专家、关心武术海外传播的经济文化学者、支持体育和武术发展的各行业企业家、国际体育组织和世界知名体育经纪公司的专业人士,以及相关国家地区的政府领导人物等,真诚地听取他们的意见和建议,并相应地成立由上述成员组成的中国武术国际化传播与发展顾问委员会,充分利用他们丰富的经验和资源为中国武术在美国以及在世界范围内的广泛传播发展提供有力的智力保障。

（四）建立高水平的武术国际化传播的师资队伍,不断加强武术的国际教育资源体系建设

中国武术成功地在美国进行国际化传播与发展,离不开广大高素质的武术国际化传播的师资队伍。可以断言,没有高素质的武术师资队伍,武术在美国的国际化传播就不能够成功实现。培养优秀的双语师资人才队伍,首先要能正确认识到武术双语教学在武术国际化传播中的重要意义和巨大作用。需要特别强调的是,优秀的武术双语人才是指既懂武术又熟练掌握外语的武术专业人才,这两点缺一不可。其次,在培养方式和途径上,一方面可以以中国官方名义公派武术专业学生出国深造,一方面可以积极鼓励民间个人在国内相关外语培训机构学习外语技能。此外,国家武管中心应成立专门的国际武术师资培训基地,有计划、有步骤地培养武术双语教师,壮大中国武术的国际师资队伍,为武术的国际化传播提供坚强的人力资源保障。中国武术缺乏国际化传播的双语教材问题亟待解决。创编武术双语教材应坚持实事求是和一切从实际出发的指导思想,既要体现中国武术的本真面貌,也要切实考虑到美洲学武术爱好者的实际接受能力。如此,方能够不断地完善中国武术在美洲国际化传播的教育资源体系,保障中国武术能在广大的美洲地区更好更快地生根发芽,开花结果。

第四节　中国武术在美洲传播的策略

通过对中国武术在美洲大陆的传播发展现状,以及在武术传播发展过

程中所遇到的各种各样的问题与障碍的分析思考,我们充分地认识到中国武术在美洲的国际化传播之路任重而道远。必须在国家战略的指引下,以"大武术"观进行中国武术美洲传播发展的顶层设计,精心组织、有效工作、统筹协调各方面力量与资源,研究制定出适合中国武术在美洲大陆传播发展的有效之策,切实解决中国武术在美洲传播所遇到的困难,共同为中国武术在美洲更加顺畅、深入、健康地发展而努力。

一、进行顶层设计,加强组织管理,提炼武术的本质核心理念

"火车跑得快,全凭车头带。"一项事业如果没有坚强而有力的领导,如果没有从全局出发的顶层制度设计,以及稳定团结、执行力强的基层组织,就不可能取得成功,中国武术在美洲的国际化传播也是如此。加强中国武术国际化传播发展的制度顶层设计,首先需要关注中国武术的本质核心理念。中国武术作为中国文化的载体,其本身由于受到中国文化内隐特质的影响,其内在核心理念和精神实质并不容易被世人直接感知和理解。这就需要在不脱离、不异化、不曲解中国武术文化的基础上,结合普世价值的特征以及中国武术国际化传播的实际情况,准确提炼出中国武术的本质核心理念。这种经过高度精炼的本质核心理念主要由中国武术的精神、口号、宗旨这三大部分组成。首先,进行武术精神再提炼。"精神是对某一事物内容实质的概括和解读。"[1]中国武术在美洲地区进行传播时,不仅需要传授武术技法,而且还要通过武术的技法体现出中国武术特有的精神。对中国武术精神的阐释,应该是对中国武术永恒不变的技击本质、核心价值取向以及终极关怀与追求的全面而准确的表达。但这种表达和阐释不能够冗长繁琐,应该简洁明了,好记易懂。比如"刚健自强""坚毅不屈"等。

其次,中国武术在美洲进行传播时,应配合适当的武术宣传口号以吸引广大的美洲武术受众。同时,简短、有力、响亮的口号可以使人明确该事物的终极追求,例如"更高、更快、更强"的奥林匹克口号就是非常典型的例证,它在传播奥林匹克文化,推广奥林匹克运动的过程中发挥了巨大的作用。中国武术在美洲进行传播发展时也应该借鉴奥林匹克口号的成功经验,让中国武术的口号深入人心。

最后,中国武术要明确在美国传播的目标是让美国人通过武术来了解中国文化。同时可以学习借鉴当地武技发展的宝贵经验,以更好地对武术

---

① 何一兵:《跨文化研究》,《内蒙古社会科学》1995 年第 16 期。

进行传播。中国武术在美洲的国际化传播,在实施过程中需要归纳和提炼中国武术的宗旨,这样可以让美洲及世界人民有一个清晰直观的认知。

二、以市场为主导,采用先进的营销模式,拓展武术传播范围

在经济全球化的现代社会,谁不能够及时地与时俱进,谁不能够重视市场所起到的资源配置作用,谁不能够以先进的营销模式进入市场,抢占有利的市场份额,谁就将最终被市场无情地淘汰。中国武术在美洲地区的传播亦是如此。从目前中国武术在美洲大陆的传播发展情况来看,其方式方法、经营渠道、营销理念依然是传统的、落后的、不合时宜的。可以想见的是,中国武术在激烈的美洲武技市场上会遇到各类问题,其市场份额和市场知名度远不及跆拳道、空手道等世界著名武技。从更为现实的意义上来说,中国武术在美洲的推广与传播务必要结合当地实际情况采取因地制宜的推广思路,决不能把在国内的发展策略照本宣科地移植到美国。

首先,应尊重市场规律,改变落后的市场营销思路,积极开发具有较强竞争力的武术产品。进入市场流通领域,任何事物都可成为商品,也应成为商品,否则就没有任何意义和价值,最终会被市场淘汰。中国武术在美洲的国际化传播过程中,就是一种商品,一种极具中国文化特色的文化商品。是商品就需要进行精心的营销,采用现代先进的商业营销模式,在商品的价格、渠道、促销、政策、公共关系等各方面,对中国武术在美洲地区的传播发展进行全方位、系统化的包装。同时,要利用大数据的优势,实现"互联网+"武术等模式来加快武术与科学技术的融合与发展,从而发展新型武术文化业态。

其次,重点扶持有特色有国际竞争力的优秀武术企业与产业,建立中国武术国际化传播的"王牌军"。从对目前中国武术在美洲地区的传播途径和组织结构的分析可以得出,中国武术极度缺乏实力雄厚、国际竞争力强的武术文化企业集团,没有这样的企业集群,中国武术在美洲的国际化传播只能是不成气候、形成不了规模的"星星点点,小打小闹",其传播效应可想而知。因此,国家需要扶持一批现已经具有一定国际知名度和竞争力的武术企业和产业,如河南少林塔沟武校、山东莱州中华武校、湖北武当山武术学校等,以及一批与太极拳、少林拳等相关的优势武术文化产业。

最后,应尽快加强美洲的武术文化市场体系建设,促进中国武术在美洲地区的健康有序发展。通过对美洲武术文化市场的调查分析可知,当前的美洲武术文化市场体制不够健全,没有相对完善的市场准入制度,这集中表

现为在美洲地区开办武术馆校的"门槛"较低，师资力量良莠不齐，人员较为复杂，同时也没有市场退出和淘汰机制。长此以往，会给中国武术在美洲的国际化传播发展进程带来不可估量的消极影响。因此，必须从实际出发，引导和支持美洲当地武术协会、民间组织、个人团体加入中国武术传播与发展的大家庭。鼓励民间资本和金融机构与武术组织合作开发武术产品，提振武术产业，进而在政府的政策扶持下发挥社会、市场、武术团体三者的协同作用，产生协同效应，为更好地在美洲推广和发扬中国武术增添强大动力。

三、树立品牌意识，打造武术精品系列品牌，形成中国武术的核心竞争力

从文化的角度来看，"品牌"不仅仅是某种商品的识别标志符号，其内在实质代表着这种商品所体现的精神象征和价值理念，是其优异品质的核心体现。在世界范围内的不同行业里都有标志着本行业的著名品牌，这些具有世界知名度和影响力的著名品牌，有着一般商品无法比拟的巨大品牌效应优势，全方位深刻地影响着人们生活的方方面面。从一定意义上讲，品牌就意味着市场竞争力和生命力。也就是说，一个商品要在激烈的市场竞争中永立于不败之地，就必须花大力气塑造商品的品牌。同样，作为一种特殊文化商品的中国武术，要实现在美洲乃至全世界具有强大的市场竞争力和生命力，着力培育和打造中国武术的品牌是不可或缺的。目前，中国武术在美洲的传播发展已经形成了一定的品牌效应，但与拳击、跆拳道、柔道、空手道等国际著名武技品牌相比，无论是在文化影响力、品牌美誉度、习练者数量、传播地区范围等方面都还存在着较大的差距。这种差距，仅仅从拳击、跆拳道、柔道、空手道等都已成为奥运会的正式比赛项目这一点就足以说明问题。因此，中国武术在美洲以及世界范围的国际化传播应选择一些"知名品牌"作宣传，通过它们来开发拓展武术的品牌营销之路，因为这些品牌在世界上具有一定的知名度并且获得了一定的荣誉，同时将品牌战略当作中华武术国际传播的重要方略来对待。

让人们感到欣慰的是，从当前中国武术在美洲的国际化传播现状来看，"功夫""太极""少林"已经发展成为在美洲和世界范围内有一定知名度的武术知名品牌。首先，最具有国际知名度的、影响最为广泛的中国武术品牌是"功夫"品牌，这一点主要归功于李小龙所作出的杰出贡献。李小龙的功夫电影使得中国武术第一次在真正意义上成为具有国际影响力的武道品牌，随后在成龙、李连杰、甄子丹等一批具有扎实武术功底的电影人的努力下，以"功夫"为名的中国武术开始逐渐在美洲乃至全世界范围内广为传播。其

次,太极拳以其独特的运动方式、显著的健身效果、独具魅力的拳法思想,深受广大美洲人民的喜爱。太极拳代表了中国优秀的传统文化,"走出去"的太极拳是我国文化立国的重要品牌。①中国的太极拳"走出去"后受到了美国民众的喜欢,大批民众开始参与太极拳运动。②相关资料显示,目前世界范围内的太极拳人口已到达 2 亿人,不愧为"世界第一健身运动"。最后,少林武术这一中国武术和古印度佛教文化相互交流影响的产物,具有极其鲜明的佛教文化特征,是中外文化交流融合的杰出文化成果。禅拳合一的文化意蕴,勇猛刚健、短小精干的拳法特点以及极具辨识度的佛教服饰,也已经成为少林武术独一无二的标志,在美洲地区慢慢受到了当地民众的追捧和热爱。从 1991 年的首届中国郑州国际少林武术节到 2012 年 10 月的第九届少林武术节,参赛的国家和地区从 17 个增加到 68 个,参赛运动员从 317 名发展到 1 500 多名。③由此可知,少林武术在美洲地区的名声越来越大,全世界越来越多的武术爱好者开始喜欢上少林武术。

但我们应清醒认识到,中国武术在美洲的国际化传播发展,仅仅依靠一两个初具知名度的武术品牌显然是不够的,应该以创新的精神,不断挖掘具有巨大潜力的新的武术品牌,比如"八卦掌""形意拳""八极拳"等,这些源流清晰、风格独特、拳法精湛的武术拳种都具有成为国际知名度和影响力的世界级著名武术品牌的潜质。

四、加大中国武术国际化传播的教育资源建设,
着力培养优质的双语武术教学人才

中国武术在美洲的国际化传播发展,首先是依靠向武术爱好者传授武术技术技能实现的,根据武术技术技能教学的特点,主要是采用动作示范法和语言讲解法。为了让美洲的武术习练者们能够准确地理解武术动作要领,掌握武术技术动作,武术教师或教练的语言讲解就显得尤为重要。在这样的武术教学过程中,需要面对和解决两个主要问题,一是教学语言交流障碍问题,二是文化思维的差异问题,而武术教学语言交流障碍问题是影响武术教学效果,进而影响武术在美洲地区有效推广的关键问题。试想,如果连外国人都听不懂武术教师或教练在讲什么,那还谈什么武术技能的传授、武

---

① 罗卫民、郭玉成:《太极拳品牌推广研究》,《体育文化导刊》2012 年第 5 期。

② 《美国人为何迷上太极拳》,http://www.sina.com.cn,2005-04-28。

③ 《少林武术盛会越来越显国际化》,http://www.shaolinwy.com/a/shaolinzixun/2012/1016/219.html。

术文化的阐释和心得体会的交流？因此，要想实现中国武术在美洲地区的有效传播和发展，必须首先实现中国武术从国内单一汉语教学模式向双语教学（主要指中英双语，但也包括其他语种）模式的转变，切实提高中国武术在美洲进行国际化教学的质量。

培养优秀的双语师资人才队伍，就要正确认识到武术双语教学在武术国际化传播中的重要意义和巨大作用。需要特别强调的是，优秀的武术双语人才是指既懂武术又熟练掌握外语的武术专业人才，这两点缺一不可。在现实的武术教学过程中，有的武术教师虽然外语掌握得比较好，但在国内时不是武术专业的学生，没有受过正规系统的武术专业训练，对武术一知半解，充其量只是武术业余爱好者的水平，那么在向国外武术爱好者讲授武术要领时就可能出现偏差，比如，要准确地用外语阐释太极拳的"用意不用力""引劲落空""螺旋缠绕"、形意拳的"内三合与外三合"等，就需要专业的武术素养。所以，需要以官方为媒介培养复合型武术专业人才，不仅要能精准翻译，同时也应了解国外风土人情，以本地化传播、本源性翻译为准则传播武术，要在教习招式的同时传递文化，促使武术文化能在美洲地区更好、更深入地发展。

五、建立健全全方位多元化高效的信息反馈机制，及时进行武术传播效果的评价与改进

一般而言，没有对于信息效果的及时全面的反馈，传播模式就没有改善与提高，因此针对中国武术在美洲的国际化传播过程中的实施效果的及时全面准确的信息反馈非常重要。建立健全全方位、多元化、高效的信息反馈机制是中国武术在美洲实施国际化传播发展战略不可或缺的重要组成部分。但令人遗憾的是，时至今日尚未建立中国武术在美洲国际化传播的信息效果反馈机制，这在较大程度上制约了武术的国际化传播进程。为了尽快改变这种现状，国家有关部门应从以下几个方面进行改进：

首先，从国家层面的顶层设计出发，专门在美国成立中国武术海外传播的信息反馈机构和部门，为武术传播信息效果的及时顺畅地反馈提供组织保障。目前，中国武术在美洲的国际化传播发展的信息效果收集主要依靠各个孔子学院来实现，目前尚没有专门的中国武术在美洲国际化传播的信息效果反馈机构。因此，国家体育总局以及相关机构要尽快建立上述机构，并成立专业的专家组（团）对反馈得到的武术传播发展信息效果进行定期评价，从而及时地发现问题、分析问题、解决问题，促进中国武术在美洲的国际

化传播之路越走越宽阔。

其次，建立武术学员和武术教师的教与学的信息效果反馈机制。众所周知，任何教学过程的顺利开展都离不开教师、学生、教材这三大必要因素。成功的教学过程是以教师为主导，学生为主体，围绕教材展开有效地教与学的一种教育过程。武术学员和武术教练在中国武术在美洲的传播中最具有发言权，他们是武术实践的直接参与者，是进行武术教学、开展武术在美洲国际化传播的主要实施者。所以，要建立武术学员和武术教师的信息反馈机制，及时调整和改进武术传播的内容、方式和手段，有针对性地开展培训活动。

再次，将当地华侨的资源优势充分利用起来，建立专门信息反馈机制以便即时更新和了解武术在美洲的国际化传播现状。华人华侨对美洲当地的风俗习惯和文化环境等都比较了解，可以把他们亲身经历和在海外的体验当作武术国际化传播的参考依据。

最后，应集思广益，从创新的角度筛选出对中国武术国际化有利的传播途径，从多个角度建立多元化的信息反馈平台。可以通过多媒体平台，比如报纸杂志、电视电话、电子邮件、微博微信等多个平台，利用大众媒体、自媒体等将群众的反馈意见集中起来。由此可见，建立评价—反馈—改进—再评价的全方位、多元化的武术信息效果评估反馈机制，中国武术在美洲的传播发展工作才能得以跟进，进而才能实现中国武术国际化传播发展的全球化战略。

综上，中国武术在美洲传播取得了一定成绩，尽管也存在一些问题，但中国综合国力的显著增强、政治体制的稳定和协调发展，为中华民族优秀文化在世界范围内的传播奠定了强大的物质基础，为中国武术全面走向世界铺平了道路。当前各种有利于文化传播的政策引领，更是成为推动中国武术开展国际化传播与发展的强大引导力和推动力。

第六章　中国武术在大洋洲传播的
问题分析与策略研究

在全球文化交融日益频繁的今天,中国武术作为一种集健身、自卫、哲学与美学于一体的独特文化,正逐步跨越国界,走向世界舞台。大洋洲,作为一个多元文化交汇的大陆,以其开放包容的社会环境和对新鲜事物的强烈好奇,为中国武术的传播提供了肥沃的土壤。但全球化的发展是把双刃剑,在促进世界经济、文化、社会等高度发展的同时,也给武术传播带来了严峻的挑战。因此,我们要大力推动中国武术在全世界的高质量传播,提高武术习练人口,拓展武术传播渠道,扩大武术影响范围,以武术作为中华优秀文化走向世界的重要载体,不断提高中国文化在世界各地的影响力,为构建人类命运共同体而贡献自己的绵薄之力。

第一节　中国武术在大洋洲传播的现状

一、全球化影响下大洋洲的发展

随着全球化的不断发展,大洋洲各国在政治、经济和外交形势的发展上出现了很大的差异。大洋洲经济以澳大利亚、新西兰两个国家为主要经济体,也包括太平洋岛国等不同水平以及模式的发展态势。铁矿石、铜矿石等资源产品以及某些服务业是大洋洲各国的主要出口部门,这些主要经济部门不仅是他们国民经济的命脉,更是带动各国就业、解决失业人口等重大社会民生问题的重要部门。大洋洲的各个国家由于其自身太平洋岛国的地理位置,直接导致了其国家经济发展长期受到域外其他国家以及频发的自然灾害的严重影响。据相关统计数据显示,2016—2017 年,大洋洲地区外交十分活跃,位于大洋洲的各国相互之间已经频繁开展了合作,同时他们与世界其他各个国家或地区之间也进行了相互交流与合作。区域之间的合作从多个方面共同推进,在一体化的进程上取得了一定的成果。澳大利亚已经成功和中国、日本、韩国等东亚发达经济体签署了重要的双边经济贸易协定,极大地促进了澳大利亚本国的经济发展。中国、日本、韩国、印度已经成功成为澳大利亚进出口的主要对象国。2016 年,对东亚国家的货物商品出口额约占澳大利亚货物商品出口总额的 57%,但是美国作为第四大出口目的地却仅仅占据澳大利亚货物出口总额的 5.6%(见表 6-1)。

表 6-1　2015—2016 年澳洲货物商品主要出口目的地①

国家	份额(%)
中国	30.80
日本	14.70
韩国	7.30
美国	5.60
印度	3.90

二、大洋洲与中国关系

(一)中澳关系

中国和澳大利亚的关系历史悠久,双方在经济、文化和人文等方面有着密切的合作。自 20 世纪 70 年代以来,两国关系逐步升温,尤其是随着中国经济的快速发展,澳大利亚在对华经贸合作方面进一步加强,尤其是在矿产资源和农业产品方面。

然而,近年来,随着全球政治环境的变化,中澳关系也受到了显著影响。2023 年后,中澳两国在一些方面出现了积极的迹象。一方面,两国的高层领导人开始恢复频繁的沟通和互动,签署了一些合作协议,旨在增强经济合作和人文交流。澳大利亚政府高层在处理对华关系时采取了较为温和的态度,试图在维护国家利益的同时重建友好的外交环境。在经济合作层面,双方在矿业、教育、旅游等产业的往来依然活跃。中国是澳大利亚最大的留学生来源国,许多中国留学生继续选择赴澳学习,这为两国的文化交流增添了活力。此外,随着中国对澳大利亚某些产品的需求上升,两国的贸易关系也有回暖的迹象。

---

① Department of Foreign Affairs and Trade(Australia),*Fact Sheets of Australia*,April,2017.

尽管中澳关系面临重重考验,但两国在文化交流方面始终保持友好互助,基于互帮互助的模式,促进互利互惠、互通互融合作发展的良性循环。而武术作为中华优秀传统文化的典型代表,应借助文化产品出口平台促进武术的国际化发展,完善武术发展的机制体制,同时也为中国武术在大洋洲的传播奠定基础,促进武术文化在澳洲的传承。

1. 中澳日益紧密的经贸合作

大洋洲国家经济发展水平大致可以划分为两类,其中包括以澳大利亚为代表的发达工业国家和其他太平洋岛国所属的发展中经济体。目前在大洋洲的各国中,澳大利亚、新西兰等国是中国的主要经济合作伙伴,中国与他们在经济结构上有较强的互补性,有着巨大的经贸合作发展潜力。2007年9月胡锦涛主席就国家问题出访了澳大利亚,在如何进一步发展中澳关系上达成了一致。两年后,李克强总理对澳大利亚、新西兰等国进行正式访问,与有关国家就全面提升双边贸易合作水平达成了共识,这种国家高层之间的访问促进了中国与大洋洲国家之间的经济贸易合作,也在很大程度上推动了两个区域的共同发展。在2003年与2004年,中国与澳大利亚、新西兰两个国家之间先后分别签署了《中澳贸易与经济框架》和《中新贸易与经济合作框架》,成功地开辟了在经济、文化、社会等众多领域的广泛合作。2009年澳大利亚累计在华投资60.8亿美元。中澳、中新之间进行了多方面的合作,包括资源、能源、农业和服务业等众多领域,主要表现在高科技、节能环保以及低碳经济等领域开展了积极务实的合作。

随着全球化的进一步发展,中国与大洋洲国家政治互信不断增强,经贸合作硕果累累,文化交流日益频繁。如今正是经济全球化发展的关键时期,中国应当积极加强与大洋洲国家之间的交流合作,进一步挖掘贸易和投资的潜力。目前,中国与大洋洲国家之间的经贸合作已经有了进一步的发展,步入更高的阶段,开启了多层次合作的新局面,中国与大洋洲国家广泛、全方位的合作赢得了双方的一致好评。2015年6月17日,《中澳自由贸易协定》正式签订,12月20日,贸易协定开始正式生效。这项协定的签订属于澳大利亚有史以来规模最大的贸易谈判,代表了中澳两国之间的经济贸易关系进入了一个新的发展阶段。在这样日益密切的经贸合作的前提下,文化交流日趋频繁,为武术在大洋洲的传播奠定了环境基础。

2. 中澳签署自贸协定以来进行的双边教育交流合作

近些年来,特别是在中国和澳大利亚签署双边自贸协定之后,两国之间在教育交流与合作方面获得了一定的成就。

其一,前往澳大利亚留学人数持续不断地增加。根据 2015 年澳洲教育和培训部统计,在澳洲留学的学生总数达到了 498 155 人,比前一年增长了近 10%,在这些留学生中,中国留学生在澳人数就达到了 136 079 人,同比增长 13.3%,占各国在澳留学生总人数的 27.3%。中国成为澳大利亚海外留学生的第一大来源国。

其二,澳大利亚来华留学的学生和进行短期交流的学生人数呈快速上升的趋势。2015 年,外国在华留学生总人数达到了 397 635 人,同比增长 6%,其中澳大利亚学生总共有 4 411 人,在外国赴华留学生人数中排名第 21 位。2015 年,共有 1 157 名澳大利亚本科生参加"新科伦坡计划"下的留学和交流项目,同比增长 32%,其中赴华人数占总人数的 19.3%,中国成为该计划下澳大利亚学生赴海外留学交流的第一大目的地。

其三,根据澳大利亚政府的统计可以看出,中澳双方签订的自贸协定实施一年以来,在教育合作上两国获得了一定的成果。两国教育合作不仅仅体现在学生交流方面,中澳两国将继续讨论促进两国之间的教师交流,提高学生的积极性。

其四,中澳签署了若干教育合作协定。2017 年 3 月签署了关于职业教育培训的合作谅解备忘录,其中包括武术教师和教练的培训项目,对武术在大洋洲的国际传播起到了很大的促进作用。

其五,中澳教育和相关互访频繁。在中澳教育关系密切的前提下,开设了多个孔子学院,学习中华的传统文化。此外,2017 年 3 月,两国宣布继续在中澳科学与研究基金下开展合作,这一系列的合作充分地表现出中澳教育的密切关系。

其六,中澳双方针对两国所进行的学术研究不断增加。在 2016 年 11 月,悉尼大学在苏州成立该校中国中心,并与复旦大学、香港中文大学、中国建设银行签署了合作备忘录。自 2005 年 3 月起,中国在西澳大学、墨尔本大学、昆士兰大学、悉尼大学、新南威尔士大学等先后成立了 14 所孔子学院,并在澳大利亚的中小学设立了 67 家孔子课堂。其中,南京中医药大学和皇家墨尔本理工大学已经合作了有十几年,他们在此基础上于 2010 年 6 月在澳大利亚成立了中医孔子学院,当时访澳的习近平主席亲自为学院授牌。澳大利亚多所重点大学,如澳大利亚国立大学、悉尼大学、墨尔本大学等还专门成立了中国研究中心,来达到加强对中国的研究的目的。

（二）中新关系

自中新两国自贸协定在 2008 年签署生效以来,有力地推动了两国在货物贸易、服务贸易和投资合作方面的快速发展。双边进出口总额到 2020 年增长至 181 亿美元，年均增速达到 14％。多年来，中国一直是新西兰最大的贸易伙伴。

可以说，大洋洲与中国在经济、文化、政治等多个维度都有合作，关系密切，经贸合作项目开展火热，同时教育项目也相得益彰，中国政府十分重视对中外教育合作的扩大工作，这为中澳教育合作创造了很大的机会。2016 年 4 月，中澳两国共同印发了《关于做好新时期教育对外开放工作的若干意见》，该文件指出要坚持扩大开放，做强中国教育，推进人文交流，加强高端引领，提升中国实力和创新能力，有效拓展双边多边教育合作的广度、深度。2017 年 1 月，《国务院关于印发国家教育事业发展"十三五"规划的通知》提出中国教育"双一流"的发展目标，统筹推进世界一流大学和一流学科建设。进一步加强中澳教育交流合作，有助于中国学习和借鉴澳教育领域的先进做法与经验，推动中国一流大学和一流学科建设。中国武术作为中国教育的一环，应借东风之势进行"传"与"播"。

三、武术在大洋洲的传播环境

武术的国际化传播还应该以提高中国文化软实力，使中国文化"走出去"为目的。以此使世界正确地了解中国，重塑国家形象，推翻被西方国家所歪曲的"威胁"言论。武术文化饱含着具有深厚爱国情感的民族精神，文化中的宗法制烙印也形成了"家国同构"的文化意识，中国武术在传统文化中占据重要的地位，它在弘扬民族精神、传承民族文化、提升中国文化国际影响力方面承载着重要的历史使命。综上所述，武术的国际化发展是时代赋予的责任，也是中国文化"走出去"的诉求。

作为一个具有悠久传统文化的、数千年来文化从未断流的文化古国，中国文化传统的地位和影响力是任何其他国家和民族都无法匹敌的。所以，武术作为一种文化现象，在传播过程中不能失去文化之根，离开这个基点，就无从谈发展与传播；另一方面，"述往事"是为了"思来者"，武术文化的生命力不仅来自简单的时间延续性，更在于与时俱进、持续更新，不断提高中国在世界的影响力和国际地位。

（一）从武术联合会角度解读武术国际化传播

1990 年国际武术联合会成立以后，为中国武术的国际化传播与发展作出了巨大的贡献。在国际武术联合会的努力下，如今的会员国单位已经发展成为 150 个左右，遍布五大洲。其中欧洲、亚洲、非洲拥有的会员国较多，分别有 46 个、38 个、33 个,北美洲和大洋洲的比较少,分别是 22 个和 5 个。大洋洲的会员国成员分别是澳大利亚、斐济、关岛、新西兰、瓦努阿图 5 个国家。这些会员国单位根据自己国家武术发展的实际情况和受众人口,因地制宜大力传播中国武术,对中国武术的国际化发展起到了至关重要的作用。朱东在经过大范围的调查后得出,武术进入该国(地区)时间的长短与习武人数的多少有直接的关系,通常情况下,练习武术的人越多,武术融入该国(地区)的速度就会越快,所需的时间也就越短。并且根据有关数据可以看出,习武人员人数在 5 000 人以下的国家和地区占 71.7%,其中美洲和欧洲习武人数在 5 000 人以下的国家所占的比例较高,美洲、亚洲、欧洲和非洲呈递减趋势,具体比例分别为 87.5%、72.7%、70% 以及 66.7%。深入研究之后还发现,一共有 8 个国家习武的学员人数低于 5 000 人,而美洲就占据了一半。欧洲的国家和地区中习武人数在 5 001—10 000 人之间的共有 4 个。而习武人数在 10 000 以上至 100 000 人以下的也有 4 个,这些国家和地区分别是欧洲的土耳其、亚洲的韩国、非洲的埃及、大洋洲的澳大利亚。欧洲、亚洲、非洲、美洲习武人数在 100 000 以上的国家各有 1 个,分别是俄罗斯、孟加拉、尼日利亚和美国。根据以上数据可知,虽然在全球范围内国际武术联合会的会员国已经有 100 多个国家(地区),但是参与武术习练的人数相对来说还是比较少的。如果从习武人口比例来看的话,中国武术迈向国际化的道路会有些艰难和漫长,目前还远远没有达到我们的传播目标,因此各国(地区)武术联合会做好武术的传播和发展工作就变得十分重要。国际武术联合会是单项体育联合会,它坚持认为武术在目前已经成为中国与国际之间进行文化交流的最佳方式。越来越多的人早已认可和接受武术作为中国传统文化的符号这一事实,把武术当作中国传统文化传播的载体,使得中国文化的魅力和影响力在世界范围内逐步得到提升。在 2010 年 5 月开展了"中国武术非洲行"之后,国际武术联合会快马加鞭、趁热打铁地于同年 5 月开展了"大洋洲行",加强了文化交流。

(二)从地域环境角度解读武术在大洋洲传播

在习武人口大数据的前提下,大洋洲的武术传播总体上处于劣势,但从大洋洲的附属国家的习武人数上来看,澳大利亚的武术传播相对良好。大洋洲在太平洋中部以及中南部广阔的赤道海域中,处于亚洲和南极洲之间,西面临近印度洋,东面靠近太平洋,与南北美洲遥遥相对。它是世界上除南极洲之外人口最少的一个大陆。大洋洲共有 16 个独立国家,其中澳大利亚和新西兰经济最为发达,其余国家大多为发展中国家(多以农业为主)。在澳大利亚大陆分布的人口约占大洋洲总人口的 65%，澳大利亚人口基数的分配方式也为武术在澳大利亚的传播奠定了基础，也侧面反映出大洋洲武术传播与发展不均衡的原因所在。

武术的国际化传播属于跨文化传播范畴，与各洲不同的是，大洋洲人口构成复杂，本身就存在普遍的跨文化交际。有鉴于中国武术在大洋洲的传播实际和面临的具体困难，首先应该充分了解其国家与民族的主流文化，分析其主流价值观，其次应及时全面地掌握其亚文化和地区文化特点，以此来分析武术在大洋洲的传播现状。大洋洲各岛国的人口密度分布也有所不同，存在着明显的差异。其中巴布亚人、澳大利亚人、塔斯马尼亚人、毛利人、美拉尼西亚人、密克罗尼西亚人和波利尼西亚人等当地居民约占总人口的 20%，欧洲人后裔占据大部分比例，约占总人口的 70% 以上，除此之外还包括混血种人、印度人、华人和日本人等。原住居民主要是黄种人（波利尼西亚人等）和棕色种人（澳大利亚原住民），如今还在继续使用英语的当地居民大约有 80%，三大岛群上的当地居民使用的语言分别是美拉尼西亚语、密克罗尼西亚语和波利尼西亚语。大洋洲当地居民一直信奉着各种各样不同内容和形态的本土宗教。澳大利亚的原始宗教主要有高位神观念、图腾崇拜、精灵崇拜、偶像崇拜和巫术，在这些宗教信仰当中，原始的图腾崇拜信奉的人较多，它所造成的影响力也最大、最广泛。

大洋洲作为洲际中大融合的地区，具有人种多样、文化内涵丰富、宗教信仰不同等特质。武术作为中华文化的优秀代表，在跨文化传播的普遍性前提下，同时又要考虑在大洋洲传播过程中针对不同影响因素"因材施传"的特殊性。

四、武术在大洋洲传播的经典模式

国际传播狭义上主要指通过大众传媒以及新兴网络自媒体等有效媒介，以国家、民族、地区或者国际团体组织等为主要载体，开展一种跨洲、跨地区、跨国家、跨民族、跨文化的全方位、多层次、立体性的国际传播过程。

（一）传播对象的选择

澳洲的体育发展始终以紧抓精英体育、培养优良的群众体育环境为主要目标，两条主线齐头并进，深入开展全民健身运动，持续推动学校体育工作、提高青少年学生的体质。各种各样的措施多管齐下、协调一致等因素促成了澳洲群众体育的快速发展。在中国武术传播过程中，选择好武术传播的对象是保证传播效果的必要因素。中国武术的种类和门派丰富多样，在针对大洋洲传播中,应选择体育人群人员众多、体育环境良好的地区作为传播对象。

大洋洲的 16 个国家中,澳大利亚作为发达国家,体育人口众多,体育环境良好,是世界公认的体育强国,可以作为中国武术传播的温床,以强带弱,拉动中国武术在大洋洲发展中国家的传播。

截至 2021 年澳大利亚国家统计局公布的数据显示,69％的澳大利亚年轻人参加了各种体育活动,而老年人积极参加体育活动的人数占比也达35％,这些群体平均每天花在体育活动上的时间为 3 小时。其中年龄在11—17 岁之间的体育人口达到了 79％,而 25—34 岁之间的体育人口在65％—70％;残疾人员中有 39％参与体育活动。从数据中可以得知,澳大利亚总共有 110 个体育社会团体,体育俱乐部有 5 万多个,在农村所占的比例大约在 60％—70％。体育已经变成了大多数澳大利亚人日常生活的习惯。相关研究表明,在体育活动的参与率上男性与女性没有明显差异,各州、首府与其他城市人口的参与率也都相差无几。澳大利亚政府对体育活动提供了全方位的政策支持和积极有效的干预措施,为推动澳大利亚群众体育的蓬勃发展打下了坚实的基础。在这种优秀的体育环境中,中国武术的国际化传播拥有更好的传播条件,能够更大化地体现出传播效果。

(二)传播内容的选择

在跨文化传播的国际视域下,中国优秀文化的国际化传播必须遵循文化传播的客观规律以及提炼出世界"文化共识",以实现中国文化与世界各国文化间的相互激荡、相互交流、相互欣赏。在武术的国际化传播过程中,应进一步深入挖掘武术所体现的中华文化的鲜明特点、文化旨趣、价值取向、思维方式等核心要素,通过武术来讲好"中国故事",彰显泱泱大国波澜壮阔、深沉雄浑的文化气象。王岗教授指出,中国武术能够实现国际化传播的原因之一在于注重奥林匹克运动理念的传播,但是忽略"自身的文化主体性"的构建,过分注重技术"体育竞技化"却导致了武术在国际化传播过程中传播速度的缓慢,其主要原因是中国武术在跨文化传播中的传播理念缺失。武术的传播应当以自身的技术内容、技术特点和文化意义为传播的核心内容。

中国武术国际化传播是跨越地域和文化的传播行为。然而,在武术跨文化传播的进程中,始终存在着武术发展自我中心主义、武术发展自卑情结、武术内容结构特殊表现形式、武术的跨文化误读、武术技击消解、武术"道"的追求、武术发展西方化改造、武术生存空间遭受严重挤压等多重困难。所以中国武术的国际传播必须加强武术跨文化传播时的文化自觉意识的培养，以达到实现武术跨文化传播的文化身份认同和平等对话的目的。因此，中国武术跨文化沟通与交流融合的系统研究是当前亟需解决的问题。中国武术的跨文化传播是指在武术的国际传播过程中，要全面地认识和分析在传播过程中会影响武术国际化传播的跨文化问题，尽可能地做到"知己知彼、百战不殆"，除此之外，还需要不断加大中国武术国际传播的文化自觉意识的培养，在武术国际传播战略上采取持续、系统、双向、针对性强的战略，最大程度地实现中国武术在国际社会的形象认可与文化认同。

综上所述，武术传播应当在不丢失本身文化的前提下，提炼出适合在大洋洲传播的内容，即确定针对大洋洲的国际化传播模式。首先，大洋洲岛屿众多，国家和人口稀少，人种和种族交错复杂，宗教信仰丰富，文化习俗多样，中国武术在大洋洲的国际化传播可谓是"众口难调"。根据传播对象的分析，可以由发达国家带动发展中国家，按照"农村包围城市"的方法推动中国在大洋洲的传播，这里的"农村"指的是大洋洲的发展中国家，"城市"代表着发达国家，包括澳大利亚和新西兰。面对确定的传播对象，可以对传播内容进行改进，更好地体现传播效果。

中国武术博大精深，内容繁多，在跨文化传播的前提下，不能失去本真。中国武术在国际化传播中对于传播内容的选择需要能满足以下两个要素：第一，中国武术复杂多样，主要分为器械和拳法，大洋洲武术爱好者多是没有武术基础和东方思想基础的，所以传播内容应该以拳法和武术基本技法为主。第二，武术中拳法丰富，流派众多，对于拳法的选择也十分重要，基于初学者的兴趣和基础考虑，在起到健身娱乐作用的同时，也应注重拳法的技击性和美观性。

（三）传播媒介的合理运用

在 21 世纪的今天，随着全球化的快速发展，传播媒介也日新月异地发展起来，也迎来了以信息技术和计算机技术为主体的信息革命，这场革命使得各种媒体之间相互渗透，相互交织，逐渐形成了多元、多层次的信息网络，并渗透到人们生活的方方面面。在武术在大洋洲的国际化传播过程中，应该选择全方面覆盖和适合于大众的传播媒介。

互联网给人们的生活带来了许多其他媒体无法提供的好处。互联网本身就是一个自然的、最适合发布和传播信息的载体。它既整合了传统媒体的优势，又具有独特的传播优势。互联网作为传播媒介已经势如破竹、不可阻挡,作为武术在大洋洲的国际化传播的优先传播媒介也是自然选择。

（四）传播效果

在武术在大洋洲的国际化传播中,传播效果主要包括传播的满意程度、传播的范围、传播的趋势等。传播效果是武术在大洋洲传播过程中的最后一项,它统筹其他四个环节,只有成功地完成了传播者、受众、传播内容以及传播媒介的选择,才能体现一个积极满意的传播效果。

第二节　个案研究:中国武术在新西兰的发展

一、以跆拳道在新西兰的发展模式为参照探讨中国武术在新西兰的发展

（一）跆拳道在新西兰的教育传播模式探讨

目前,中国传统武术以及现代武术运动就发展状况和世界影响力而言,与韩国的跆拳道尚有较大差距。跆拳道作为韩国的本土运动项目,韩国在推广期间付出了不少人力、物力乃至财力,在世界各地都有他们从自己国家输送的专业教练,为其他国家培养大批专业性跆拳道选手,并制定出所有国家统一参照的规则。[1]当下,韩国的竞技跆拳道已经成为奥运会的正式比赛项目,一度在世界范围内形成了一股强劲的"跆拳道旋风",尤其是在遥远的大洋洲,跆拳道的普及与受欢迎程度令人惊叹。这自然包括一些大洋洲的国家,比如在新西兰等国,跆拳道也是大受当地民众欢迎。但比较而言,虽然经过多年努力,中国武术至今尚未成为奥林匹克运动会的正式比赛项目。本节通过对韩国竞技跆拳道在新西兰传播与发展的成功经验进行分析研究,以期望对中国武术的国际传播发展有所启发。

将韩国跆拳道作为与中国武术进行对比的对象,是因为有不少学者指出跆拳道本就源于我国古代的唐手。[2]这种观点是有历史佐证的,当今之韩国所在的朝鲜半岛历史上长期与中国保持附属关系,中国从汉唐至明清不断对其文化、经济、政治、军事等领域产生全方位的深入影响。但经过岁月的变迁和时代的发展,当今的韩国跆拳道的国际影响力已经大大超越中国武术。有鉴于此,本节对韩国跆拳道在新西兰的发展现状、传播途径等进行

---

① 景明洋:《中国武术国际教育传播模式构建研究》,福建师范大学硕士学位论文,2016年。

② 高谊、陈立人:《跆拳道》,北京体育大学出版社1998年版,第14页。

了较为详尽的实地考察,发现跆拳道在新西兰的传播与武术相比是非常成功的。跆拳道在新西兰各个学校的传播作为跨国际的传播,可以为武术在国际上的传播提供借鉴。本节以跆拳道在新西兰传播作为比较对象,从武术教育传播模式要遵循的七大要素出发,对比新西兰孔子学院的武术传播,以此来探究中国武术在世界范围内进行国际教育传播中应该加强的主要方面。

1. 新西兰的跆拳道教育传播者

韩国非常重视跆拳道项目在世界各地的传播,并制定严格、详尽的传播要求。其中有一点是值得中国武术学习的,就是对跆拳道传播者的自身运动技术和综合素质有明确且严格的要求。在韩国,每个韩国公民到达一定年龄后都有义务参与军队训练,训练期间的条件、要求都十分苛刻。跆拳道作为韩国的"国技",有着较强的强身健体和格斗搏杀功能,这使得它成为韩国民众参加军事训练时的必修内容。经过韩国官方和民间组织的大力推广,目前跆拳道在韩国是家喻户晓、妇孺皆知的民族运动项目,这种在国内如此雄厚的群众基础是跆拳道项目在世界范围内开展国际传播的最好前提。就体育运动项目的传播效应和发展前景来看,任何一个体育运动项目的发展都离不开国家领导人以及各级政府的持续关注和大力支持。在这一点上,韩国做得很好。比如,韩国的历任国家领导人每年都会询问和了解跆拳道在国内外的传播情况,以及在传播过程中遇到的各种问题和实际困难,并及时给予支持与帮助。这能够大大促进跆拳道在国际教育上的传播,也为跆拳道在新西兰的传播做了官方背书。

跆拳道在新西兰的传播载体主要集中在各种道馆和大中小学校,其已成为新西兰很多学校的必修课程,主要的受众人群是本地的居民和学生,因此几乎所有新西兰的在校学生都有机会了解或者习练跆拳道,这无疑对于跆拳道在新西兰的广泛传播有着很大的推动作用。目前中国武术还达不到这一点,在新西兰的大中小学里武术课程尚未成为学生的选修课程,这使得很多学生在校期间根本无法接触到武术,以至于中国武术对很多新西兰人还是一个非常陌生的概念。

韩国跆拳道国际协力团于1991年4月设立,之后韩国为了促进跆拳道的世界传播,帮助世界各国成立了跆拳道协力团,并在跆拳道的教学、训练、表演、传播等方面积极提供有效的支持,邀请进修生、派出专业人员(专家、医生、跆拳道教练)和海外服务人员开发调查,以此有力地促进了韩国跆拳道的世界普及度。据相关统计数据显示,从1991年至2005年通过国际协力团派出跆拳道教练、学员人数共 246 名,总共涉及 37 个国家。①据不完全统计,在新西兰教授跆拳道的韩裔教练约有 180 个,同时这些跆拳道教练必须经过严格的国际跆拳道协会考核,以最大限度地保障国际跆拳道传播的师资质量。其中尤其要提到的一点,就是这些跆拳道教练必须经过严格的外语教学能力的培训,这一点在跆拳道教学训练过程中尤为重要。中国武术国际传播的教练培训、选拔、考核和输送一直以来基本上沿用的是通过孔子学院来向世界各国派遣武术教练的途径,这种途径的缺点在于往往只重视武术教练的武术技术能力,而对于其文化水平、教学能力,尤其是外语能力较为忽视,没有一个科学合理的标准化考核选拔培训体系。显而易见,这对于中国武术的国际化传播有较大的消极影响,中国武术在新西兰的传播效果要远逊于韩国跆拳道。

2. 新西兰的跆拳道教育传播内容

韩国跆拳道与传统跆拳道和竞技跆拳道之间存在差别,在这方面与中国武术的传统武术与竞技武术相似。就体育运动项目的国际传播规律来看,运动技术和比赛规则越简便易操作,受众就越多,传播普及的程度就越高。就韩国跆拳道的国际传播而言,主要以现代跆拳道为主要传播内容。首先将现代跆拳道(WTF)和传统跆拳道(ITF)进行区分。传统跆拳道只戴拳套,不穿戴其他护具,比较传统和接近实战,对人体的保护措施较少,危险系数较高。现代跆拳道全身穿戴护具,包括护头、护甲、护臂、护手、护腿、护脚以及护齿,装备齐全,有效地保护实战人的人身安全。现代(竞技)跆拳道为了比赛而舍弃了很多传统跆拳道中简朴有效的攻击手段,通过现代体育运动化的技术性改造,使得跆拳道成功地转变为现代体育运动,并早已成为奥运会的正式比赛项目,极大地推动了跆拳道的世界传播与发展。

在跆拳道教学方面,主要分为竞技、品势、舞蹈、特技四个方面,竞技主要以腿法、步法、格挡为主的技战术攻防练习;而腿法的技术主要有前踢、横踢、侧踢、下劈、后踢、推踢、勾踢、后旋踢、双飞踢和后退双飞踢。跆拳道品势与武术套路较为接近,内容较武术套路而言更为简单。品势内容主要分为晋级者的太极一章至八章,进入黑带后,进段训练中的品势依次为金刚、太白、平原、十进、地跆、天拳、汉水、一如。②跆拳道考级内容将竞技与品势相结合。不同级别的学员应当练习与自身相对应的腿法与姿势,然后逐步

---

①　崔秉務:《论中国武术的国际化发展——从韩国跆拳道推广模式的角度分析》,上海体育学院硕士学位论文,2009 年。

②　*Taekwondo in New Zealand*,http://taekwondo.sport.org.cn/.

变化,循序渐进(见表 6-2)。

表 6-2　新西兰的跆拳道主要教学内容①

品势名称	动作数	含　义
太极一章	18	具有八卦中的"乾"之意。在初学者刚学习的过程中主要以中位冲拳,上、中、下格挡,上踢,前踢作为简单的基本练习技术。属于 8 级品势。
太极二章	18	具有八卦中的"兑"之意。兑表示的是内刚外柔的意思。所以说,太极二章的招式看起来比较柔软,却也可以随时造成强力的攻击。型场由下段封挡、中段直拳、前踢、上段接招等的技法所构成。属于 7 级品势。
太极三章	20	具有八卦中的"离"之意。离则表示像火一样热并且散发着光芒的意思。因此,太极三型招式的动作多是充满活力的,由下段封挡、前踢、直拳、手刀攻击、手到接招等多种技法所构成。属于 6 级品势。
太极四章	20	具有八卦中的"震"之意。震则指具有浩然正气威风凛凛,令人望而生畏之意。太极四型之招由手刀接招、手刀攻击、贯手等练起,继而进入中段外接招、侧踢等难度较高的技法。尤以中段外接招为然,由于动作较难,演练时应多加注意。侧踢技法亦然,应要把重心保持在动作线上,同时要注意避免因用力过猛而滑倒。属于 5 级品势。
太极五章	20	具有八卦中的"巽"之意。巽,即风之意。封轴分为微风与强风。微风表示静谧,而强风则表示威猛之势。太极五行之招式既具有这种含义,演武的进行虽然显得单调而肃静,但及至后半渐显威猛之势。诸如铁槌、肘击技法也开始出现。属于 4 级品势。
太极六章	19	具有八卦中的"坎"之意。坎,则柔软如水。因此,太极六型是种以柔软的动作演练的招式。刀上段接招、扭身动作以及回旋踢等的技法,在本招式中初次出现。属于 3 级品势。
太极七章	25	具有八卦中的"艮"之意,艮则山之意,而山则表示稳重。因此,演练此招式必须保持厚实的力量,动作要恪守节度。太极七型在技术上,穿插有各种不同的技法,较之前面的招式,难度较高。属于 2 级品势。
太极八章	27	具有八卦中的"坤"之意。坤则大地之意,是万物成长的根源。太极八型是上级者的最后一段演练过程,也是上段者 27 的第一步招式。所谓上段,乃表示其技术圆熟。换言之,本招式是用来把以往所学的基本技法,加以整理,复习。演练也尽量避免重复的动作。属于 1 级品势。
高丽	30	具高丽品势表示仙人,现又表示强烈的尚武精神和耿直的仙人精神,是以从高句丽~渤海~高丽传下来的仙人的精神为根底。新动作有连续踢法、卧手刀外击、手刀下防、高丽 30 虎口膝部攻击、中断拨开防御、正拳标的攻击、立贯手攻击、手掌下压,肘部侧击、锤拳下压标的攻击等于太极品势不同有着很多黑带者的难度技术。准备姿势有推圆木,手的位置在上丹田和中丹田之间,是神和精所汇合的地点。这是一个很重视精神统一的姿势。品势线为"士"字形。
金刚	27	金刚在智、德方面非常坚固,拥有不致受外部强烈攻击,而遭受伤害的力量,在庆州石窟庵入口处雕刻着金刚力士像和天下,表露出霸王举鼎的金刚山威容,且将其雄状无比之气势,融入了金刚型之中。

---

① *Taekwondo in New Zealand*，http://taekwondo.sport.org.cn/.

品势名称	动作数	含　义
太白	26	太白是韩国历史传统的开端,"太白"亦称火山,此是源自于太阳之运转演变而来的。光明之处,亦表示神圣及广被雄姿,此间接地将白头山之精神表现出来。白头山是我民族之胎盘,血脉更象征我民族之精神。修习之进行线是"工"字形,包含着天、地、人的开国神话的意义,身体的动作,采用很多左外腕上架右内腕侧防等防御身体之动作。此太白型的要点,在于敏捷的速度,更将太白的宏伟雄丽的思想,精神肉体合二为一。
平原	21	人类是由原始生活,慢慢演进开化的,为了找寻食物,由山上发展到平原,大平原给予人类食物且改变了生活环境,更唤起了人类的和平共存及支配的欲望。所谓平原,乃是由地球表面之四周延伸以至广至远,是象征和平的创造神的伟大杰作。
十进	28	由原始信仰中演变出来的十长生,即云、山、水、石、木、月、草、龟、鹤、鹿。所谓十进,即如同十、百、千、万,慢慢延伸的数字,将动作亦要求至无限度变化的境界。
地跆	28	所有生物,介于天地之间,生存成长、死亡,而使季节发生变化的风,亦形成消灭于天地之间。地跆即上天给予我们的最大的生活处理及安息处。
天拳	26	上天是万物之根源,修身之基点,天下之事物最终的完成者。天拳即人类所尊崇的创造万物之神,其看顾人类较软弱无能的心思及那份奥妙,实在是无以言喻的。
汉水	27	水是维持万物生命的根源,既无颜色又无味道,用手去波动力量小,会产生小小的涟漪,但将这些力量融合在一起,就会变成一股庞大的力量。一滴水,一滴水的慢慢融合在一起,终会成为一条河,这种积少成多,滴水成河的真理是我们人类所要学习运用的。虽然,水是既不能切断,又不能竖立的柔软性物质,但其可借着容器之大小,表现出不同的形状。而跆拳道的精神,与水之适应能力极为类似。
如一	23	新罗时有一位高僧元晓说:"必生则种种法生,必灭则骷体不二","神所告诫人类的三界,唯有心存而已,如何能忌得了"。所以他的思想学说,即"一则一如"。

从跆拳道的整体内容来看,新西兰跆拳道教学内容相对简化,层次分明,计划明确,由低到高、循序渐进地提升学员的跆拳道技术水平,有利于在传播中让学生有目标感。而中国武术在国际传播中没有规定不同阶段的教学内容,武术教学体系不完整。众所周知,中国武术派系林立,内容博大精深,同时每个流派的武术理念和武术技法特点又各不相同,庞杂艰深,让广大外国武术习练者茫然失措,根本不知如何下手,严重降低对中国武术的习练兴趣。中国武术的教学、评价体系缺乏标准化,这是制约中国武术迅速在全世界范围内发展的重要原因,也是国际武术教育内容出现的主要问题。

3. 新西兰的跆拳道教育文化阐释

任何一种体育运动的诞生、发展,都是在其本民族的传统文化的影响下逐渐形成的。也就是说,体育运动是该民族传统文化的重要技术载体。不了解其民族传统文化,是很难深入体会此项体育运动的精髓的。但是,在体育运动的国际传播过程中,传播的国家必须考虑其他民族与自己民族文化间的天然隔阂。因此,必须对此项体育运动的文化内容进行简化和提炼,找出共性的东西,这样才容易引起世界民众间的情感共鸣,从而实现将本民族的体育运动更好地传播到世界各地的目的。在新西兰,韩国跆拳道的传播就是以这种简单易行的方式开展的,并且取得了良好的效果。

4. 新西兰的跆拳道教育传播途径

对新西兰跆拳道教育资源的实地调查研究显示:(1)诸多学校的跆拳道场地、器材、教材、教案等都十分齐全,满足了学生的学习需求。即使学生在技术环节不能有效地开展练习,但是在看书之后也会对跆拳道的理论知识有所了解,不会形成一无所知的情况。(2)每个学校的跆拳道教师的教学能力和英语水平都较高,都有相应的国际教练员证,且在学校为长期任教老师,减少了师资的不固定性,保障了跆拳道教师的师资力量。而且他们对当地文化都十分了解,很容易将跆拳道项目中所蕴含的文化结合当地文化对学生们进行清晰的讲解,而且也会遵守当地文化的制约,让当地的学生更加清晰充分地了解到跆拳道项目中所蕴含的教育文化。因此,韩国人将跆拳道的国际传播目的地之一选择于此。运用的传播途径比较多元化,传播的内容、渠道、方式都比较适应受众,还每年进行国际上的巡回表演,以此来扩大项目的知名度。[1]

5. 新西兰的跆拳道受众

"安德里亚·基尔迪(Andrea Kilday)在2月27日星期六于莫尔兹比港举行的大洋洲奥运会预选赛中赢得女子49公斤级金牌,为新西兰赢得了里约奥运会的名额。安德里亚和其他7名运动员——四名来自澳大利亚,两名来自巴布亚新几内亚,一名来自汤加——一起争夺里约奥运会的入场券。"[2]这段话来自新西兰跆拳道官网的一则新闻,主要报道了来自新西兰圣格马丽女子学院的学生——安德里亚·基尔迪在里约奥运会获奖。由于国情的不同,中国采用"举国体制"开展竞技体育运动,竞技体育的主要承担者是各级各类专业的体育运动院校,一般的大中小学的学生不太可能达到较高的体育竞技运动水平,更不可能有资格代表国家参加奥运会比赛。但是在新西兰的有的普通中小学,这种现象就和中国有较大的差别。比如新西兰的圣

---

① 光路:《中华武术在1936年柏林奥运会》,《文史精华》2008年第6期。

② *Official Website of Taekwondo in New Zealand*,http://www.taekwondonz.org.nz/news/.

格马丽学校,只是众多新西兰普通公办学校中的一所,没有将学生送到竞技体育专业队去进行"全职"专业训练,只是将跆拳道设为学校十年级学生的必修课程。该学校对于跆拳道的考核,主要分为两种形式:第一种为每学期结束后,针对十年级必修课的学生以非常严格的跆拳道考核标准或者段位制的考核为目标,对考生进行技能与理论的考核,也有少部分其他年级的学生。第二种主要针对其他年级按照自身兴趣爱好选修的同学,派遣专门的跆拳道段位制考核人员,对其进行监督考核,基本涵盖了全校学生(见表6-3)。

表 6-3　新西兰跆拳道课程开展情况

学校名称	年级	选修	必修	备注
Discovery One School	小学	否	否	无课程
Sermagret School	高中	否	是	
Marlborough Girls College	高中	否		
Stomas School	初中	是	否	
Rangiora High School	高中	否	是	
Merrin Primary School	小学	否	否	无课程
Collumba College	初中至高中	否	否	无课程
Lincon High School	高中	否	是	

通过走访表6-3的八所新西兰普通公办学校,跆拳道在八所学校开展的占比情况比较良好,超过了50%且都为必修课程。对此,笔者对每一所学校都进行了实地调查,发现:(1)Discovery One School 的学生在治理方面悬殊较大,导致跆拳道课程无法正常开展,故取消了跆拳道课程的设立;(2)Sermagret School 是一所女子高中,其年龄适合,且高一学生的跆拳道课程设为必修,(国内高一是该所学校的十年级),可以很好地掌握跆拳道的技术与理论知识,为高二、高三学习跆拳道打下坚实的基础。(3)Stomas School 是一所初中男子学校,该学校将跆拳道设为选修课程,但经过统计,选修跆拳道的人数总共占学校总人数的10%,选修人数已是相当可观。体现了该学校学生对跆拳道课的喜爱程度。(4)Rangiora High School 与Sermagret School 相同,将高一学生的跆拳道课程设为必修课程。

6. 新西兰的跆拳道教育反馈机制

"怎样能在保证教学质量的同时,还能使学生对此课程感兴趣。"这个问题已经是教育界的普遍难题。世界各国的教育工作者为解决这个问题进行了艰苦卓绝的努力。新西兰的学校在开展跆拳道教学过程中,十分关注对学生跆拳道学习情况的及时反馈和评价,这一点对优化教师教育过程和教学质量尤为重要。毕竟,教学质量好坏的最终体现,还是要通过学生的学习结果。除此之外,还有其他几种反馈评价方式也是十分重要的,例如考核反馈、比赛反馈、学生对教师评价的反馈、学生对自己评价的反馈。将这些反馈综合在一起,与学生相互交流、传播,找到合适的教学方法因材施教,这样才能激发学生的学习兴趣,提高学生的技能与知识,以达到最初的教学效果。上述内容即为教育反馈机制。跆拳道在新西兰的传播就是以这种教育理念为模板进行的传播,可以说已经相当成熟。本节将从跆拳道段位制的反馈、比赛中的反馈、学生对教师以及对自己的评价、学生学习过程中的反馈四个方面进行分析。[①]

（1）新西兰跆拳道段位制的反馈

在新西兰,许多学校将跆拳道设置为必修课程,在每学期结束前,都会有跆拳道相应段位的考试,称为段位制考核。段位制考核是评价学生跆拳道在某一阶段训练水平的一个非常重要的标准,也是衡量每学期跆拳道教学的一个重要手段。跆拳道段位制级别主要分为十级、九段、三品。从十级(初始等级)开始晋升,达到一级后(红黑带)开始进入段位。一段至三段为黑带新手,四段至六段为黑带高水平段位,七段至九段则不仅需要练习者有高超的技术水平,还需要对跆拳道项目作出重大贡献才有资格晋升。[②]如15周岁以下的练习者已达到一段至三段的水平,则授予一品、二品、三品的段位制称号。表6-4、表6-5为世界跆拳道联盟段位制的含义以及考核内容。

表6-4　新西兰学校跆拳道段位考核内容及含义("十级")

级别	内　　　容	含　　　义
白带 （十级）	刚进入学习跆拳道的练习者经过十天的训练自动升级为白带,无考核内容。	白色代表纯洁,练习者没有任何跆拳道知识和基础,一切从零开始。
白黄带 （九级）	(1) 礼仪、礼节:系道带(背身整理道服、立正、行礼); (2) 品势:无; (3) 步伐:跳换步; (4) 基本功:马步冲拳、上格挡、中格挡、下格挡; (5) 腿法:上踢、提膝; (6) 体能:俯卧撑、仰卧起坐、快速左提膝腿。	白黄带练习者经过一段时间的训练及考核,对跆拳道的基本知识及技术已经有了初步掌握与了解,并学会一些基本技术,进入由白带向黄带过渡阶段。

---

① 景明洋:《中国武术国际教育传播模式构建研究》,福建师范大学硕士学位论文,2016年。

② 东方宣:《跆拳道的段位介绍》,《搏击》2015年第6期。

级别	内　　容	含　　义
黄带 (八级)	(1) 礼仪、礼节：系道带(背身整理道服、立正、行礼)； (2) 品势：太极一章； (3) 步伐：前滑步、后滑步、前交叉步、后交叉步； (4) 基本功：马步冲拳、上格挡、中格挡、下格挡； (5) 腿法：上踢、前踢、前踢接前踢、横踢； (6) 体能：俯卧撑、仰卧起坐、快速左提膝腿。	黄色则表示为大地的颜色，就像植物在泥土中生根发芽一样，在此阶段要打好基础，并学习大地厚德载物的精神。
黄绿带 (七级)	(1) 礼仪、礼节：俯身整理道服、立正、行礼； (2) 品势：太极一章、太极二章； (3) 基本功：弓步下格挡、中格挡、上格挡； (4) 拳法：直学击靶左右各 3 次； (5) 腿法：横踢、横踢接下劈、横踢接高位横踢； (6) 体能：俯卧撑、两头起、背起、快速连续左右提膝腿。	黄绿带练习者介于黄带与绿带之间的水平，练习者的技术在不断上升，进入由黄带向绿带过渡阶段。
绿带 (六级)	(1) 礼仪、礼节：俯身整理道服、立正、行礼； (2) 品势：太极二章必考，太极一章或二章抽考一章； (3) 基本功：半马步双手刀中格挡； (4) 腿法：侧踢、横踢接侧踢、垫步下劈、垫步横踢； (5) 体能：俯卧撑、两头起、背起、快速连续左右提膝腿。	绿色则代表的是植物的颜色，代表练习者的跆拳道技术开始枝繁叶茂，跆拳道技术在不断完善。
绿蓝带 (五级)	(1) 礼仪、礼节：俯身整理道服、立正、行礼； (2) 品势：太极四章必考，太极一章至三章中抽考一章； (3) 基本功：半马步单手刀外格挡； (4) 腿法：双飞、横踢接双飞、钩踢、横踢接钩踢； (5) 体能：抱膝跳、俯卧撑、快速转身左、右腿踢脚靶。	绿蓝带练习者介于绿带与蓝带之间的水平，练习者的技术在不断上升，进入由绿带向蓝带过渡阶段。
蓝带 (四级)	(1) 礼仪、礼节：俯身整理道服、立正、行礼； (2) 品势：太极五章必考，太极一章至四章中抽考一章； (3) 基本功：弓步背拳； (4) 腿法：后踢、横踢接后踢、原地腾空后踢； (5) 体能：俯卧撑夹臂、俯卧撑跳双腿连续转身高位横踢脚靶。	蓝色则表示为天空的颜色，随着不断地训练，练习者的跆拳道的技术逐渐成熟，就像大树一样向着天空生长，练习跆拳道已经完全入门。
蓝红带 (三级)	(1) 基本礼仪：礼仪、礼节：俯身整理道服、立正、行礼； (2) 品势：太极六章必考，太极一章至五章中抽考一章； (3) 基本功：弓步外手刀； (4) 腿法：360 度横踢(旋风踢)、横踢接旋风踢三飞； (5) 体能：卧撑夹臂、双脚腾空左右分腿拍脚。	蓝红带练习者的水平介于蓝带与红带之间，练习者的技术在不断上升，进入由蓝带向红带过渡阶段。

续表

级别	内　　容	含　　义
红带 (二级)	(1) 礼仪、礼节:俯身整理道服、立正、行礼; (2) 品势:太极七章必考,太极一章至六章中抽考一章; (3) 基本功:虎步中格挡; (4) 腿法:后旋踢、旋风踢接后旋踢、横踢接后旋踢、原地腾空后旋踢; (5) 体能:俯卧撑击掌、双腿腾空向前双拍脚接分腿拍脚、俯卧撑; (6) 实战:2分钟一回。	红色是危险、警戒的颜色象征,这表明练习者已经具备相当的攻击能力,对对手已经可以构成威胁,要时刻注意自我修养和控制。
红黑带 (一级)	(1) 礼仪、礼节:俯身整理道服、立正、行礼; (2) 品势:太极八章必考,太极一章至七章中抽考一章; (3) 基本功:腾空和前踢、肘击接背拳; (4) 腿法:横踢接旋风踢接后旋踢、横踢接双飞接后踢; (5) 体能:俯卧撑、左右腿蹲起腾空交替前踢; (6) 实战:3分钟一回。	红黑带经过长时间系统的训练,练习者已修完从十级至一级的全部课程,开始由红带向黑带过渡,由市级部门向段(品)的修炼。

　　红黑带向黑带的过渡是"级"向"段(品)"的晋升。黑带代表在长期艰苦的磨炼之下,练习者的跆拳道技术动作与思想修为已经处于很高的水平,变得相当成熟了,也表示不会轻易地受到黑暗与恐惧的影响。进入黑带的练习者在晋升时将不单单只依靠技术,而是综合年龄、年限、技术以及对跆拳道项目作出的贡献来进行评定晋升(见表6-5)。[①]

表6-5　黑带晋升考核内容(品势部分)

段位	年限	年龄	内容
一段	一年半	15岁以上	指定太极1—7型之一,必修8型。
二段	两年	16岁以上	指定太极1—8型之一,必修高丽。
三段	三年	18岁以上	指定太极、高丽之一,必修金刚。
四段	四年	21岁以上	指定太极、高丽、金刚之一,必修太白。
五段	五年	25岁以上	高丽、金刚、太白之一,必修平原、十进。
六段	六年	30岁以上	指定高丽、金刚、太白、平原、十进之一,选择地跆、天拳之一。
七段	七年	36岁以上	指定高丽、金刚、太白、平原、十进、地跆、天拳之一,选择汉水、一如之一。
八段	八年	44岁以上	八段以上审查内容由世界跆联特别委员会决定。
九段	无准确年限	60岁以上	需作出对跆拳道项目巨大贡献,后经世界跆联特别委员会决定。

　　注:(1)此表仅为品势部分的考级内容,另考核内容还包括实战、特技、理论;(2)高段位考核内容还要审查资历与评估贡献;(3)15岁以下选手达到一至三段水平,授予一品、二品、三品。[②]

[①]　世界跆拳道联盟官网,https://www.wtf-cn.org.cn/。
[②]　冯鑫:《我国运动员技术等级制度演进的研究》,北京体育大学博士学位论文,2011年。

从表 6-5 可以看出,新西兰学校跆拳道考级的内容非常清晰、明确,每个阶段对应不同的学习内容,还加入了过渡阶段的考核练习,帮助练习者可以更好地向下一个阶段进发。段位制考试设立的初衷,第一是为了让学生通过段位制考核了解自身的技术能力与理论知识水平,更好地取长补短。第二是为了让跆拳道教练了解学生们这段时期学习的效果与水平,通过与每一个学生的交流,制定出适合他们能力、技术、知识的教学计划,以便更好地提高自身的教学水平。第三,在段位制考核中,会请专业的、具有相关资格证的人员作为考级官,考级官可以在现场以专业的视角直接指出此次考级中学生存在的问题,可以让学生和教练更加直观地了解跆拳道应该如何学习。第四,段位制考核是从低到高依次"升级",会激发学生向上攀登的决心,锻炼了学生意志品质的同时还给足了学生学习跆拳道的动力。

(2) 新西兰跆拳道比赛的反馈

让学生积极参加跆拳道比赛是一个既能促进学生学习兴趣,又能提高学生技术水平的教学反馈方式,也是学生检验自己真实跆拳道实战水平的一种绝佳途径。从某种角度来讲,更是学生将跆拳道教学中学习的情况反馈给自己和教师的一个非常好的机会。笔者在新西兰的实地调查中发现,每次跆拳道比赛都能实时地反馈出学生的技术水平或者学生目前自身所欠缺的东西。通常情况下,学生在跆拳道的比赛中,只要发挥平时训练状态的50％就已经算是正常发挥且占有优势。在赛场上会因为各种因素而影响到运动员的发挥,运动员自身的焦虑是影响运动员发挥的最大内因所在,在平时都会用到的技术或战术,在赛场上不敢轻易使用,只敢运用自己认为非常熟练且自信的技法。根据每个学生反馈的不同问题进行因材施教,可以让每一位学生减少自己的薄弱环节,增强自身的综合能力,更加地喜欢与热爱跆拳道这个项目,这样才能够发自内心地学习好跆拳道。

(3) 新西兰学生学习跆拳道过程中的反馈

由于新西兰国土地广人稀,所以当地学校的规模以及在校的学生也非常少。新西兰的每一所学校的人数都不多,这是实施小班化教学的有利条件,事实上这些学校也是这么实施的。小班化教学的优势在于教师可以关注到每一位学生在学习过程中产生的问题,可以针对他们的问题一一解答,更好地帮助每一位学生提高跆拳道技术、知识水平。这也是教学质量保障的重要条件。所以,新西兰学校的跆拳道教师、教练可以清楚地掌握每一个练习跆拳道学生情况,可以及时接收到反馈,调整教学方案,促进学生对知识、技能的掌握。这也是跆拳道项目开展效果好的一个非常重要的保证。

（4）新西兰跆拳道学生评价的反馈

新西兰的所有学校都会对学生、教师进行阶段性的评价，通过评价让教师和学生能够在第一时间清楚自身问题和需要改进的部分。陈雨琨在《教育学评价学》一书中提到"当把学生的评价范围限制在仅描述教学活动时，这些资料具有相对高的效果"①。这句话体现了对教学活动进行评价的重要性。但评价何时向学生与教师公布，选择的时间也十分重要。通常学校在期末成绩公布后再将评价内容发放给学生与教师看，这样是为了避免学生在看到自己成绩不佳后刻意对教师作出较差的评价，或得到高分后作出较高的评价，会使得评价不真实，没有了最初的意义。②

在新西兰学校，跆拳道的主要教学反馈机制包括段位制反馈、比赛反馈、学生学习过程中反馈、学生评价反馈四种。虽然与国内的教学评价反馈机制比起来少了一些，但是学校可以将这些反馈机制运用得恰到好处。段位制反馈可以激发学生向上攀爬的积极心理，督促学生完成某一阶段的任务训练，让学生找到学习的目标；比赛反馈可以激发学生内心的胜负欲，激励学生提高自身技术，提升自我效能感；学生学习过程评价反馈与学生评价反馈可以及时地让学生了解自身出现的问题，积极改正。这些反馈机制全面保证了跆拳道课程得以顺利地开展下去，这无疑优化了跆拳道国际传播的过程。

（二）中国武术在新西兰孔子学院的国际教育传播模式探讨

1. 新西兰孔子学院武术教育的传播者

对新西兰孔子学院的武术传播者进行总体分析后得知，当地教师的中国武术教学能力存在问题。通过与当地学生沟通发现，学生对教师教学不满意的主要原因在以下三个方面：（1）教师的教学内容太过于死板，导致学生对武术课程失去了解与学习的欲望；（2）教师在教学表达过程中语言表达不清晰，无法将中心思想清楚地表达给学生，导致学生听不懂；（3）教师在上课过程中无法照顾到全体学生，导致无法调动个别学生对武术学习的乐趣。这说明，武术在国际传播过程中，需要传播者（个人）具有合格的语言表达能力、教学能力和专业技能，同时需要对当地文化有所了解并照顾到班级每一

---

① 陈玉混：《教育评价学》，人民教育出版社1999年版，第95—96页。
② 李小融、魏龙渝：《教学评价》，四川教育出版社1988年版，第312—313页。

位同学,对其因材施教,通过选取恰当的教学方法来提高学生对武术的学习兴趣。

新西兰坎特伯雷大学孔子学院的武术国际化传播目前还处于萌芽阶段。截至 2015 年 7 月,在此学校教授过武术的只有四人,对于他们的教学能力以及自身情况知之甚少。笔者对该校孔子学院的武术教师的学习武术的经历、学历等进行间接的调查,充分了解四位传播者的真实情况,有利于今后教学的改善与调整(见表 6-6)。

表 6-6　新西兰坎特伯雷大学孔子学院武术教师外语和武术水平一览表

武术教师	本科专业	研究生专业	英语水平
李立程	汉语	汉语言文学	专业八级
曹生辉	武术	无	无
景明洋	体育教育	民族传统体育学	无
于猛	体育教育	民族传统体育学	无

表 6-6 为新西兰坎特伯雷大学孔子学院的四位武术教师的情况。可以看出,上述四位教师中仅有一位英语水平达到了专业八级,但不是民族传统体育学专业的学生,教学能力很可能无法达到教授武术课的水平。其他三位均为体育专业,虽然有两位研究生专业为民族传统体育学,但本科期间是体育教育专业,属于"半路出家",其专业能力无法与专业武术运动员相比。并且这三位武术教师均没有英语等级证书,英语表达能力有所欠缺,很可能无法准确地表达出武术文化蕴含的内涵。而英语专业八级的教师很难理解武术真正的内涵,表达出来的意思也将是"词不达意"。这也间接证明了该所学校开展的武术课不理想的主要原因——武术教师的自身素质不过硬。

2. 新西兰孔子学院武术教育的传播内容

武术的传播内容是传播模式需要设计的第二个要素。对于武术内容的分类有千百种之多,在如今国人都无法完全理解掌握的情况下,在国际教育传播中更是无法将武术的内容全部倾囊相授。在新西兰孔子学校中,武术传播内容的选择主要是竞技长拳类。而长拳在武术的系统内容中只是属于极小的一部分,无论是在技术动作还是文化内容方面,长拳都不能囊括中国武术的主要内容,仅仅只能算是武术内容的分支。这也是中国武术在新西兰传播过程中进展缓慢、普及性不高、屡屡受阻的主要原因之一(见表 6-7)。

表 6-7　新西兰学生期望学习武术内容调查统计表(n＝128)

类别	内容	频数	所占比例
长拳类	长拳	27	21.1%
格斗类	散打	7	5.5%
	截拳道	10	7.8%
	摔跤	2	1.6%
太极类	太极剑	38	29.7%
	太极拳	48	37.5%
	太极扇	28	21.9%

　　表 6-7 为新西兰学生期望的武术内容的占比调查。表 6-7 的调查显示,新西兰孔子学院的学生最想学习的种类是太极拳,占比 37.5%,想要学习太极剑的占比 29.7%,想要学习太极扇的占比 21.9%,想要学习长拳类的占 21.1%,想要学散打、截拳道、摔跤的分别占总人数的 5.5%、7.8%、1.6%。格斗类项目学生选择度较低,主要以太极类与长拳类两个项目为主要选择内容。不难看出,新西兰孔子学院的学生主张以自身健康为目的,选择的武术类项目均以养生为主(见表 6-8)。

表 6-8　新西兰孔子学院学生学习中国武术的主要目的调查统计表(n＝128)

目的	频数	所占比例
了解中国文化	47	36.7%
增强身体素质	38	29.7%
兴趣爱好	8	6.3%
缓解工作(学习)压力	14	10.9%
增强防身自卫能力	52	40.6%
父母要求	5	3.9%
其他	3	2.3%

　　表 6-8 是对新西兰孔子学院的学生选择中国武术目的的调查表,其中想要了解中国文化的学生占比 36.7%,增强身体素质的占比 29.7%,纯粹为兴趣爱好的占比只有 6.3%,为了达到缓解工作(学习)压力目的的占比为 10.9%,渴望通过练习武术增强防身自卫能力的占比为 40.6%,因为父母的要求或者其他目的的分别占比 3.9%、2.3%。不难看出,增强防身自卫能力是新西兰孔子学院学生学习武术的主要目的,其次是了解中国文化和增强身体素质。结合表 6-7,可以看到学生选择武术太极类的最多有其背后的原因。太极类项目既有一定的攻防技击内容,可用于实战,又可以强身健

体,体会太极文化,在此基础上可以更好地了解中国文化,这正与上述学生想要学武术的目的相吻合。但在实地教学的过程中,大部分武术教师对太极拳类的项目通常只是会简单地讲解太极拳动作的攻防,然后便让学生对该动作进行反复多次的练习,学生之间没有相互进行交流练习和切磋,这使得初次接触太极拳的学生根本无法体会到每个动作的攻防技术,反而在一定程度上觉得枯燥无味。因此,作为格斗技击类的体育运动项目,必须进行对抗实战,如果只进行武术套路练习而不进行实战对抗,就不能充分领略中国武术的独特魅力。

3. 新西兰孔子学院武术教育的文化阐释

武术教育文化的阐释也是武术国际传播的一个重要因素,很多研究者都认为武术在国外的阐释是传播者的事情,只要传播者的教学能力、自身专业能力以及阐释武术文化的能力够好,就不需要其他因素帮衬,也可以把武术向国际传播。但是从目前所收集的大量资料可以得知,专门针对武术方面的外文书籍仍十分稀少。在现有的为数不多的武术译著中,大部分武术书籍主要还是与现代竞技武术套路相关,而具有独特中国人文魅力的传统武术译著却非常少。这不得不说是武术国际传播过程中令人遗憾的方面,需要花大力气推进关于传统武术的著作的翻译。经过调查发现,新西兰孔子学校的学生对于中国武术文化感兴趣的占比达到了36.7%。在武术教师教学能力较差的情况下,还能占总数的1/3,这是非常可观的。但该所学校目前还没有专业的、与武术文化相关的外文书籍,并且当地武术教师的英语水平也有限,对武术文化无法准确地阐释。应该解决上述问题,让更多的学生对武术文化感兴趣。

4. 新西兰孔子学院武术教育的传播途径

对成功的世界性体育运动项目的国际传播案例的研究表明,传播途径是决定该项体育运动项目是否能够成功传播的重要因素之一。在中国武术的国际化传播过程中,从一定程度上讲,决定中国武术国际传播成败与否的重要举措,是构建一个科学完整的中国武术国际化传播途径。就中国武术的国际传播内容来看,目前武术的教育教学内容主要分为两大类型:一是竞技武术,主要内容是经过现代体育改造后形成的武术套路和武术表演等;二是传统武术,相对较好地保持了古代武术的特点,具有较强的格斗技击性、防身健身性,以及民族文化性。从中国武术国际化传播工程启动伊始,就是沿着现代竞技武术和传统中国武术两条路同时进行的。针对竞技武术的国际教育传播,在教练方面,我国采取向国外输送教练与运动员支援的方式,也会定期地举办国际教练培训班,方便在武术的传播过程中对他们进行技术上的指导。由于要考虑当地文化的影响,我国将传统武术的国际教育传播的试点放在了新西兰孔子学院和新西兰坎特伯雷大学,还有一些放在民间的武馆。①总之,应尽最大努力积极拓展中国武术国际化传播的有效途径渠道,增强中国武术的知名度和曝光度,尽可能地让更多的人了解和习练中国武术,从而进一步了解和喜爱中国文化。

5. 新西兰孔子学院武术传播的受众

国外的武术学习者是武术国际传播的最终受体和传播的对象,但是不同的地区、不同层次的受教育者对武术内容的选择也是不同的。②因此,武术在国际教育的传播过程中,应该把传播对象与受体放在传播过程的首要位置,同时武术国际化传播过程的终点也取决于受众。③所以中国武术的国际传播必须重点研究关注传播对象的特点,必须根据武术习练者的自身特点,进行区别对待、因材施教,通过不断地学习与改进来提高武术教育教学质量,这对武术在国际教育传播有深刻的影响。武术国家教育传播最重要的是"传播"二字。传播学学者邵培仁在其文中阐释,传播的目的地为受众,受众是传播链中最为重要的一环,是传播开始的前提与先决条件。王林教授在文中指出,传播效果在受众身上体现,通过对受众的反映与评价来真正地了解武术传播的效果。④通过以上分析可知,在中国武术走向世界的国际化传播之路上,必须高度重视和科学分析武术的受众群体的体质健康状况、知识结构水平、家庭经济状况、习武动机等方面的因素;根据学生的真实需求、自身的特点,采取科学合理的传播方式,教授适合他们的武术内容,唯有如此武术在新西兰的传播才能够取得良好效果。

6. 新西兰孔子学院武术教育的传播效果

传播效果是检验一切传播活动成功与否的试金石。⑤武术传播效果的好坏与受教育者的感兴趣程度有一定的关系,由中国武术在新西兰的传播效果可知,新西兰的学生对武术还是非常感兴趣的。大部分学生对武术课所带来的体验感觉是非常好的。但是通过对孔院老师开展的开放问卷调查

---

① ② 郭玉成、邱丕相:《武术国际传播基本模式的构建》,《上海体育学院学报》2002 年第 11 期。

③ 王林:《武术国际化传播的受众研究》,《首都体育学院学报》2008 年第 3 期。

④ 闵健、李万平、卿平:《体育社会科学研究成果汇编(2006)》,人民体育出版社 2006 年版,第 216—217 页。

⑤ 邵培仁:《传播学导论》,浙江大学出版社 1997 年版,第 387—388 页。

却得知,武术课在新西兰当地的发展状况并不是十分乐观,主要原因在于新西兰孔子学院的武术课没有较好的课程设置体系。在当地武术没有固定的课程,学生无法依据课程需要进行系统选课,临时开设的太极课也会因为种种原因而无法开展,以至于学生学习武术遭到阻碍。众所周知,传播在整个传播过程中占据首位,起到一个非常重要的作用。在每个传播过程中,都应该要有受教育者对传播者传播过程的反馈,包括传播方式、传播内容、传播媒介等的反馈,以便了解受体在传播过程中的需求是什么,怎么样才能更好地接受教育传播者所教授的内容等,从而使传播者对传播策略进行针对性的修改,解决传播过程中出现的问题。因此,对于受众的需求,我们应该进行深入研究,根据其需求,选取适合他们的传播方式、传播内容,这样才能够达到理想的传播效果(见表6-9)。

表6-9　新西兰孔子学院学生武术教学效果调查表(n=—128)

调查问题	观点	百分比
学习武术后,你想继续学习吗?	非常想	35.1%
	想	21.8%
	一般	25.9%
	不想	17.2%
学习武术后,您对中华武术感受如何?	非常想继续学习	38.3%
	想继续学习	25%
	一般想继续学习	21.9%
	不想继续学习	14.9%
学习武术后,对您了解中国文化有帮助吗?	非常有帮助	25%
	有帮助	40.6%
	一般有帮助	18.8%
	没有帮助	15.6%

7. 新西兰孔子学院武术教育的传播反馈机制

(1)新西兰孔子学院武术段位制的反馈

中国武术段位制是评价个人掌握武术技术和理论的水平、研究成果、武德修养,以及对武术发展所作出的贡献的方法,是中国武术标准化改革的重要表现。中国武术段位制分别设晋级和晋段两部分:(1)段前级由低至高依次设置为:一级、二级、三级;(2)段位分为初段位、中段位、高段位,由低至高依次设置为:初段位:一段、二段、三段;中段位:四段、五段、六段;高段位:七段、八段、九段。中国武术段位制晋升规则规定,段位申请者必须同时满足两个必要条件才能通过晋升考核:(1)从事武术锻炼达到2年以上;(2)达到晋升年限要求后经过技术练习,达到入段资格技术要求,经入段资格技术考评成绩合格者,取得入段资格。①事实上,在国内虽然也有段位制的说法,但是国内的很多人都是没有段位的,因为武术段位制实行起来处于比较模糊的状态,所以很多人对武术丧失了学习的兴趣。在国际武术传播中,外国人能取得武术段位资格的也是寥寥无几。所以在新西兰武术段位制的反馈上基本没有实质性地实施,这在客观上较大地制约了中国武术在新西兰的有效传播。

(2)新西兰孔子学院学生评价的反馈

在科学的武术教学评价反馈体系中,学生评价反馈是这一反馈体系中的重要环节。根据相关调查研究表明,在新西兰孔子学院开展的武术教学过程中恰恰缺乏学生评价这一重要环节。由于这一重要反馈机制的缺失,使得武术教师无法发现学生所期望的课堂是什么样的。授课教师应在多方面落实学生对课堂的评价工作,比如在教学方式、教学内容方面的反馈或者学生希望在课堂中学习什么、以何种方式进行学习等等。但是在授课过程中,很少有老师会注意到学生的需求,只是千篇一律地讲授,从而使学生对武术的兴趣慢慢被磨灭了。

因此,一个完整的武术国际教育传播过程,不但要注重武术国际传播的教育者、武术国际传播的教育信息、国际武术文化教育的阐释能力、武术国际教育传播媒介、武术国际传播受教育者、武术国际传播教育效果的内在关系,而且要充分把握并运用好双向传播模式中的受体反馈,这是国际武术教育传播顺利开展的关键因素。

二、新西兰孔子学院武术传播中存在的问题

(一)传播者的武术阐释能力比较薄弱

在体育运动的国际传播过程中,传播的国家必须考虑其他民族与自己民族文化的天然隔阂,因此,必须对此项体育运动的文化内容进行简化和提炼,找出共性,这样才容易引起世界民众的情感共鸣,从而实现将本民族的体育运动更好地传播到世界各地的目的。要达到这样的要求,就必须要求武术国际传播的教练们熟练掌握武术专业技术技能、武术基础理论知识及武术教育教学能力。导致武术文化阐释较差的情况主要有外在和内在两个因素:(1)外在因素主要体现在新西兰孔子学院没有专门的外文武术教材,

---

① 《中国武术段位制介绍》,http://www.chinaispo.com.cn/facility/is_standard/2079.html。

学生无法从书本中学到有关于武术文化的理论知识,导致武术文化无法很好地传播。(2)内部因素主要是传播者的能力不足,没有很好的英语水平来支撑自己对武术文化的阐释,导致词不达意,而且由于武术教师对当地文化背景、政治制度、社会环境了解甚少,无法结合武术文化进行讲解,使学生无法准确地理解武术文化。

(二)武术教授内容单一

经过对新西兰孔子学院武术教学内容的调查发现,该学校在进行武术教学时,武术教学的内容主要以武术套路中的长拳为主,授课整体内容比较单调,无法满足学生的兴趣,从而不能够最大限度地调动学生的积极性。众所皆知,"兴趣是最好的老师",应该根据学生的兴趣爱好结合武术的特点来进行教学,对学习武术学生的年龄、个性特点加以划分,反省调整自己的教学方法与内容,因材施教。譬如,中老年人比较喜欢慢一点的武术运动,即太极拳类,如五禽戏、八段锦、健身气功等等。但新西兰孔子学院的武术教师很少根据学生的兴趣爱好来调整自身的教学方案,长此以往,学生会感到枯燥乏味,对武术课彻底失去兴趣,导致传播效果减弱。

(三)武术受教育者具有局限性

中国武术自从将进入奥运会作为自己奋斗的重要目标和成功标志以来,无数的武术人进行了艰苦卓绝的努力奋斗,不论是在民间层面,还是在官方层面,都做了大量的工作,并且取得了一定的成绩,这是客观事实。但令人遗憾的是,中国武术在错过了 2008 年北京奥运会的历史机遇后,一直游离在奥运会之外,其结局令人不胜唏嘘。究其原因是多种多样的,但其中有一点无法否认,即中国武术的世界普及度还不够,很多国家的普通民众根本不了解中国武术,这从中国武术在新西兰的传播过程就可以窥豹一斑。目前在新西兰的武术受教育者主要集中在中小学,普通的成年民众很少,这大大地制约了中国武术在新西兰的广泛普及。这也是由于武术国际教育在新西兰的传播刚开始进行,各方面还不成熟,只能在中小学进行试点。

(四)受教育者的反馈机制不够完善

正所谓"千人千面",每个学生有自己的特点,因此对武术习练者进行因材施教是尤为重要的。可惜的是,在新西兰的武术习练者们呈现"共性强、特点少"的现象,大家的武术风格大都是"千篇一律",缺乏独特的演练风格。这是因为武术老师在授课时没有针对不同的地区和受众调整自己的授课内容和方式,只是一味地根据自己的特点来选择教授的内容以及教授的方法,对于当地的文化风俗也没有很好地结合起来,授课结束后也没有落实学生对课堂的评价和反馈工作，从而不能够对自己的教学方式、传播方法做出恰当的调整。

第三节　中国武术在大洋洲传播的策略

一、注重武术国际教师专业素质的培养

正所谓"名师出高徒"，而武术国际教师的武术专业技能能力、教育教学技能，以及特别重要的英语交流能力普遍都较为缺乏。由于中国武术的武术教学过程中，涉及较多包含中国传统文化的专有名词、概念等，比如道、"精气神"等，这就需要武术教练有较为扎实的中英文转换能力。武术教师属于传播者的一种，其专业素养直接影响武术传播的效果。应该加强新西兰武术教师的专业和教学能力，提高武术教师的英语表达能力以及对武术文化阐释的能力，同时应该提高选拔武术传播教育者的门槛。

二、增派武术国际教师

由于武术国际传播教师的要求较高，不仅要有较高的武术专业技术技能，同时还要有较为完整的教育教学知识框架，导致了虽然国内习武者众多，但符合国际武术教练要求者却较为缺乏。目前每年对新西兰地区基本只能输送一名武术教练，这使得新西兰无法开展武术教学。因此，国家应该加大对国际武术教练的培训力度，培养大量合格的武术国际传播教练或武术志愿者。

三、武术国际传播者时刻关注受体的反馈

教育是一种文化信息传播活动，教育传播是教育者与受教育者之间的信息交流活动。一条完整的教育传播链条，最重要的是受教育者的反馈，即受教育者接受教育的程度、受教育者在接受教育的过程中遇到的疑惑等，没有受教育的反馈，就无法体现出教育传播的效果，因此武术国际教师在传播教育的过程中应该从多个方面注意受教育者的反馈。第一，通过段位制考核评价教育成果，在授课之前每位老师应对学生进行武术段位制的相关介绍，从而使学生在学习的时候能够树立一个目标，另一方面也能够激发学生对武术的兴趣。第二，在授课之后，老师应给学生提供一个教学反馈的通

道,方便在授课之后及时地了解自己在教学中的不足,以便对教学内容或方式进行修改和调整。当然,授课老师应该认真地对待学生给出的评价,对于学生的个人问题,应及时解决,因材施教,在态度上对学生应多鼓励,从而调动学生的积极性。对于教学方式方法上的问题也要谦虚改进,及时弥补不足。第三,在授课一段时间后应及时对学生进行段位制考核,以了解学生在近一段时间内的学习和掌握情况。第四,沟通是教好一门课的关键。在上课时,国际武术老师应当及时地和学生进行交流,照顾每位学生的感受,只有这样,中国的武术文化才能够走向世界,在世界的每一个角落发光。

综上,在武术传播的过程中,首先要明确武术国际教育的文化阐释、武术国际教育传播者和受教育者、武术国际教育的传播内容、传播媒介和传播效果这六大要素之间的内在联系,充分利用双向传播模式中的受体反馈要素的优势,特别注意影响国际教育环境的因素。只有这样,武术国际教育传播才能够进展顺利。新西兰坎伯特伯雷大学孔子学院作为武术国际传播案例,其武术传播还处于初步发展阶段。在教育传播的六个要素中,每个要素在传播过程中都没有做到特别完善,主要表现在以下几点:第一,在武术教学课程内容设置的时候没有把学生的年龄、兴趣等特点纳入考虑范围中,缺乏针对性。第二,在进行传播时,未首先提高武术传播者自身的素质,包括对武术文化知识的了解程度、能否准确地对武术的文化内涵进行阐释、对外语知识的熟练程度以及与学生之间的沟通交流的能力等等。中国武术国际教育传播模式是在系统分析了当前国际传播模式及其武术国际教育传播模式后得出的理论的基础上构建出来的,而新建的武术国际教育传播模式的合理性与科学性再次得到证实是在对新西兰跆拳道与新西兰孔子学院武术教育进行比较研究之后。在武术国际教育传播中,不但要注意每个要素的内在联系,而且要时刻关注受教育者给出的反馈,及时调整,找到最适合的传播方式、教授内容和阐释方法。在武术国际教学中,要根据学生的年龄、兴趣等适时地调整所教授的具体内容,运用与之相对应的教学方法和教学策略。国家体育总局应加大对武术国际教师的培养力度。从多个方面培养专业的武术国际教师,在注重武术教师武术国际教学能力、武术技能水平学习能力的培养的同时,也要加强国际武术教师对中国武术文化的阐释能力。

第七章 结 论

本书基于全球化视野,借助"一带一路"倡议的提出以及中国武术"走出去"的时代诉求,运用"5W模式"理论对中国武术的国际化传播现状进行分析,从个案研究入手,见微知著,探讨武术的发展趋势与传播策略,如孔子学院、海外中国文化年、驻华使馆武术嘉年华等。同时,吸取国际上一些成功的经验,针对中国武术在五大洲的发展问题,对武术国际化传播的方式、途径、内容进行全面系统的分析与实证研究,并提出具体的对策,构建全新的发展路径和模式。

第一节 中国武术国际传播存在的主要问题

一、中国武术的国际化传播没有把自身的优势转化为文化交往的优势

中国武术源远流长,博大精深,流派纷呈,其中独具特色、自成体系的拳种多达129个。然而,从当前中国武术在国际上的传播状况来看,其推广手段尚显不足。中国武术并未充分展现其丰富的优势资源,也未能将这些资源转化为他国人民易于接受并乐于欣赏的高质量武术文化产品,从而吸引更多国际友人的关注和喜爱。

(一)中国武术的国际化传播重现代武术、轻传统武术

中国武术在国际化传播中,存在重现代、轻传统的偏向。中国武术的发展离不开传统武术和现代武术的互鉴互融。在中国武术国际传播过程中,我们片面地强调现代武术,片面地"崇新",导致中国武术国际化传播中现代武术占比过高,对传统武术的推崇较少,使中国传统文化的传播存在"缺位"和"失语"现象[1],从而影响了中国传统文化精髓的展现,给世界各国受众带

---

① 谢伦灿、杨勇:《"一带一路"背景下中国文化走出去的对策研究》,《现代传播》2017年第12期。

来认识上的偏颇。

(二)中国武术的国际化传播重同一性、轻差异性

在 2014 年 10 月召开的文艺工作座谈会上,习近平总书记指出,国际社会对中国的关注度越来越高,他们想了解中国,想知道中国人的世界观、人生观、价值观,想知道中国人对自然、对世界、对历史、对未来的看法,想知道中国人的喜怒哀乐,想知道中国历史传承、风俗习惯、民族特性,等等。作为一种民族文化形式,中国武术拳种的庞杂性、技术的参差性、功能的多元性、风格的迥异性特点,可以满足不同国家、不同地区、不同受众的需要,可以展现中华民族绚丽多姿、丰富多样的武术文化。但在中国武术的国际传播过程中,往往只选取少数拳种,技术的同质化、单一性趋向愈发明显,造成国外受众对中国武术的认知偏颇,影响了中国武术在"一带一路"沿线的传播推广。因此,面对世界各国丰富多样的文化需求,作为中国文化典型代表的中国武术在国际传播过程中必须改变千人一面、千篇一律的现状,提供给各国丰富多样的武术文化产品,才能吸引更多的国际受众。

(三)中国武术的国际化传播重外在形式、轻内在实质

"文化的世界性传播不是一种猎奇式的爱好,而是对一种文化的内在精神和基本价值的体认"①。从中国武术的国际传播实践来看,中国呈献给世界各国的武术资源大多只注重外在的形式,并没有把这些拳种背后所蕴含的深层次文化内涵展现给世界各国受众,从而削弱了受众对中国文化的内在精神和基本价值的认知,影响了中国武术的国际化传播,进而影响了中国文化的海外传播和中国的国际形象。

二、中国武术的国际传播能力不足制约了国际传播的进程

改革开放给中国带来翻天覆地的变化,中国经济跃居世界第二,国际影响力不断提升。但从国际传播能力来看,与其发展不相匹配。"中国威胁论""中国崩溃论"等负面舆论损害了中国的国家形象,严重影响了中国文化的国际传播。在此背景下,作为中国文化符号的中国武术,其国际化传播也受到一定影响。

(一)中国武术国际传播理念落后,缺乏沟通性

西方受众对宣传和说教相对反感。美国著名公共外交研究专家尼古拉斯·卡尔(Nicholas J. Cull)教授指出,公共外交的黄金法则不在于说了什

---

① 王沪宁:《作为国家实力的文化:软权力》,《复旦学报(社会科学版)》1993 年第 3 期。

么,而在于做了什么。中国武术在"一带一路"沿线国家和地区的传播过程中,擅长使用"宣传"模式,而不是"传播"模式,传播理念相对落后,比较重视目的性和倾向性,忽视了沿线国家受众的真实需求,没有把中国武术的国际传播当作一次很好的文化公共外交活动,与沿线各国和地区进行深入的交流与沟通。

(二)中国武术国际传播方式单一,缺乏灵活性

"中国已同世界 145 个国家、上千个境外文化组织建立密切的合作关系。"①但实践证明,由于不同的国情和传播体制,仅从国家层面来推动中国武术的国际传播,有时候收效甚微。在美国纽约时代广场播放中国形象宣传片就是典型案例。调查显示,此宣传片的播出,"对中国持好感的美国人从 29%上升至 36%,上升了 7%;而对中国持有负面看法的美国人则上升了 10%,达到了 51%"②。因此,中国武术的国际化传播需要政府主导下的更为灵活多样的传播方式,才能收到最大化的传播效果。

(三)中国武术国际传播渠道单一,缺乏多元化

中国武术的国际化传播中,"官方传播一直扮演着重要角色。但随着传播方式和传播渠道的多元化、受众需求的多样化以及差异化,官方传播的局限性日益凸显"③。在媒介融合时代,中国武术国际传播"需要政府、非政府组织、企业、媒体等多元化的传播力量参与其中,这样既可以使中国武术得到全方位、立体化、多元化的国际传播"④,又可以消除国外受众对中国武术国际传播的担心和焦虑。

(四)中国武术国际传播语言单一,缺乏多样性

中国武术是一种身体文化,在其国际传播过程中需要身体表达和语言表达双轨并进、相伴而行。语言表述不清的地方,可以用身体演示来补充,身体表达不到位的地方,可以用语言来引导习练者去体悟。⑤由此可见语言的重要性。据统计资料显示,世界上有 200 多个国家和地区,有 5 000 多种语言,在中国武术国际化传播过程中,仅以英语等语言进行交流,制约了武

---

① 《我国已同 145 个国家签订政府间文化合作协定》,《人民日报》,2012 年 5 月 14 日,第 11 版。

② 聂洲:《评析"中国形象"的广告传播》,《时代金融》2012 年第 4 期。

③ 郭玉成、李守培:《国家形象视域下的武术文化传播策略》,《上海体育学院学报》2013 年第 37 期。

④ 谢伦灿、杨勇:《"一带一路"背景下中国文化走出去的对策研究》,《现代传播》2017 年第 12 期。

⑤ 卢安、蒋传银:《中国武术国际化传播的语言原则与手段》,《现代传播》2017 年第 5 期。

术的国际化传播和推广。

三、中国文化产品的国际竞争力偏弱，制约了中国武术的国际传播

中国是文化产品出口大国，但与发达国家相比，还存在许多问题，导致国际竞争力偏弱，束缚了中国武术的国际传播。这些问题突出表现在：中国文化传媒企业在国际文化贸易中处于"大而不强"的状态，文化产品在国际文化贸易价值链中处于低位，缺乏创新能力和品牌意识，影视媒介、出版物、表演艺术等核心文化产品占比较小。从国际传播格局来看，西方国际传播强国在国际文化贸易中仍然占有明显优势。

在此背景下，中国武术的国际传播方面的不足表现在："其一，开发武术文化资源利用的政策、法规尚不完备。其二，缺少国际民众普遍认可的武术品牌。尽管目前已经开发出了不少的武术国际赛事及以武术为主体的舞台剧等武术文化产品，但与国际受众普遍认可的品牌相比仍有一定差距。其三，复合型武术国际文化人才欠缺。其四，以武术文化为主体的产业规模较小，创新不足。"[1]以美国电影《功夫熊猫》和《花木兰》为例，这两部电影都选用了中国武术作为主要元素，经过创新性设计和包装，通过好莱坞的平台最终走向世界，创造了可观的经济效益，产生了巨大的国际影响，这给中国武术的国际化传播带来重要启示。

第二节　中国武术国际传播的策略

一、中国武术的国际传播应向立体、丰富、多元的传播格局转向

（一）从重现代武术、轻传统武术向传统和现代并举转向

在中国武术国际传播过程中，要优化传播内容，遵循"不忘本来、吸收外来、面向未来"这一重要观点，既要继承中华传统文化，又要学习和借鉴一切外来的优秀文明成果，做到兼容并包，传统和现代并举，全面、立体地传播中国文化。中国武术的国际传播存在重现代武术、轻传统武术的不足，导致许多国家受众对中国武术的认识偏颇。现代武术和传统武术是中国武术的两翼，共同构成了历史悠久、内容丰富、博大精深的中国武术。现代武术是由

---

① 邱丕相、曾天雪、刘树军：《武术发展的国际方略》，《上海体育学院学报》2010 年第 34 期。

传统武术发展而来，它吸收了世界文化的有益成果，是中国武术的重要组成部分，但它不是中国武术的全部。现代武术作为新生事物，创新性更足，符合世界文化发展潮流。而传统武术蕴含深厚文化底蕴，易于彰显中国文化优势，促进中国文化同"一带一路"沿线国家和地区人民的文化交流和合作。

（二）从重同一性、轻差异性向"一体"和"多元"共彰转向

"一带一路"沿线国家和地区具有不同地理环境、气候条件、风土人情、思维方式、价值观念。在中国武术的国际传播过程中，应充分考虑沿线各国之间的差异性，根据各国不同的文化背景，充分考虑受众的多向性，注重与受众的沟通与交流，精心挑选合适的武术项目。要打破"一带一路"沿线国家和地区传播内容同质化的现状，增强传播内容的地域代表性和多元化，加快中国武术在"一带一路"沿线国家和地区国际化传播的进程。中国历史悠久，地大物博，塑造了不同的地域文化，创造了不同的拳种流派，构成了博大精深的武术文化，能够满足"一带一路"沿线国家和地区的不同文化需求，向世界展示真实、多元的中国。

（三）从重外在形式、轻内在实质向文武兼备转向

中国武术的国际化传播不仅仅是武术技术方面的传播，更应是武术文化方面的传播。仅凭传播武术技术和外在的形象，无法形成国际社会对中国文化精神实质的认知和理解。"中国武术的真正传播是建立在对中国武术所内涵深层文化接受和认同上。"①长期以来，中国武术的国际传播存在重外在形式、轻内在实质的现象，不利于受众全面了解武术、全方位认识武术、认同武术和接受武术。"一带一路"倡议下的中国武术国际传播，必须摈弃原来的武术传播窠臼，强化民族精神实质，注重文化内涵，文武兼备，谋求多元文化的交流和沟通，增进"一带一路"沿线国家和地区人民的互信和理解，让中国优秀的民族文化在世界和平与发展中发挥积极作用。这不仅是中国发展的需求，同时也是国际社会的文化诉求和心理表达。

二、加强中国武术国际传播能力建设，推动中国武术的国际化传播

在"西强我弱"的国际传播背景下，中国要加强武术国际传播能力建设，为中国武术"走出去"创造良好的传播条件。为此，中国需要革新武术传播理念，改进武术传播方式，拓展武术传播渠道，丰富武术传播语言。

---

① 孙鸿志等：《中国武术国际传播的核心问题：理念缺失》，《中国体育科技》2011 年第 47 期。

（一）传播理念从"自说自话"向"交流对话"转向

中国武术的国际传播要根据不同地域、不同国家、不同人民的文化心理，构建符合"一带一路"沿线国家和地区的双向文化交流模式，摈弃灌输式模式，更新传播理念，摆脱"宣传"模式的束缚，从"传播本位"走向"受众本位"，从"单向传播"走向"双向沟通"，从"自说自话"走向"交流对话"。[①]讲好中国故事，传播好中国声音，借助"一带一路"国际交流和传播平台，进行精准化、策略性的传播，赢得中国武术国际话语权，推动中国武术走向世界。

（二）传播策略从"硬宣传"向"软传播"转向

关世杰关于国际民众对 11 类 27 项中国文化符号认知度的调查显示，中国武术作为一种文化符号，知名度为 88％，喜爱度为 52.3％。由此看来，中国武术在国际上认可度很高，但喜爱度很低。要改变中国武术的当前现状，降低目的国对中国武术国际传播活动的抵触心理，需要认真思考传播策略，打造贴近国际受众文化消费心理和文化诉求的武术文化产品，构建类型多样的国际化的文化传播机制和效果评估机制，改变以官方为主的传播格局，从"硬宣传"向"软传播"转向，实现向"一带一路"沿线国家和地区的"精准"传播，增强中国武术的国际竞争力和亲和力。

（三）传播渠道从"一元"向"多元"转向

中国武术的国际化传播一方面要继续加强官方为主的国际传播渠道建设，培育具有国际竞争力的强大传媒企业，为中国武术的国际传播提供渠道保障；另一方面还要拓展海外文化中心、孔子学院、孔子课堂、欢乐春节、文化嘉年华、公共外交、中国旅游年、民营媒体、智库机构、文化交流年等多元化的传播渠道，充分发挥华裔在中国武术国际传播中的二级传播作用，充分运用 Facebook、Twitter 等国外社交媒体作为播放平台和宣传工具，拓展中国武术国际传播的广度和深度。

（四）传播语言从"单一"向"多样"转向

语言，即思想之舟楫，文化之桥梁，是"一带一路"建设的先锋队和助推器。语言交流是文化交流的第一步，曼德拉曾说：用理解之语沟通，印入脑海；用乡音之语交流，刻在心田。语言是了解一个国家最好的钥匙，是"一带一路"朋友圈获得理解、有效沟通、扩大交流的纽带。[②]"一带一路"沿线有 65

---

① 谢伦灿、杨勇：《"一带一路"背景下中国文化走出去的对策研究》，《现代传播》2017 年第 12 期。

② 《架设通向沿线国家民众内心的语言之桥——"一带一路"光明谈之语情研究》，http://theory.gmw.cn/2017-04/27/content_24318576.htm。

个国家,仅官方语言就有 53 种。如果语言不通那么文化就难以相通,文化不通则很难民心相连。要打破"单一"语言的窠臼,向"多样化"语言转向。"善于运用灵活多样的对外宣传和交往方式,尽量使用国际社会听得懂、易理解的语言和喜闻乐见的方式进行交流,增强宣传的有效性,努力引导各方面客观理性地看待中国的发展和国际作用,营造友善的国际舆论环境。"①多样化的语言是"一带一路"背景下中国武术国际传播的助推器。

三、提高中国武术文化产品的国际竞争力,推动中国武术国际化传播

中国武术文化产品要在激烈竞争的国际市场占据优势,赢得国际受众的认可,需要在武术文化产品方面下功夫。加强武术资源开发的政策、法规建设,为武术文化产品开发、生产提供保障。武术产品由生产型向服务型转向,增加服务要素投入,注重设计、研发。增强武术文化产品的创新能力和品牌意识,可以与国际上比较成熟的文化传媒集团合作,对武术文化产品进行精心设计和包装,打造一批具有传播价值和市场价值的武术文化品牌,如《功夫传奇》中、加、英、美四国强强联手,为《功夫传奇》提供了进入国际一流演艺产品的推介模式。只有树立一流的创新思维和品牌意识,中国武术文化产品才能在国际市场占有一席之地,提高国际影响力和传播力。加大复合型武术人才的培养力度,与国际、国内著名高校通力合作。借鉴国际一流文化企业经验,大力开展武术对外贸易,加强外向型武术文化企业的培育,生产出以武术为主体的多样性文化产品参与国际市场竞争。

四、尊重文化差异,减少文化误读

尊重文化差异,减少文化误读是武术国际化传播的重要要求之一。中国武术在实现其国际化发展途中所面临的重要挑战之一便是各地区文化之间的差异性。中国武术是在中国传统文化的基础上形成的,具有浓厚的中国传统文化底蕴,这既是它独一无二的文化特色,也是它在国际化发展过程中与其他地区文化产生碰撞的主要原因。文化冲突是武术在进行国际化传播途中面临的重要阻碍,这种文化的碰撞影响着武术的国际化发展。中国武术在进行文化输出的同时,要尊重他国文化,在他国文化的基础上进行本民族文化的传播,尊重各个地区文化的差异。每个文明因多样而交流,因交

---

① 温家宝:《关于社会主义初级阶段的历史任务和我国对外政策的几个问题》,《光明日报》,2007 年 2 月 27 日,第 3 版。

流而互鉴,因互鉴而发展,不断深化人文交流互鉴,是消除隔阂和误解、促进民心相通的重要途径之一。在全球化的今天,各国之间的交流日益增加,更需要正视文明互鉴中的诸多文化误解现象,减少和疏散中外文化交流中的误解,尽量避免文化冲突。我们应当从文明互鉴与文明共存的高度来理解不同的文化,对各国文化了解的同时,更要把真实的中国介绍给世界。在中国武术的国际化传播过程中,注意发挥文化如水、润物无声的特性,以外国人容易理解和接受的方式提高传播效果。对待他国文化持理解、包容的心态,尊重文化差异性、坚定文化自信,积极、平等地与他者对话,并利用他者的眼光反观自身。

五、深度挖掘武术文化,打造武术文化品牌

文化是一个民族的根本,武术中蕴含着丰富的传统文化内涵,历经岁月洗礼的中国武术在当今仍散发出智慧的光芒。充分挖掘武术的文化内涵,不仅有利于弘扬中国传统文化,更有利于增强文化自信,打造中国文化品牌。中国武术的国际化传播过程中,一直处于一种"重技术、轻文化"的状态,对武术文化的关注度远远不够,一项运动项目能够长足发展的原因一定是因为其文化被大众认可、接受。而目前我们对于武术文化的挖掘还远远不够,仅停留在技术层面的艺术欣赏是过于肤浅的,无法形成属于武术的独特文化品牌。世界上有关武术文化的理解仅来自影视、表演和竞赛,这种停留在技术层面的欣赏使武术很容易被刻板化,加之近些年武术污名化所带来的负面影响,更是将武术推到了风口浪尖。武术身上的神秘色彩不断增加,大众对于武术的评价褒贬不一。造成这种现象的主要原因是对武术文化的不理解。所以充分挖掘武术中蕴含的传统文化内涵,务必将不符合时代发展的糟粕文化进行摒弃"取其精华,去其糟粕",减少武术污名化所带来的负面影响。形成以技术传播为载体,以文化内涵为核心的中国武术传播道路,使武术成为讲好中国故事的文化使者,发扬武学精神,打造武术文化品牌,健全武术文化市场体系。

六、完善反馈机制、规范武术标准

完善的反馈机制是武术国际化传播的有力保障,反馈机制的建立能够最直观地反映出武术传播效果的好坏,有利于传播者根据反馈意见调整传播内容与手段,以达到更高效的传播目的。目前在中国武术的国际化传播过程中,存在各个国家和地区的反馈机制缺乏,武术工作者以及传播者无法

了解到受众的需求与意见,这样单向的传播不仅影响武术传播的效果,更容易造成他者对武术文化的误解。所以反馈机制的建立可以更好地连接起传播者与受众之间的关系,架起沟通的桥梁,使武术传播者有方向地进行调整与教授,实现武术的深入普及。

中国武术的独特性之一体现在它所具有的庞大技术体系上,这也是中国武术一直徘徊于奥运会大门之外的重要原因之一。竞技武术与传统武术之间的关系也一直是困扰武术工作者的重大难题,武术技术动作的复杂多样、武术流派的丰富多彩其实严重阻碍了武术现代化的实现。在全球化的今天,标准化是实现项目推广的重要因素之一,而中国武术目前的标准化道路走得仍极其艰难。规范武术制度,实现竞技武术与传统武术的并驾齐驱,规范武术考核制度、制定标准的武术竞赛制度,实现武术的标准化,是武术走进奥运、实现国际化传播的重要途径,也是实现武术现代化的必由之路。

七、提高传播者专业素养,加强后备人才培养

传播者是信息传播链条的第一环节,是传播活动的发起者,也是传播内容的发出者。传播者不仅决定着传播活动的发展,更决定着传播内容的质量与流向,因此传播者的专业素养决定着整个传播流程的好坏以及未来的发展方向。国际化传播对于传播者语言能力的要求显得十分重要,而目前我国武术双语人才却少之又少,能力过于片面,仅仅掌握高超的运动技能还远远不够,武术要实现其国际化、现代化发展需不断提高外语沟通能力,这是武术国际化传播者应当必备的专业素养。武术传播者应当具有讲好中国故事、传播好中国声音的强大阐述能力,对于中国传统文化以及武术内涵有着自己深刻的理解。

未来武术国际化道路的发展取决于今天的后备人才储备,长远解决武术人才培养短板、从根本上改变武术创新人才匮乏的窘境。学校是培养武术后备人才的基地,也是培养青少年的主要活动场所,青少年是国家的未来与希望,肩负着建设国家的重任,应通过学校加强青少年武术技能的学习,进一步加深青少年对中国传统文化的理解,培养青少年的创新能力以及跨文化交流能力。针对各级武术训练队,加强对运动员文化水平的教育,提高运动员的文化素养与知识储备,有目的地进行培养,使之成为"技术"与"文化"兼备的高质量武术人才。

八、借助华人、华侨和海外留学生进行传播

海外生存的华人、华侨以及留学生对于武术传播的作用不可小觑,应当

充分利用这一群体,以海外华人作为媒介进行武术的传播。首先,长期生活在国外的华人对他国语言比较精通,可以更好地进行武术的交流与讲解,充当翻译的角色;其次,作为在两个国家都生活过的华人、华侨以及海外留学生,对两国文化的理解也较其他人更为深刻,在进行武术传播时可以起到事半功倍的效果;最后,海外留学生作为学生群体有着较高的文化阐述能力以及文化理解能力,能够进行高质量的文化传播,在学校中可以更加有利地进行中国武术的传播。因此,在进行中国武术的国际化传播过程中应充分利用这一群体的力量,武术专业工作者需有针对性地对海外留学生以及华人、华侨进行武术技能的教授以及武术文化的讲解,这对于加速中国武术传播有着极大的推动力。

九、采取因地制宜的传播手段,采用因材施教教学方法

由于每个地区的发展速度、经济水平、宗教、信仰、文化等有着巨大的不同,需要采取因地制宜的传播手段,结合当地的具体情况,探索出适合当地发展的武术传播方式。例如,武术传播在非洲的某些地方开展条件极其艰苦,场地、设备、教材以及专业的武术工作者都处于缺乏的状态,武术的传播效率和质量低。针对这样的条件若采用和其他地区一样的传播手段,武术在非洲势必无法生存。应当制定不同的武术传播方案,根据具体实践调整传播计划,具体问题具体分析,在了解其他民族文化、宗教、信仰以及经济发展水平的基础上,传播适合各个地区发展的武术内容并与当地文化相结合,适时对武术做出创新性改革,以利于武术更好地在各个地区进行推广与传播。

武术技术动作复杂多样,受众的接受能力与身体条件各不相同,若要实现武术传播效果的最大化,采用因材施教的教学方法是重要的教学手段。面对不同类型、不同能力水平的受众,需要武术传播者凭借自己的经验与智慧灵活地设计因材施教的方法。在进行武术技能教授过程中要注意从受众的实际出发,使传播内容的广度、深度、进度适合受众的接受能力,在了解受众的基础上,针对受众的优点与不足进行有目的的因材施教,同时需要考虑受众之间的差异性和特点,使每一个受众都能得到最佳发展,感受到武术带来的魅力。

参 考 文 献

一、著　作

本书编写组:《解读"十二五"党员干部学习问答》,人民日报出版社2010年版。

彼得邝:《中国人在美国的发财史》,江苏人民出版社2012年版。

陈玉混:《教育评价学》,人民教育出版社1999年版。

程大力:《中国武术——历史与文化(代自序)》,四川大学出版社1995年版。

[美]戴维·迈尔斯:《普通心理学》,黄希庭译,人民邮电出版社2014年版。

高峰:《秘密访问——中美关系破冰亲历》,吉林文史出版社2009年版。

高谊、陈立人:《跆拳道》,北京体育大学出版社1998年版。

郭玉成:《武术传播引论》,北京体育大学出版社2006年版。

郭玉成:《中国武术传播论》,复旦大学出版2008年版。

[英]汉特:《功夫偶像:从李小龙到〈卧虎藏龙〉》,余琼译,北京大学出版社2010年版。

洪镰德:《马克思的思想之生成与演变》,五南图书出版股份有限公司2010年版。

胡正荣、段鹏、张磊:《传播学总论》,清华大学出版社2008年版。

黄合水:《品牌学概论》,高等教育出版社2009年版。

康戈武:《中国武术实用大全》,今日中国出版社1990年版。

旷文楠:《中国武术文化概论》,四川教育出版社1990年版。

李昆明、王缅:《大国策——通往大国之路的中国文化发展战略》,人民日报出版社2009年版。

李小融、魏龙渝:《教学评价》,四川教育出版社1988年版。

220

［德］马勒茨克：《跨文化交流》，潘亚玲译，北京大学出版社 2001 年版。

马世坤：《泰国拳》，湖北科学技术出版社 2002 年版。

闵健、李万平、卿平：《体育社会科学研究成果汇编（2006）》，人民体育出版社 2006 年版。

潜堂：《图说天下：美国》，吉林出版集团有限责任公司 2008 年版。

邱丕相：《中国武术文化散论》，上海人民出版社 2007 年版。

邵培仁：《传播学导论》，浙江大学出版社 1997 年版。

孙昉、刘旭华：《海外洪门与辛亥革命》，中国致公出版社 2011 年版。

［挪威］托马斯·许兰德·埃里克森，《全球化的关键概念》，周云水等译，译林出版社 2012 年版。

吴格言：《文化国防战略研究》，中国宇航出版社 2010 年版。

徐才：《武术学概论》，人民体育出版社 1996 年版。

郑剑等：《跨越太平洋——中美首脑外交 50 年》，世界知识出版社 1998 年版。

周泓铎：《应用传播学引论》，中国纺织出版社 2005 年版。

朱宙炜：《体育传播学导论》，北京体育大学出版社 2007 年版。

Larry A. Samover, Richard E. Porter, *Intercultural Communication*, Belmont, CA: Wadsworth Publishing Company, 2000.

M. Foucault, *Power/Knowledge: Selected Interviews and Other Writings 1972—1977*, NY: Cornell University Press, 1963.

M.L. Defleur, E.E. Dennis, *Understanding Mass Communication: A Liberal Arts Perspective*, Boston: Houghton Mifflin, 1988.

二、期 刊 文 章

安汝杰、刘晓燕：《武术翻译论析：一种传播学的视角》，《濮阳职业技术学院学报》2014 年第 5 期。

白永正、王岗：《武术文化的当代社会效用》，《成都体育学院学报》2002 年第 28 期。

鲍义：《阅报栏户外媒体市场化经营的思考》，《辽宁经济》2011 年第 5 期。

蔡纲：《中国武术在阿拉伯地区的发展现状及推广对策研究》，《武汉体育学院学报》2005 年第 39 期。

蔡仲林、汤力许：《武术文化传播障碍之思考——以文化软实力为视角》,《天津体育学院学报》2009 年第 24 期。

陈鹏生:《奥运后西安市高校外国留学生习武现状研究》,《搏击(武术科学)》2009 年第 6 期。

[喀麦隆]大灵·德内·罗德里格:《"武、巫、舞"的融合与分解:非洲武技与中国武术差异性释例》,《体育科研》2016 年第 37 期。

[喀麦隆]大灵·德内·罗德里格:《中国功夫片在喀麦隆》,《当代电影》2016 年第 3 期。

戴伟谦:《中国武举与武术关联之探微》,《运动文化研究》2003 年。

戴旭志:《传统武术面对全球化演进中的省思》,《文化体育学刊》2011 年第 13 期。

戴旭志:《从"文化创意"产业思考"创意武术"的魅力发展》,《中华体育季刊》2008 年第 22 期。

戴旭志:《中华民国创意武术协会与传统武术的现代型塑》,《文化体育学刊》2012 年第 7 期。

东方宣:《跆拳道的段位介绍》,《搏击》2015 年第 6 期。

杜远:《"一带一路"战略下武术国际交流研究》,《武术研究》2017 年第 2 期。

段三真:《文化全球化下之武术文化新视野》,《广西民族大学学报(哲学社会科学版)》2006 年第 1 期。

樊艺杰:《商业化"功夫舞台剧"的传播及传统武术技术发展走向》,《首都体育学院学报》2014 年第 26 期。

费发洲:《关于中国武术国际化推广的思考》,《运动》2018 年第 12 期。

高荣冲:《武术与跆拳道发展历程的思考》,《贵州民族学院学报(哲学社会科学版)》2006 年第 2 期。

高娅:《当代日本武术太极拳竞赛体制的形成——以太极拳竞赛为主的考察(1980—2002)》,《体育科学研究》2004 年第 3 期。

耿海潮:《社会主义核心价值观下的武德内涵与认同》,《武术研究》2021 年第 6 期。

谷晨:《日本空手道的起源与发展演变》,《体育文化导刊》2003 年第 3 期。

《关于学校武术教育改革与发展的研究》课题组:《我国中小学武术教育状况调查研究》,《体育科学》2009 年第 29 期。

光路:《中华武术在 1936 年柏林奥运会》,《文史精华》2008 年第 6 期。

郭建宁:《关于当代中国文化建设的思考》,《辽宁大学学报》2015 年第 3 期。

郭琼珠、李丽:《明清时期大陆移民对台湾武术形成与发展影响研究》,《北京体育大学学报》2011 年第 7 期。

郭宪伟:《中国武术的异化》,《运动文化研究》2014 年第 25 期。

郭玉成、范铜钢:《武术文化传播构建国家形象的战略对策》,《中国体育科技》2013 年第 49 期。

郭玉成、郭玉亭:《当代武术教育的文化定位》,《武汉体育学院学报》2009 年第 43 期。

郭玉成、李守培:《国家形象视域下的武术文化传播策略》,《上海体育学院学报》2013 年第 37 期。

郭玉成、李守培:《武术构建中国国家形象的定位研究》,《北京体育大学学报》2013 年第 9 期。

郭玉成、李守培:《武术在孔子学院的传播与中国国家形象的构建》,《体育学刊》2013 年第 5 期。

郭玉成、刘韬光:《文化强国视域下武术国际传播方略》,《成都体育学院学报》2012 年第 38 期。

郭玉成:《论武术文化的涵义及基本特征》,《搏击(武术科学)》2009 年第 6 期。

郭玉成、邱丕相:《武术国际传播基本模式的构建》,《上海体育学院学报》2002 年第 11 期。

郭玉成:《跆拳道、空手道、柔道传播对武术传播的启示》,《上海体育学院学报》2004 年第 28 期。

郭玉成:《武术的属性:文化性、艺术性、体育性》,《武术研究》2007 年第 4 期。

郭玉亭:《武术健身价值和教育价值的运用与研究》,《武术研究》2005 年第 2 期。

郭志禹:《竞技武术国际化综论》,《上海体育学院学报》2002 年第 26 期。

郭志禹:《论武术的整体思维与传统健身理论的有机结合》,《上海体育学院学报》1996 年第 1 期。

韩风月、傅砚农:《武术国际化发展辨析》,《体育文化导刊》2004 年第 7 期。

郝勤、龚茂富:《论武术和武术文化形态》,《中华武术》2012 年第 1 期。

何一兵:《跨文化研究》,《内蒙古社会科学》1995 年第 16 期。

洪金涛、刘畅、陈珊等:《非洲人的武术想象——大灵·德内·罗德里格的武术动机》,《体育科研》2016 年第 37 期。

黄玉萍、刘文祯、吴培协:《武术竞赛套路引进台湾的初始过程探讨》,《运动健康与休闲学刊》2009 年。

黄玉霞:《〈论语〉外译的传播学视角研究》,《太原师范学院学报(社会科学版)》2015 年第 14 期。

姬瑞敏、张建新:《从文化视角看中国传统武术在跨文化传播中面临的机遇与挑战》,《武术研究》2010 年第 7 期。

汲智勇:《武术动漫:武术文化国际传播的新路径》,《南京体育学院学报(社会科学版)》2010 年第 24 期。

姜周存:《武术对开展全民健身的意义和影响》,《体育学刊》1996 年第 4 期。

旷文楠:《两晋南北朝武术的娱乐性发展》,《成都体育学院学报》1994 年第 20 期。

雷鸣、余多庆:《武术与跆拳道运动发展的政治环境比较研究》,《首都体育学院学报》2009 年第 21 期。

李吉远:《国家形象视域下中国武术跨文化传播研究》,《武汉体育学院学报》2012 年第 46 期。

李君华:《论新中国成立后武术服装的改革历程》,《体育与科学》2012 年第 33 期。

李龙:《论中国传统武术文化的现代化出场》,《中国体育科技》2010 年第 46 期。

李秀:《武术在马来西亚的传播及国际化发展研究》,《西南师范大学学报(自然科学版)》2012 年第 37 期。

李颖:《孔子学院武术发展策略研究》,《体育文化导刊》2012 年第 9 期。

《立陶宛第四届武术公开赛举行》,《中华武术》2018 年第 5 期。

林大参、张云龙:《跆拳道段位制对中国武术段位制改革的启示》,《首都体育学院学报》2014 年第 26 期。

刘逢翔:《武术产业化思考》,《体育文化导刊》2003 年第 10 期。

刘广春、王明建:《大众传媒背景下国际武术文化传播面临的困境与对策》,《广州体育学院学报》2020 年第 40 期。

刘红军、王坤、倪鹏:《影响我国传统武术传播的因素分析》,《搏击(武术科学)》2013 年第 4 期。

刘军:《刍议武术文化的国际传播》,《北京体育大学学报》2004 年第 27 期。

刘同为:《影响中国武术在非洲传播的主要因素》,《武术科学》2004 年第 1 期。

卢爱华:《武术文化"走出去"的若干思考》,《中华武术研究》2011 年第 1 期。

卢安、蒋传银:《中国武术国际化传播的语言原则与手段》,《现代传播》2017 年第 5 期。

吕敏聪:《小球转动了地球——亲历乒乓外交》,《观察与思考》2009 年第 48 期。

罗卫民、郭玉成:《太极拳品牌推广研究》,《体育文化导刊》2012 年第 5 期。

马伯韬:《传统武术信仰研究》,《体育研究与教育》2014 年第 29 期。

马文有:《套子武术最早出现在宋代的社会学阐析》,《浙江体育科学》2008 年第 5 期。

马玉龙:《肯尼亚孔子学院(课堂)开设武术课的可行性分析》,《赤峰学院学报(自然科学版)》2014 年第 30 期。

马志刚、韩丽云、崔秉珍:《武术在韩国开展的现状调查》,《武术研究》2009 年第 6 期。

买向东、刘延坡、关文博:《武侠动漫对武术在青少年中传播的作用研究》,《湖北体育科技》2011 年第 30 期。

孟涛、蔡仲林:《传播境况与因素解析:中国武术在美国传播的动力与阻碍》,《天津体育学院学报》2013 年第 28 期。

孟涛、蔡仲林:《传播历程与文化线索:中华武术在美国传播的历史探究》,《体育科学》2013 年第 33 期。

孟涛、蔡仲林:《当代中国武术国际传播研究现状述评》,《首都体育学院学报》2013 年第 25 期。

孟涛、唐芒果:《文化符号与责任担当:中华武术国际传播的话语分析》,《上海体育学院学报》2014 年第 38 期。

孟涛、周庆杰、裴康凯:《中华武术在海外的传播与发展研究》,《成都体育学院学报》2012 年第 5 期。

聂洲：《评析"中国形象"的广告传播》，《时代金融》2012年第4期。

庞朴：《文化结构与近代中国》，《中国社会科学》1986年第5期。

彭碧波：《关于武术的认识误区》，《中华武术》2005年第2期。

朴万龙：《浅谈跆拳道的起源及其概念》，《华章》2010年第30期。

朴一哲、杜舒书：《基于孔子学院模式的武术文化国际传播研究——以韩国为例》，《沈阳体育学院学报》2010年第29期。

漆振光、郭玉成、康戈武等：《武术政策制定的理论分析》，《西安体育学院学报》2009年第26期。

巧玲、何瑞虹、王胭脂：《2008奥运北京世界武术套路比赛长拳项目得、失分因素分析》，《沈阳体育学院学报》2010年第29期。

秦子来、王林：《影响武术跨文化传播的障碍》，《体育学刊》2008年第15期。

邱丕相、戴国斌：《弘扬民族精神中的武术教育》，《哈尔滨体育学院学报》2005年第23期。

邱丕相、郭玉成：《武术在国际传播的历史、现状与未来》，《体育学刊》2002年第6期。

邱丕相、马文国：《武术文化研究和教育研究的当代意义》，《体育文化导刊》2005年第4期。

邱丕相、曾天雪、刘树军：《武术发展的国际方略》，《上海体育学院学报》2010年第34期。

权黎明、王岗：《传统武术文化特征的当代阐释》，《成都体育学院学报》2010年第9期。

冉学东、王岗：《对中国武术文化"走出去"战略的重新思考》，《体育科学》2012年第32期。

《首届欧洲传统武术锦标赛爱沙尼亚举行》，《中华武术》2011年第5期。

宋海辉、宋海燕：《中国武术文化国际传播现状与发展策略分析》，《四川体育科学》2018年第37期。

苏士博：《台湾地区国术馆现况分析》，《体育学报》1993年。

孙刚、殷优娜：《跨文化教育：中国武术国际化发展的新视域》，《武汉体育学院学报》2017年第51期。

孙鸿志等：《中国武术国际传播的核心问题：理念缺失》，《中国体育科技》2011年第47期。

孙喜莲：《武术段位制理论考评的内容体系》，《体育学刊》2004年第11期。

唐元凯：《一位醉心于武术的非洲人》，《对外大传播》2001年第1期。

王岗：《奥林匹克运动传播对中国武术世界化的启示》，《成都体育学院学报》2012年第38期。

王岗、郭华帅：《"文化立国"战略指导下的中国武术发展研究》，《成都体育学院学报》2009年第35期。

王岗、李世宏：《学校武术教育发展的现状、问题与思考》，《成都体育学院学报》2011年第37期。

王岗、邱丕相：《武术国际化的方略：维系传统与超越传统》，《中国体育科技》2005年第41期。

王岗、吴淞：《"大武术观"视域下中国武术发展路径研究》，《北京体育大学学报》2013年第36期。

王岗、张大志：《从体育走向文化：中国武术发展的必然选择》，《成都体育学院学报》2013年第6期。

王国志：《从舞台剧〈风中少林〉看武术的艺术化之路及国际传播》，《成都体育学院学报》2011年第37期。

王国志、邱丕相：《新世纪武术国际化发展探析》，《广州体育学院学报》2006年第5期。

王国志、邱丕相：《中国武术"越武越寂寞"的症结及发展策略》，《武汉体育学院学报》2010年第44期。

王国志、张宗豪：《文化"走出去"战略背景下中国武术对外发展研究》，《上海体育学院学报》2013年第37期。

王国志：《中国武术发展的艺术路径与对策》，《成都体育学院学报》2012年第38期。

王沪宁：《作为国家实力的文化：软权力》，《复旦学报（社会科学版）》1993年第3期。

王军：《论武术运动对大学生身心健康的促进作用》，《渭南师范学院学报》2014年第29期。

王开文：《中华武术在美国的传播与发展》，《体育文化导刊》2002年第6期。

王立新：《太极拳对中老年女性生理指标影响的研究》，《云南师范大学学报》2007年第27期。

王林、李卫东:《武术国际化的内涵及内容构建》,《搏击(武术科学)》2006年第1期。

王林:《武术国际化传播的受众研究》,《首都体育学院学报》2008年第3期。

王林:《武术国际化传播的传者研究》,《武汉体育学院学报》2008年第8期。

王林、虞定海:《全球化语境下武术发展的文化版图审视》,《武汉体育学院学报》2008年第5期。

王美玲、程小坡、陈麦池等:《武术跨文化传播研究综述》,《体育研究与教育》2013年第2期。

王龙飞、姚远、金龙:《市场经济下我国武术经济发展研究》,《山东体育学院学报》2011年第27期。

王旭东:《对非洲五国孔子学院武术课堂开设情况的调查与研究》,《当代体育科技》2014年第4期。

温搏:《中国武术教育模式现状及其反思》,《北京体育大学学报》2011年第9期。

温力:《不断变化着的中国传统文化的文化生态和武术运动的发展》,《武汉体育学院学报》2008年第42期。

吴文峰、薛红卫、张晓丹等:《中国武术在美国传播现状解读》,《体育文化导刊》2017年第3期。

吴文峰、薛红卫、张晓丹、徐宇浩:《中国武术在美国传播现状解读》,《体育文化导刊》2017年第3期。

吴友富:《对外文化传播与中国国家形象塑造》,《国际观察》2009年第1期。

武俊昊、王国志:《对中国武术社会化传播的重新审视与思考》,《山东体育科技》2015年第6期。

夏思永:《体育全球化与体育民族化的哲学思考》,《西南师范大学学报(自然科学版)》2008年第33期。

谢伦灿、杨勇:《"一带一路"背景下中国文化走出去的对策研究》,《现代传播》2017年第12期。

解乒乒、史帅杰、丁保玉:《"一带一路"战略下武术文化"走出去"的机遇与策略》,《体育文化导刊》2017年第6期。

徐海柱、黄志军:《中华武术在国家软实力建设中的作用分析》,《体育文化导刊》2012 年第 10 期。

徐磊、王庆军:《新媒体时代中华武术国际话语权研究》,《武汉体育学院学报》2020 年第 54 期。

薛欣、朱瑞琪、薛扬:《武术与民族传统体育专业教育现状和发展思考》,《北京体育大学学报》2013 年第 36 期。

闫静、罗卫民、吉灿忠:《论我国传统武术的传承误区》,《沈阳体育学院学报》2014 年第 33 期。

杨海庆:《跨文化交流与武术术语的英译》,《搏击·武术科学》2008 年第 5 期。

杨建营、邱丕相:《"国家需要"对武术发展的驱动力探析》,《体育学刊》2010 年第 17 期。

杨建营、杨建英、郭远巧:《国家形象视角下的武术国际化推广研究》,《山东体育学院学报》2011 年第 27 期。

杨丽:《从第 11 届亚运会武术比赛技术的统计看亚洲武术运动状况》,《北京体育大学学报》1992 年第 1 期。

杨树叶、李连生、田爱华:《浅析当今武术传播的类型及途径》,《搏击(武术科学)》2012 年第 7 期。

杨祥全:《传播武术文化　维护国家形象　中国武术国际推广的理念选择》,《武术研究》2016 年第 1 期。

姚文俊:《破除武术的八大误区》,《华南理工大学学报(社会科学版)》2014 年第 16 期。

尹碧昌、彭鹏、郑锋:《文化政策视野下中国武术文化发展研究》,《中国体育科技》2010 年第 46 期。

于翠兰、吴晓红:《武术国际传播状况的跨文化调查》,《北京体育大学学报》2005 年第 10 期。

于文谦、戴红磊:《中国武术对外推广的战略思考》,《首都体育学院学报》2016 年第 1 期。

虞定海、郭玉成、李守培:《武术国际传播研究综述》,《体育文化导刊》2011 年第 2 期。

虞定海、张茂林:《基于孔子学院的武术推广模式研究》,《上海体育学院学报》2011 年第 35 期。

袁金宝:《武术文化软实力的构成内涵及提升路径研究》,《北京体育大学学报》2014 年第 37 期。

曾杨、张云崖:《对欧洲历史武技复兴历程的理性检视——展望中国武术冷兵器格斗运动》,《武术研究》2018 年第 3 期。

张春华、李安民:《试论中老年人武术健身活动健康发展的影响因素》,《武汉体育学院学报》2002 年第 36 期。

张开娟、马晟、毛旺:《"一带一路"背景下武术对外传播途径研究》,《浙江体育科学》2017 年第 39 期。

张玲:《文字的魅力——浅析文字在平面设计中的作用》,《内蒙古科技与经济》2010 年第 19 期。

张路遥:《蒙古搏克运动之文化研究》,《体育文化导刊》2014 年第 7 期。

张瑞兴:《我国武术运动发展历程之探讨》,《大专体育》2002 年。

赵欣:《近代旅美华侨华人与中美文化的双向交流》,《史学集刊》2007 年第 4 期。

赵泽浩、刘志豪:《武术与跆拳道传播的比较性研究与反思——基于武术国际传播基本模式》,《湖北体育科技》2020 年第 39 期。

郑勤:《关于发展高校武术教育的思考》,《湖北体育科技》2006 年第 25 期。

郑幸洵:《中国武术在学校体育的发展省思》,《大专体育》2004 年。

中国卿:《21 世纪中国武术发展的文化学分析》,《体育科学》2007 年第 5 期。

中国卿:《地域武术文化研究初探》,《武汉体育学院学报》2008 年第 42 期。

周之华、周绍军:《中国武术文化的内涵》,《体育文化导刊》2000 年第 2 期。

朱琳、王林:《基于"互联网+"的中国武术健康传播路径》,《长江师范学院学报》2017 年第 33 期。

朱耀先:《试论提高国家文化软实力与推进文化强国建设》,《中国浦东干部学院学报》2012 年第 2 期。

邹威华:《跨文化语境中的文化误读与文化宽容问题》,《江西社会科学》2007 年第 5 期。

W.E. Doll, W. Broussard, "Ghosts and the Curriculum", *Counterpoints*, Vol.151(2002).

三、硕 博 论 文

陈鹏:《中国武术在埃及的有效传播研究》,西北师范大学硕士学位论文,2014 年。

崔秉珍:《论中国武术的国际化发展——从韩国跆拳道推广模式的角度分析》,上海体育学院博士学位论文,2009 年。

崔秉珍:《论中国武术的国际化发展》,上海体育学院博士学位论文,2009 年。

冯鑫:《我国运动员技术等级制度演进的研究》,北京体育大学博士学位论文,2011 年。

郭强:《武术国际传播策略研究》,广西师范大学硕士学位论文,2006 年。

郭然豪:《新中国文化外交的实践研究》,国际关系学院硕士学位论文,2018 年。

韩红娟:《中国武术在埃及传播的实践与思考——以埃及开罗大学孔子学院传播武术为例》,西北师范大学硕士学位论文,2014 年。

郝伟为:《冰岛青龙健身中心武术发展现状研究》,首都体育学院硕士学位论文,2014 年。

何迪:《中国武术文化在非洲传播模式的研究——以贝宁为例》,首都体育学院硕士学位论文,2014 年。

景明洋:《中国武术国际教育传播模式构建研究》,福建师范大学硕士学位论文,2016 年。

李彬彬:《中国武术与韩国跆拳道国际化发展的对比研究》,湖南科技大学硕士学位论文,2015 年。

李凯蒂:《探析中国传统声乐艺术在中国民族歌剧中的复兴》,西南交通大学硕士学位论文,2019 年。

李岩:《近代以来中国武术价值观的变迁研究》,苏州大学博士学位论文,2016 年。

李艳沙:《博茨瓦纳大学孔子学院武术运动开展现状及推进研究》,上海师范大学硕士学位论文,2014 年。

刘勇:《我国武术文化国际传播现状与发展策略研究》,湖南师范大学硕士学位论文,2012 年。

罗小红:《落叶归根:台湾老兵口述史个案研究》,中南大学硕士学位论文,2010 年。

马宏武:《开罗中国文化中心武术规范化传播研究》,西北师范大学硕士学位论文,2016 年。

邱天阳:《中国武术段位制在台湾地区的推广研究》,北京体育大学博士学位论文,2015 年。

孙程:《孔子学院在中国武术国际化推广中的作用研究——以塔马塔夫孔子学院为例》,宁波大学硕士学位论文,2017 年。

王国志:《社会学视野中的大众武术研究》,上海体育学院博士学位论文,2008 年。

王丽娜:《新加坡中小学武术发展现状调查研究》,北京体育大学硕士学位论文,2011 年。

王旭东:《非洲各国孔子学院武术课堂开展情况的调查与研究——基于拉斯韦尔 5W 模式》,上海师范大学硕士学位论文,2017 年。

王燕:《政治因素对武术发展的影响研究》,武汉体育学院硕士学位论文,2005 年。

徐培:《武术冠军队教练员执教体验的现象学研究》,武汉体育学院博士学位论文,2011 年。

翟经国:《7W 视角下制约武术国际化传播的因素研究》,天津体育学院硕士学位论文,2017 年。

张长念:《武术国际传播人才素质需求研究》,苏州大学博士学位论文,2015 年。

张四方:《从散打与泰拳的对比研究分析论散打的发展》,武汉体育学院硕士学位论文,2014 年。

赵敏:《武术发展的社会需要因素研究》,山东师范大学硕士学位论文,2006 年。

四、报 纸 文 章

马逸珂:《文化援非:掷地有声　硕果累累》,《中国文化报》,2016 年 10 月 27 日。

木鸣:《难忘李小龙》,《人民日报》,2005 年 11 月 30 日。

王晨:《抓住难得历史机遇塑造良好国家形象》,《人民日报》,2010 年 6 月 1 日。

温家宝:《关于社会主义初级阶段的历史任务和我国对外政策的几个问

题》,《光明日报》,2007 年 2 月 27 日。

《我国已同 145 个国家签订政府间文化合作协定》,《人民日报》,2012 年 5 月 14 日。

余秋雨:《中华文明的精髓否定了"中国威胁论"》,《天天新报》,2008 年 12 月 5 日。

曾庆瑞:《超越武侠:"新功夫剧"崭新崛起》,《中国艺术报》,2011 年 6 月 1 日。

五、研 究 报 告

李守培、郭玉成:《武术入驻孔子学院的可行性与策略研究》,国家体育总局武术研究院,中国体育科学学会武术分会,2010 年。

佘丹:《2000—2010 年武术翻译研究综述及展望》,国家体育总局武术研究院,中国体育科学学会武术分会,2010 年。

王岗:《中国武术:应对体育全球化的发展研究》,国家社科基金项目结题报告,2008 年。

王学爽、梅航强:《武术进入孔子学院的可行性与对策研究》,国家体育总局武术研究院,中国体育科学学会武术分会,2010 年。

六、论 文 集

张春华、李安民:《中老年武术健身群体的互动作用剖析》,全国体育科学大会,2004 年。

七、网 络 文 章

《高洪刚——一个非洲人的传奇人生》,https://wenku.baidu.com/view/bcdc23f0376baf1ffc4faddc.html?from=search,2016-05-08。

高欣:《武术的"非遗"尴尬》,http://news.hexun.com/2013-08-13/157060470.html,2013-08-13。

《功夫影帝李小龙》,《人物》杂志,http://ent.sina.com.cn,2005-07-06。

《架设通向沿线国家民众内心的语言之桥——"一带一路"光明谈之语情研究》,http://theory.gmw.cn/2017-04/27/content_24318576.htm。

《开罗中国文化中心与埃武术协会合作举办武术培训班》,国务院新闻办公室网,http://www.scio.gov.cn/zhzc/35353/35354/document/1503950/1503950.htm,2013-01-10。

《美国人为何迷上太极拳》，http://www.sina.com.cn，2005-04-28。

《少林武术盛会越来越显国际化》，http://www.shaolinwy.com/a/shaolinzixun/2012/1016/219.html。

杨郁卉：《非洲是建设"一带一路"的重要方向和落脚点——访外交部非洲司司长林松添》，http://ex.cssn.cn/dzyx/dzyx_kygz/201608/t20160829_3179156.shtml，2016-08-29。

袁卿：《孔子学院在非洲尝试本土化：从陌生语种到备受欢迎》，国际先驱导报，http://ihl.cankaoxiaoxi.com/2016/1108/1405169.shtml，2016-11-08。

《在海外叫好不叫座中国武术的喜与愁》，http://www.china.com.cn/aboutchina/zhuanti/wsdg/2008-07/22/content_16049921.htm。

《中国武术段位制介绍》，http://www.chinaispo.com.cn/facility/is_standard/2079.html。

后　记

文化是一个国家、一个民族的精神灵魂。中华优秀传统文化是实现中华民族伟大复兴的强大精神动力,也是推动中国特色社会主义文化不断发展的巨大内在力量。武术作为中华传统文化的重要载体,肩负着讲好中国故事、传播好中国声音、阐释好中国特色、展示好中国形象,提高国家文化软实力和国际影响力,建设社会主义文化强国,实现中华民族伟大复兴的责任与使命。基于此,中国武术的国际传播成为学界近些年一直关注的重要选题,同样也引起我的思考。前些年我更多关注中国武术的艺术化发展,围绕此选题也撰写了一些拙文,陆续见刊,也为 2011 年国家社科基金项目《中国武术的艺术化之路研究》立项奠定了前期基础。时过境迁,我的想法发生了微妙变化,慢慢转向武术的传播,于是就有了《"一带一路"倡议下中国武术国际传播的偏向与转向》(见《武汉体育学院学报》)一文,中国武术的国际传播也慢慢成为我涉猎的领域。细细想来,两者之间也存在一定联系,武术的艺术化古已有之,艺术化的结果更好地促进了武术的发展,如舞台剧《风中少林》《功夫传奇》《禅宗少林音乐大典》、动漫《功夫熊猫》等,也对中国武术的国际传播产生一定影响。经过近些年的积累,得到学界专家、学者的认可,2016 年《中国武术国际化传播的问题分析与策略研究》获得国家社科基金项目立项,本书正是在此基础上修订而成。

在本书付梓之际,我还是想说些心里话。首先,感谢学界专家、学者多年来的关心和支持;其次,感谢苏州大学给予的出版资助以及出版社的各位老师,你们的付出给拙作增添了光彩。感谢书稿中参考文献的众多原创作者,是你们的研究成果奠定了我的研究基础。最后,感谢我的家人、我的研究生,正是由于你们才保证了研究的顺利进行。

本书对中国武术国际化传播研究还存在诸多不足,恳请学界专家和读者给予批评指正。

王国志

2024 年 12 月 18 日于姑苏城

图书在版编目(CIP)数据

中国武术国际化传播的问题分析与策略研究 / 王国
志著. -- 上海 : 上海人民出版社, 2025. -- ISBN 978
-7-208-19363-5

Ⅰ. G852-05

中国国家版本馆 CIP 数据核字第 2025AS8591 号

责任编辑 黄好彦
封面设计 陈绿竞

中国武术国际化传播的问题分析与策略研究

王国志 著

出　　版　上海人民出版社
　　　　　　(201101　上海市闵行区号景路 159 弄 C 座)
发　　行　上海人民出版社发行中心
印　　刷　上海新华印刷有限公司
开　　本　720×1000　1/16
印　　张　15
插　　页　2
字　　数　249,000
版　　次　2025 年 4 月第 1 版
印　　次　2025 年 4 月第 1 次印刷
ISBN 978-7-208-19363-5/G·2210
定　　价　78.00 元